Professor Dr. phil. Bruno Bettelheim, 1903 in Wien geboren, promovierte an der dortigen Universität. Nach seinen Erfahrungen in den Konzentrationslagern Dachau und Buchenwald 1938/39, die zum Anstoß seines therapeutischen Lebenswerkes wurden, emigrierte er in die USA. Bettelheim lehrte an der Universität von Chicago und leitete viele Jahre die von ihm ins Leben gerufene und sehr renommierte Orthogenic School. Besondere Erfolge in Deutschland wurden seine Bücher *Kinder brauchen Märchen* und *Ein Leben für Kinder*. Am 13. März 1990 ist Bruno Bettelheim in Silver Springs/USA gestorben.

Alvin A. Rosenfeld, geboren 1945, studierte Psychologie an der Harvard University und arbeitete von 1971 bis 1977 in der psychiatrischen Abteilung der Harvard Medical School, danach bis 1983 an der Stanford University, wo er zusammen mit Bruno Bettelheim Studenten der Psychotherapie unterrichtete. Rosenfeld ist Direktor der Jewish Child Care Association; er veröffentlichte bisher mehr als 60 Aufsätze sowie Bücher über psychotherapeutische Themen.

W0197506

Dieses Buch wurde auf chlor- und säurefreiem Papier gedruckt.

Vollständige Taschenbuchausgabe Mai 1995
Droemersche Verlagsanstalt Th. Knaur Nachf., München
© 1993 für die deutschsprachige Ausgabe
Deutsche Verlags-Anstalt GmbH, Stuttgart
© 1993 by Ruth Bettelheim, Naomi Pena, Eric Bettelheim
und Alvin A. Rosenfeld
Originalverlag Alfred A. Knopf, New York
Titel der Originalausgabe »The Art of the Obvious,
Developing Insight for Psychotherapy and Everyday Life«
Aus dem Amerikanischen von Ulrike Stopfel
Umschlaggestaltung Graupner & Partner, München
Umschlagfoto Bavaria Bildagentur, Gauting
Druck und Bindung brodard & taupin
Printed in France
ISBN 3-426-84070-7

2 4 5 3 1

Bruno Bettelheim
Alvin A. Rosenfeld

Kinder
brauchen
Liebe

Gespräche über Psychotherapie

Wir widmen dieses Buch
in Zuneigung und Dankbarkeit
unseren Frauen
Trude Weinfeld Bettelheim (†)
und Dorothy Levine Rosenfeld,
unseren Studenten und
unseren besten Lehrern, den Patienten.

INHALT

VORWORT

Dieses Buch hält das Bemühen von Lehrern und Schülern fest, mit der Praxis der Psychotherapie bekannt zu machen und bekannt zu werden. Zugleich spiegelt es aber auch eine Zusammenarbeit, die ihren Anfang nahm, als ich 1977 an die Abteilung für Kinderpsychiatrie der Medizinischen Fakultät der Stanford University kam und in den Raum San Francisco zog, wo Bruno Bettelheim sich zur Ruhe gesetzt hatte. Ich hatte das Glück, eng mit Bettelheim zusammenzuarbeiten und trotz des Altersunterschiedes – als wir uns kennenlernten, war er 74, und ich war 32 – Freundschaft mit ihm zu schließen.

Bald nach meiner Ankunft in Stanford machte ich Bettelheim den Vorschlag, einmal wöchentlich ein gemeinsames psychotherapeutisches Seminar für angehende und bereits praktizierende Therapeuten abzuhalten. Wir trafen uns häufig, um über das Ergebnis der jeweils letzten Sitzung zu diskutieren, über meine Patienten zu sprechen und uns über das auszutauschen, was uns beschäftigte. Unsere Zusammenarbeit hielt an, auch nachdem ich aus Stanford weggegangen war, und unsere Freundschaft vertiefte sich noch. Mein Leben lang wird mir die Zeit mit Bettelheim in kostbarer Erinnerung bleiben.

In seinem langen Berufsleben hat Bruno Bettelheim Hunderte von Lehrveranstaltungen über psychotherapeutische Themen abgehalten. Gemeinsam brachten wir es im Laufe unserer sechsjährigen Zusammenarbeit in Stanford auf weit mehr als hundert Seminarsitzungen, die Studenten der Kinder- und Jugendpsychiatrie, der Psychologie und der Sozialarbeit angeboten wurden. Hin und wieder nahmen auch praktizierende Therapeuten daran teil. Die Sitzungen verliefen in einer lebendigen und launigen Atmosphäre und regten zum Nachdenken an; mitunter gerieten sie auch zum angespannten, ja gereizten, dabei aber auch höchst notwendigen Gedankenaustausch über Fragen, die Bettelheim sehr am Herzen lagen.

Von Anfang an redeten wir den Teilnehmern zu, ihre besonders schwierigen Fälle im Seminar vorzutragen – Fälle, bei denen sie Hilfe brauchten, die sie anderswo nicht bekommen konnten. Schon beim allerersten Seminar wurde mir klar, daß Bettelheim ein glänzender und außergewöhnlicher Lehrer war. Wann immer ich seine Gedanken und Vorgehensweisen in der Arbeit mit meinen Patienten erprobte, stellte ich fest, daß sie weit wirkungsvoller waren als viele meiner eigenen Methoden, über die ich doch so lange nachgedacht hatte. Die Schlüssigkeit seines Vorgehens war allerdings nicht ohne weiteres erkennbar; ich brauchte eine Weile, bis ich begriff, welche Einstellung und welche gedanklichen Wege seinem Ansatz zugrunde lagen. Mit der Zeit erkannte ich diesen Ansatz als einmalig, und nach einigen Jahren stellte ich fest, daß ich ihn in mein eigenes Vorgehen integriert hatte.

Bettelheim hat viele wichtige und interessante Bücher geschrieben; meiner Meinung nach reicht aber keines von ihnen an jenen freien Gedankenaustausch über den Umgang mit psychotherapeutischen Patienten heran, wie ich ihn in unseren gemeinsamen Seminaren erlebte. Über meiner Bekanntschaft und wachsenden Vertrautheit mit Bettelheim kam mir der Gedanke, daß man diese Lehrmethode in Buchform bringen und einem größeren Kreis zugänglich machen müßte. Bettelheims und meine Vorstellungen sollten, so dachte ich mir, Studenten der Psychotherapie und fertigen Psychotherapeuten als nützliches Instrument an die Hand gegeben werden. Bettelheims Erkenntnisse waren von so universaler Art, daß sie, wie ich annahm, auch ein größeres Publikum interessieren würden.

Bettelheim hatte im Grunde nichts gegen mein Projekt einzuwenden, aber er war außerordentlich skeptisch. Seine 1962 erschienenen *Dialogues with Mothers* hatten zu seiner Enttäuschung kein so großes Publikum angezogen, wie er gehofft hatte – ein Mißerfolg, den er im wesentlichen auf die Form des Buches zurückführte. Wenn ich mich recht erinnere, sagte er, das letzte derartige Buch, das einen großen Leserkreis gefunden habe, seien Platos Gespräche gewesen. Kein

Buch, so meinte er, könne auch nur entfernt die Atmosphäre eines Seminars einfangen oder Dinge in der gleichen Weise vermitteln wie ein Seminar.

Was in den Sitzungen geschah und verlautete, mußte sozusagen auf seinen Kern herunterredigiert, es mußte geklärt, neu arrangiert, ergänzt und präzisiert werden. Ich wollte das Material so transformieren, daß es auf dem Papier in gleicher Lebendigkeit erschien wie in der Wirklichkeit; ich wollte den Lesern den Eindruck vermitteln: Gerade so ist es, wenn man jahrelang in Bettelheims Seminaren sitzt.

Dabei war mir von Anfang an klar, daß es die meisten Leser langweilen würde, wenn sie sich durch wortgetreue Transkripte hindurcharbeiten müßten. Das Buch sollte also keinesfalls versuchen, ganz bestimmte Sitzungen genau so wiederzugeben, wie sie abgelaufen waren. Deshalb suchte ich mir einzelne Abschnitte aus vielen verschiedenen Sitzungen, in denen es um die gleichen bzw. um verwandte Themen gegangen war, heftete diese Teile aneinander und nähte sie schließlich mit einem narrativen Faden zusammen.

Inzwischen war ich nach New York übergesiedelt, und zwischen Bettelheim und mir lag ein ganzer Kontinent. Als ich ihm das Produkt meiner ersten Bemühungen schickte, war er überrascht und erfreut zu sehen, daß aus der Sache durchaus etwas werden konnte. Im August 1985 arbeiteten Bettelheim und ich, großzügig unterstützt von der Rockefeller Foundation, in deren Studienzentrum Villa Serballoni in Bellagio am Comer See. Wir experimentierten mit verschiedenen Formen der Präsentation des Materials und stellten am Ende mit Befriedigung fest, daß durch die Rekonstruktion der Seminare so mancher spitzfindige und subtile Gedankengang für den Leser viel besser zugänglich wurde. Gemeinsam dachten wir in jenem Monat über viele Dinge noch einmal angestrengt nach, und darüber erfuhr unser Material eine Ausdehnung, eine neue Resonanz und einen Tiefgang, wie sie in den rasch dahineilenden Seminaren, in denen wir oft vom Thema abgekommen waren, nicht immer erkennbar werden konnten.

Wenn man seine psychotherapeutische Tätigkeit vor anderen ausbreitet, muß selbstverständlich die Anonymität des Patienten gewahrt werden. Da Bettelheim in der Regel so vorging, daß er sich nicht allein auf die emotionalen Schwierigkeiten des Patienten konzentrierte, sondern ebenso auch die Schwächen des jeweiligen Therapeuten in den Blick nahm, mußten wir bei unserem Vorhaben auch dafür sorgen, daß die Anonymität der Studenten gewahrt blieb. Sie hatten sich frei und offen sozusagen vor uns enthüllt, sie hatten gezeigt, wie begrenzt ihr Wissen und ihre Erfahrung noch waren, und das war manchmal recht unbehaglich für sie gewesen. Mit anderen Worten, die Personen, die wir hier um unseren Seminartisch sitzen »sehen«, sind Konstrukte – zusammengesetzt aus den mehr als 40 Teilnehmern, die unsere Seminare im Verlauf dieser sechs Jahre besuchten, und aus Studenten, die wir von anderswoher kannten. Saul Wasserman ist die einzige Ausnahme. Er hat bei der Niederschrift des zweiten Kapitels eng mit mir zusammengearbeitet, hat viele Fassungen gelesen und revidiert und erscheint hier als »er selbst«.

Bei unseren Gesprächen über einzelne Patienten mit vergleichbaren Schwierigkeiten kam ein Material zusammen, aus dem wir schließlich jeweils eine Fallstudie montierten. Die hier wiedergegebenen Details stammen zum großen Teil in der Tat aus den Fällen, die im Seminar vorgestellt wurden; manche beziehen sich aber auch auf Patienten, mit denen wir außerhalb der Seminare zu tun hatten. Alles identifizierende Material ist von uns verändert worden, um die Anonymität der Patienten zu wahren. Geblieben ist jeweils die Schilderung eines klinischen Problems, an dem viele Menschen leiden. So stellen wir einen Jungen vor, mit dessen Aggressivität seine Eltern nicht fertig werden, ferner ein anorektisches Mädchen und einen depressiven, ängstlichen und verschreckten alten Mann.

Noch in einer anderen wichtigen Hinsicht sind wir in diesem Buch vom tatsächlichen Verlauf der Seminare abgewichen. Bei unseren Sitzungen war Bettelheims Stimme die vorherrschende; verglichen mit seinem Beitrag war der meinige sekundär. Als es aber ans Schreiben und Umschreiben ging, war ich es, der den größeren Teil der Arbeit leistete. Unsere Gespräche darüber, wie das Material am besten zu redigieren und zu präsentieren sei, mündeten daher schließlich in die Entscheidung, die Rolle des Seminarleiters gerechter zwischen Bettelheim und mir zu verteilen. Das sorgte für einen lebhafteren Fluß der Gedanken und spiegelte unseren jeweiligen Beitrag zur endgültigen Form des Buches getreuer wider. Da wir in so vielen Dingen übereinstimmten, legten wir gelegentlich Dinge, die Bettelheim gesagt hatte, mir in den Mund, während manches von dem, was ich geschrieben oder gesagt habe, als seine Äußerung erscheint.

Von letzten Redaktionsarbeiten abgesehen, hat Bettelheim die meisten Aussagen, die ihm in diesem Buch zugeschrieben sind, gelesen und als von ihm stammend gebilligt. Änderungen diktierte er noch, als er zum Schreiben schon zu schwach war. Drei Wochen vor seinem Tod unterhielten wir uns über die vorletzte Fassung und über die Richtung, in die weitere Revisionen des Textes gehen sollten. Nach seinem Tod nahm ich Änderungen entsprechend unserer Absprache vor, und dies mit der noch von Bettelheim selbst arrangierten Unterstützung durch seine langjährige Herausgeberin Joyce Jack, die auch seine letzten Bücher betreut hat.

Dabei stellte ich allerdings fest, daß ich doch gern hier und da neues Material einfügen oder älteres Material spürbar redigieren wollte. Da Bettelheim von diesen letzten Veränderungen nicht mehr Kenntnis nehmen konnte, ließ ich ihn nur mit Aussagen zu Wort kommen, wie er sie tatsächlich so, in der zitierten Form, gemacht hat, und schrieb alles weitere neue Material mir zu. Das gilt vor allem für das Kapitel 4, das noch ein erhebliches Maß an redaktioneller Arbeit erforderte. Insgesamt repräsentiert dieses Buch, wie ich meine, genau den psychotherapeutischen Standpunkt, den Bruno Bettelheim zuletzt vertrat und den auch ich – den er so nachhaltig beeinflußt hat – vertrete.

Inzwischen ist mir aufgefallen, daß die in den Kapiteln des vorliegenden Buches behandelten Themen immer wieder spontan auch in den Seminaren auftauchen, die ich seit dem Ende meiner Zusammenarbeit mit Bruno Bettelheim abgehalten habe. Das hat mich in dem Gedanken bestärkt, daß die hier wiedergegebenen Seminare von einem gewissen prototypischen Wert und mithin ein brauchbares Lehrmaterial sind. Die Sachverhalte, um die es hier geht, kommen in der Psychotherapie immer von neuem aufs Tapet, und der Ansatz, wie wir ihn hier vertreten, ist meiner Meinung nach heute noch so neu und brauchbar wie damals.

Die Psychotherapie ist ein Feld für ausgesprochene Individualisten, welcher theoretischen Orientierung der Therapeut auch immer zuneigt. Jeder Therapeut erprobt, adaptiert und modifiziert fremde

Ideen und Einstellungen und verwebt sie mit seinen eigenen Stärken und Schwächen, um diesen »unmöglichen Beruf« eben doch zu *seinem* Beruf zu machen. Heute praktiziert man mit unterschiedlichen Methoden und unterschiedlichen Zielen viele verschiedene Formen von Psychotherapie. Mit diesem Buch soll keineswegs etwa die eine und einzige Art, Psychotherapie zu betreiben, vorgestellt werden. Vielmehr soll es, so wie es hier erscheint, dem Leser eine Vorstellung von Bruno Bettelheims Art, mit einem Patienten umzugehen, und von der Einstellung vermitteln, die ein Psychotherapeut nach Bettelheims Ansicht einnehmen muß, wenn er seinem Patienten helfen will, »seine Persönlichkeit so umzuformen, daß er in einigem Frieden mit sich selbst leben kann«. Ich hoffe, daß das Buch deutlich machen wird, was ein Psychotherapeut von dieser psychoanalytischen Warte her zu bewirken vermag.

Viele Teilnehmer an unseren Seminaren haben ihren eigenen Worten zufolge über die eine oder andere Äußerung Bettelheims noch lange Zeit nachgedacht. Ich hoffe, daß auch die Leser dieses Buches die Erfahrung machen werden, daß Bettelheims Bemerkungen zum kritischen Denken anregen. Von manchem, was er sagte, wurde mir erst nach seinem Tod klar, daß es sich gelohnt hätte, wenn er es näher ausgeführt hätte. Ich habe manche dieser Bemerkungen im Text stehenlassen. Wer sie liest, kann selbst darüber nachdenken und sich überlegen, was Bettelheim vielleicht noch weiter dazu gesagt hätte, wenn das Gespräch fortgesetzt worden wäre.

Ich möchte mich bei der *Spencer Foundation* für den Zuschuß bedanken, der es uns ermöglichte, unser Projekt in Angriff zu nehmen. Die *Rockefeller Foundation*, Susan Garfield, die deren Büro in Bellagio leitet, und Jo Ardovino, die uns während unseres Aufenthaltes dort betreute, verdienen unseren Dank für ihre herzliche und liebenswürdige Gastfreundschaft. Danken möchte ich auch der *Jewish Child Care Association* in New York, die es mir ermöglichte, neben meinen Verpflichtungen gegenüber der Dienststelle und den betroffenen Kindern weiter an diesem Buch zu arbeiten.

Bei der Aufbereitung und endgültigen Niederschrift des Materials haben wir Hilfe von vielen Seiten erfahren. Ich danke Joyce Jack für ihre Freundschaft und Treue gegenüber Bettelheim ebenso wie für ihre tatkräftige Hilfe bei der Aufgabe, dieses Manuskript in eine Form zu bringen, in der man es vorlegen kann. Während unserer Zusammenarbeit habe ich sie persönlich und fachlich schätzen gelernt. Bruno Bettelheims Agent Theron Raines und meine Agentin Jane Dystel sorgten dafür, daß der Verlag auf das Manuskript aufmerksam wurde. Und hier schließlich fand ich mich bestens aufgehoben bei Bobbie Bristol und Joan Keener, die mit ihrer Aufrichtigkeit und Freundlichkeit, ihrer Kompetenz und Direktheit ein weiteres Mal für eine fruchtbare und erfreuliche Zusammenarbeit sorgten. Dieses Geschenk Bettelheims – die Gelegenheit, mit drei fähigen Herausgebern zusammenzuarbeiten – war ein großes Glück für mich.

Über Jahre hinweg und in allen Stadien der Arbeit hat mir mein lieber Freund Peter Winn mit seinen Vorschlägen hilfreich zur Seite gestanden. Robert Kavet, auch er ein treuer Freund schon aus Kindertagen, steuerte ebenfalls viele hilfreiche Überlegungen bei. Alice Cooper und Karen Roekard kamen uns vor allem zu Beginn des Projekts zu Hilfe. Saul Wasserman half uns bei der Arbeit an dem Kapitel, in dem es auch um den von ihm vorgestellten Patienten geht. Da ich mit Bettelheim nicht übereinstimmte, was die Ätiologie des Autismus betrifft, wollte ich gerne die Meinung einer Expertin wissen, die ich kenne und schätze und auf deren Offenheit ich zählen konnte. Ich danke Dr. Bryna Siegel vom Medizinischen Zentrum der University of California in San Francisco, die diese Rolle übernommen hat: Sie hat mir geholfen, einerseits Bettelheims Sicht des Autismus und andererseits das Autismusverständnis des pseudonymen Daniel Berenson zu verstehen, und mit ihrer Hilfe wurde mir klar, daß und wie sich die autistischen Kinder, die Bettelheim an der *Orthogenic School* behandelte, von den Kindern unterscheiden, die heute als autistisch diagnostiziert werden. Danken möchte ich auch meinen Kollegen und Freunden John Backman, David Port, John Stadler und C. Barr Taylor für ihre hilfreichen Vorschläge zur endgültigen Fassung des Manuskripts. In den frühen Stadien der Arbeit kümmerte sich Helen Abrahamson als Sekretärin mit Hingabe um das Manuskript; später leistete mir Margaret Forman die gleichen Dienste.

Von den Studenten, die an unseren Seminaren teilnahmen, zeigten viele sich zutiefst beeindruckt. Einer sagte mir erst kürzlich am Telefon: »Es vergeht kein Tag, an dem ich bei meiner Arbeit nicht an Bruno Bettelheim denke.« Einer Reihe von Studenten, die sich Bettelheim oder mir gegenüber besonders freundschaftlich verhalten haben, möchte ich namentlich danken: Karen Axelsson, Neil Brast, Timmen Cermak, Mairin Doherty, Graehem Emslie, Peter Finkelstein, Miriam (Micki) Friedland, Peter Keefe, Kim Norman, Heather Ogilvie und Alan Rapaport. Bei den vielen anderen Teilnehmern möchte ich mich ebenfalls bedanken; sie haben mit dafür gesorgt, daß die Seminare so anregend verliefen, und sie haben mit ihrer Beteiligung auch teil am Zustandekommen dieses Buches.

Und schließlich gilt mein Dank meiner sehr geduldigen Familie. Meine Frau Dorothy hat mir in all den Jahren geholfen, die über diesem Projekt vergangen sind. Meine Kinder Lisa Claire und Samuel Aaron haben nur zu oft einen Vater gehabt, dessen Aufmerksamkeit nicht ihnen, sondern seinem PC galt.

Vor Bettelheims Tod entwarfen wir noch gemeinsam eine Einführung, in der unter anderem von den Absichten die Rede war, die wir mit diesem Buch verfolgten: »Wir haben versucht, eine sinnvolle Auswahl aus der großen Fülle des Materials zu treffen, das sich in diesen Sitzungen angesammelt hat. Was wir hier vorlegen, ist keineswegs ein vollständiger Lehrgang in psychoanalytischer Psychotherapie. Unsere Hoffnung geht aber dahin, daß diese bescheidene Auswahl erkennen läßt, was wir mit unserem Seminar bezweckten und welchen spezifischen Ansatz wir in der Arbeit mit dem psychotherapeutischen Patienten verfolgen.«

Alvin A. Rosenfeld

Über meine Zusammenarbeit mit Bruno Bettelheim

Im Jahre 1977 wurde ich als neuer Direktor der kinderpsychiatrischen Ausbildung an die Medizinische Fakultät der Stanford University berufen, um hier einen anspruchsvollen Ausbildungsgang aufzubauen, der angehende Kinder- und Jugendpsychiater in Diagnose und Behandlung unterwies. Mir schwebte ein Programm vor, das die fruchtbare psychiatrische Forschung in Stanford mit der psychodynamischen Orientierung verband, die ich sowohl in meiner eigenen Ausbildung als auch bei meiner Tätigkeit an der kinderpsychiatrischen Fakultät in Harvard als so wertvoll erkannt hatte.

Dabei war mir klar, daß die angehenden Psychiater von einer psychoanalytisch orientierten Ausbildung in Psychotherapie besonders profitieren würden, wenn ein Lehrer schon fortgeschrittenen Alters sie übernähme, ein Mann mit den Erfahrungen und Kenntnissen, wie sie nur die lebenslängliche Praxis und die lebenslängliche Reflexion über die Praxis überhaupt vermitteln können. Es war also offensichtlich, daß Bruno Bettelheim, der sich 1973 in die Nähe von Stanford, nach Portola Valley, zurückgezogen hatte, der bestgeeignete Mann war, um den psychodynamischen Ansatz zu vermitteln. Seine zahlreichen Artikel und Bücher waren sehr bekannt; seine intellektuelle Leistung war legendär; an seiner Loyalität gegenüber der psychoanalytischen Orientierung war nicht zu zweifeln.

Als Dr. B. (wie er von Kollegen und Studenten allgemein genannt wurde) und ich uns 1977 kennenlernten, sprachen wir über meinen bisherigen Werdegang, meine Pläne in Stanford und seinen Wunsch, stärker in die Lehre einbezogen zu werden. Ich stellte fest, daß wir in

unseren klinischen und pädagogischen Interessen durchaus übereinstimmten, und machte ihm mit Freuden den Vorschlag, ein Seminar
abzuhalten. Er ging bereitwillig darauf ein, obwohl ich kein Geld
hatte, um ihn zu bezahlen. Der ganze Lohn für die drei Stunden, die
er wöchentlich opferte, bestand in einer Tasse Kaffee.

Mit meiner Entscheidung für Bettelheim ging allerdings ein Risiko
einher. Er galt als schwierig, ja als heikel. Überdies waren wir ver-
schiedener Ansicht über die Rolle Amerikas in Vietnam, ein Thema,
das ihm wie mir ein wirkliches und persönliches Anliegen war. Seit
1965 war ich entschieden dagegen gewesen, daß wir uns dort ein-
mischten, während Dr. B. in der Presse immer wieder dahingehend
zitiert worden war, daß die Kriegsgegner »Neo-Nazis« seien, deren
Eltern sie nicht »das Fürchten gelehrt« hätten. Es war eine schmerzliche Auseinandersetzung, in der sich der Vater gegen den Sohn stellte
und in der jeder, der anderer Meinung war als man selbst – vor allem
dann, wenn er seine Meinung so lautstark vertrat –, ein natürlicher
Feind zu sein schien.

Meine Entscheidung für Dr. B. war noch aus einem anderen Grund
riskant. Sein Wissen gründete nicht auf sorgfältig angelegten Experimenten, sondern auf der angesammelten Erfahrung vieler Jahre und
seinem subjektiven Gespür für das Innenleben seiner kindlichen und
erwachsenen Patienten. Einige »Majestäten« unter den Professoren
und die Leute vom Hoover Institute (einer Art Denkfabrik in Stanford) brachten Bettelheim großen Respekt entgegen, aber die Fakultät
für Psychiatrie betrachtete ihn als »unwissenschaftlich«. Bettelheim
war hier zwar zum Gastprofessor berufen worden, hatte aber wenig
zu tun. Viele Mitglieder der psychiatrischen Fakultät mochten sich
nicht mit seiner analytischen Orientierung anfreunden; andere störte
seine autoritäre Art, und es paßte ihnen nicht, daß er sich gerne recht
unmißverständlich äußerte, vor allem, wenn er heftige Zweifel an
dem statistischen und biochemischen Ansatz anmeldete, der der
Fakultät doch so großen Ruhm und so reiche Forschungsmittel eingetragen hatte.

Andererseits stellte ich bei unseren ersten Gesprächen fest, daß Bettelheims Art, die Dinge zu betrachten, sich mit meinen akademischen
und intellektuellen Interessen durchaus vertrug. An der Harvard

Medical School hatte ich in den frühen siebziger Jahren zur Gruppe jener Forscher und Kliniker gehört, die als erste entdeckten und verkündeten, daß sexueller Mißbrauch, an Kindern begangen, die Opfer geradezu dazu prädestinierte, in ihrem späteren Leben mit ernsthaften psychischen Störungen aufzuwarten. Zusammen mit Kollegen forschte und schrieb ich über die Behandlung von Patienten, die Opfer inzestuöser Handlungen und sexueller Gewalttaten geworden waren. Ich schilderte den familiären Kontext, in dem es zu inzestuösen Handlungen kommen kann, und verfaßte im Auftrag der *American Academy of Child Psychiatry* ein Positionspapier zum Thema »Sexueller Mißbrauch«, das dem Kongreß vorgelegt und vom wichtigsten Organ der *American Medical Association*, dem *Journal of the American Medical Association (JAMA)*, veröffentlicht wurde.

In Stanford setzte ich meine Forschungen fort. In Fachzeitschriften – dem *Journal of the American Academy of Child Psychiatry*, dem *American Journal of Psychiatry* und dem *JAMA* – schrieb ich über die Zusammenhänge zwischen normaler sexueller Entwicklung, Überreizung und Inzest. Bettelheim drängte mich zur weiteren Beschäftigung mit den Erkenntnissen, die eine von mir geleitete Forschungsgruppe im Rahmen einer großangelegten Studie über die sexuelle Entwicklung in gutsituierten Familien und ihren Zusammenhang mit abweichendem sexuellem Verhalten gewonnen hatte.

Bettelheim unterstützte mich, obwohl er der statistischen Methode, an die ich mich bei meinen Untersuchungen hielt, ablehnend gegenüberstand. Er bewunderte die Naturwissenschaften, bezweifelte aber, daß Methoden, die sich in den Naturwissenschaften als nützlich erwiesen hatten, die Instinkte des Menschen, seine Bedürfnisse und Leidenschaften messen und erhellen könnten. »Mit all diesen naturwissenschaftlichen Methoden will man Gewißheit schaffen, wo es, wie Freud meinte, nun einmal keine Gewißheit gibt...«, sagte er. »Für mich ist das ein elementarer und unüberbrückbarer Widerspruch.«

Er sprach abschätzig vom Rückgriff allein auf objektive Daten: »Dieses Mißtrauen gegenüber den subjektiven Methoden, zum Beispiel auch der Introspektion, erklärt, weshalb sich die akademische Psychologie in Amerika so weitgehend an den physiologischen Prozessen orientiert. Physiologische Daten kann man messen und quantifizieren, aber die richtige Art, einen anderen Menschen zu lieben – die ist schwer zu finden.«

Einmal machte ich Bettelheim mit dem etwa gleichaltrigen – inzwischen ebenfalls verstorbenen – Robert Sears bekannt, einem bedächtigen Entwicklungspsychologen. Sears war unter den ersten gewesen, die sich bei ihrer Beschäftigung mit der kindlichen Entwicklung statistischer Methoden bedient hatten. Die beiden unterhielten sich, und Sears sprach unter anderem davon, daß die Forscher, die sich unter Zuhilfenahme statistischer Methoden mit dem kindlichen Gefühlsleben beschäftigten, ihre Schwierigkeiten mit der »Affektbewertung« hätten, also mit der Frage, wie sie dem, was ein Mensch fühlt, einen numerischen Wert zuordnen könnten. Bettelheim widersprach. Kein Mensch könne die Gefühle eines anderen messen, sagte er. Es sei schlicht unmöglich, wirklich zu wissen – geschweige denn zu messen –, was in einem anderen Menschen vorgeht. Oh nein, meinte Sears. Man könne Emotionen, wie andere Phänomene auch, durchaus messen, aber das müsse mit Sorgfalt geschehen. An diesem Punkt war es mit der Höflichkeit zwischen diesen beiden geradlinigen, überlegten und hochintelligenten Männern aus.

Dr. B. war mir noch aus einem weiteren Grund wichtig, der ihn einigen anderen Mitgliedern der Fakultät gerade suspekt machte: Mir erschien die psychoanalytische Perspektive gerade deshalb sinnvoll, weil es sich dabei um eine Wissenschaft *und* um eine Kunst handelt, um etwas, das in sich zugleich schön und nützlich ist. Keine dieser beiden Facetten ist der anderen erkennbar überlegen, wenn es darum geht, Dinge in Erfahrung zu bringen. Verstand Monet etwa weniger von Farben als Leute, die uns etwas über die Spektralanalyse erzählen können?

Im übrigen suchte ich Bettelheims Hilfe, um meine eigenen psychotherapeutischen Fertigkeiten sozusagen zu verfeinern: Ich war mir nicht ganz sicher, wie gut mir die Verständigung mit einem Kind gelang, das ich soeben behandelte. Mir schien es so, als könnte ich den so wichtigen und zugleich so subtilen Zugang zu diesem Kind nicht finden. So bat ich Bettelheim, mir in dieser Sache zu helfen. Er sagte: »Wir wollen es ein paar Wochen lang versuchen und sehen, wie es geht.«

Und er war ein großartiger Lehrer! Er verstand es, den Finger genau auf die Wunde zu legen, die ich bereits gespürt hatte. Er wies mir den Weg zum Verständnis des Kindes und zeigte mir, wie ich das anhaltende Gespräch vertiefen konnte, aus dem die langfristige Psychotherapie ja besteht. Er griff ein winziges, anscheinend unbedeutendes Detail auf, das ich zufällig gerade erwähnt hatte, und machte mir begreiflich, daß ich mich deshalb daran erinnert hatte, weil das Kind mir mit eben diesem Detail etwas Wichtiges gesagt hatte. Er hatte ein feines Gespür für das, was der jeweilige Patient im gegebenen Augenblick brauchte. Im ersten Jahr unserer Bekanntschaft riet er mir gelegentlich zu einem Vorgehen, das mir ungeheuerlich erschien. Beim ersten Mal sagte ich zu ihm: »Das ginge vielleicht, wenn ich Bruno Bettelheim wäre. Der bin ich aber nicht.« Er antwortete in ruhigem und überzeugendem Ton: »Versuchen Sie es doch mal.« Ich tat, was er mir geraten hatte, und es klappte: Meine Beziehung zu dem Kind wurde enger und erfreulicher.

Bettelheim lehrte mich, Kindern aufmerksamer zuzuhören, zu registrieren, was sie sagen, zu überlegen, was hinter ihren Worten liegt, und auf dieser zugleich von Verständnis und von Mutmaßung getragenen Basis präziser mit ihnen zu kommunizieren. Er half mir, bei meinen therapeutischen Bemühungen weniger intellektuell und eher spielerisch vorzugehen. Jahre später sagte er zu mir: »Den Erwachsenen fällt es schwer zu lernen, wie man mit Kindern spricht. Warum? Es gibt nur einen Weg, mit Kindern zu sprechen – man muß sich auf ihren Stand sinken lassen. Aber wir müssen unseren Erwachsenenstatus ja um jeden Preis verteidigen, weil wir ihn erst vor kurzem erworben haben.« Einmal fragte ihn jemand, warum wir eigentlich die Kindheit als eine sorgenfreie Zeit und die Kinder als liebenswürdige Wesen verherrlichen. Er antwortete: »Wir haben dieses Bild der frühesten Kindheit, weil wir uns alle wünschen, es einmal in unserem Leben wirklich gut gehabt zu haben. Aber das ist eine Illusion. Zunächst einmal hatten wir es niemals wirklich gut... Aber es gibt noch einen anderen Grund, weshalb dieser von den Erwachsenen gepflegte Mythos von der unschuldigen Kindheit nur sehr langsam stirbt. Er hat mit der Feindseligkeit des kleinen Kindes zu tun, die wir zu leugnen versuchen. Wir bringen es tatsächlich nicht fertig, all die feindseligen und aggressiven Gedanken zu akzeptieren, die wir als kleine Kinder hegten. Diese Unfähigkeit hindert uns, solche Gedanken bei Kindern zu erkennen, und schützt sozusagen unsere Amnesie...«

Dr. B. und seine Freundschaft wurden mir mit der Zeit lieb und teuer, obwohl er wenig warmherzig oder überschwenglich wirkte und seinem Gegenüber kaum entgegenkam. Er pflegte seine Gesprächspartner mit ihrem Titel anzureden, wahrte in der Öffentlichkeit überhaupt ein förmliches und korrektes Auftreten und war bemüht, sein Privatleben möglichst abzuschirmen. Das änderte sich erst in seinen letzten beiden Lebensjahren, nachdem er zum zweitenmal einen Schlaganfall erlitten hatte. Es kam vor, daß seine eigene Bedeutung mit ihm durchging. Wer aber in seinem Haus empfangen wurde, den behandelte er mit vollendeter Liebenswürdigkeit und Gastfreundschaft. Ich spürte unter der Oberfläche eine verhaltene Herzlichkeit und Schalkhaftigkeit, die manchmal in einem Aufblitzen seiner Augen sichtbar wurde oder sich in einer ebenso brillanten wie beiläufigen Bemerkung verriet.

Dr. B. hatte einen ausgesprochenen Sinn für Humor und erzählte gelegentlich spontan eine Anekdote aus seiner Kindheit. Ein Freund von mir wollte seine Frau unbedingt dazu bringen, ihr sechs Monate altes Kind zu entwöhnen. Um sich Rückendeckung zu holen, wandte er sich an Dr. B., von dem er annahm, er sei ein Apostel der strengen Erziehung und werde ihm mit harschen psychoanalytischen Ermahnungen an die Adresse seiner irregeleiteten Frau zu Hilfe kommen. Dr. B. lächelte und erzählte, daß seine Eltern nach seiner Geburt eine Amme für ihn gesucht und schließlich ein sechzehnjähriges Mädchen vom Land in Dienst genommen hatten. Dabei übersahen sie geflissentlich, daß das Mädchen sich in diesem jugendlichen Alter ja eines »sexuellen Vergehens« schuldig gemacht hatte und nun zwangsläufig ein eigenes Kind im Stich ließ. Dieses nette Mädchen, so sagte Dr. B. weiter, wobei er mit den Augen zwinkerte, hatte ihn gestillt, bis er vier Jahre alt war. Und wo das Problem eigentlich liege? Mein Freund beschloß, seiner Frau lieber nichts von diesem Gespräch zu sagen.

Dr. B.s geistige Brillanz war eine merkwürdige Gabe und schwer zu beschreiben. Sie war zudem auf einem Gebiet angesiedelt, auf dem keine so universell anerkannten Richtlinien gelten, wie wir sie etwa vom periodischen System der Elemente kennen. Es ist ein Feld, auf dem es leicht zu Meinungsverschiedenheiten selbst über ganz elementare Annahmen kommen kann. Wenn Bettelheim über einen klinischen Sachverhalt dozierte, stellte er häufig Fragen, die schwer zu beantworten waren. Für diejenigen, die sich auf dem Feld bereits etabliert hatten, war die Konfrontation mit der eigenen Unwissenheit oft bestürzend. Saul Wasserman zum Beispiel leitete eine kinderpsychiatrische Station, als er den in Kapitel 2 diskutierten Fall vorstellte. Als er das Kapitel kürzlich wieder las, sagte er: »Es ist kaum zu glauben, wie vernagelt wir doch waren. Heute würde ich diesen Fall ganz anders angehen.«

Es war nicht schwierig, Bettelheims Fragen als lästig oder erniedrigend zu empfinden. Er selbst wußte natürlich, worauf er abzielte, aber er wollte, daß der Gefragte das selbst herausfand. Nehmen wir an, er beobachtete eine Haltung bei seinem Gegenüber, die diesem selbst gar nicht bewußt war, ihn aber hinderte, sich in das Kind, das er soeben behandelte, wirklich hineinzufühlen. Dabei handelte es sich häufig um eine Haltung, die schon die Eltern des betreffenden Studenten eingenommen hatten und die ihm als Kind zuwider gewesen war, an die er sich aber hatte gewöhnen müssen und die er schließlich verinnerlicht hatte. Wenn Dr. B. den Scheinwerfer auf diese Haltung richtete, reagierte der Betreffende wütend oder defensiv. Viele Teilnehmer an unseren Seminaren machten einen konstruktiven Gebrauch von dieser schmerzlichen Konfrontation mit der eigenen Person und der eigenen Kindheit. Einige sagten, was sie von Dr. B. gelernt und aus seinem Seminar mitgenommen hätten, habe ihrem Leben eine neue Richtung gegeben oder sei von entscheidendem Einfluß auf ihre berufliche Laufbahn gewesen.

Nicht alle Teilnehmer allerdings sahen die Dinge in dieser Weise. Mein eigener Unterrichtsstil ist, verglichen mit dem Bettelheims, dank meines spezifischen Hintergrundes und Werdeganges weit weniger konfrontativ und eher unterstützender Art. Bettelheim dagegen war das Produkt der von jeher strengen europäischen Erziehung und hatte viele Jahre lang an der Universität Chicago gelehrt, die auch ihrerseits im Ruf harscher Unterrichtsmethoden stand. Er konnte durchaus ungemütlich werden, wenn es sich darum handelte, einem Studenten dessen »falsche Vorstellungen« von der Psychoanalyse auszutreiben. (In den hier präsentierten Seminaren wird diese brüske Art vielleicht nicht so deutlich spürbar, denn wir wollten ja kein biographisches Portrait liefern, sondern unsere Gedanken so klar wie möglich darstellen.) Manche Studenten empfanden Bettelheims kategorische Art als störend und blieben schließlich weg. Einige von ihnen sind inzwischen hervorragende Psychotherapeuten geworden. Hätten sie ausgehalten, oder wäre Bettelheims Unterrichtsstil ein anderer gewesen, dann hätten sie zweifellos einen großen Gewinn davongetragen, und das Seminar hätte durch ihre Beteiligung gewonnen.

Bei einer Gelegenheit, nachdem ein Student ganz besondere Schwierigkeiten mit Bettelheims Kritik gehabt hatte, warfen mehrere Teilnehmer Bettelheim vor, er sei zu weit gegangen. Daraufhin hörte ich ihn zum ersten und einzigen Mal seine Lehrmethode erklären.

»Wenn ich über das psychoanalytische Denken spreche, zumal in der Psychotherapie, dann mache ich die Dinge in den ersten paar Sitzungen besonders schwierig, so daß im Schnitt 15 bis 20 % der Studenten allmählich wegbleiben. Ich bin überzeugt, daß das für sie wie auch für mich besser ist. Wenn man Psychoanalytiker werden will, muß man erhebliche persönliche Unannehmlichkeiten auf sich nehmen, und wenn man damit nicht umgehen kann, tut man besser daran, gar nicht erst in dieses Gebiet einzusteigen... Die erste und wichtigste Voraussetzung ist, daß man sich einer persönlichen Analyse unterzieht. Dabei erfährt man wieder und wieder, was das doch für ein schmerzlicher und beunruhigender Prozeß ist – eine Erfahrung, die man unbedingt machen muß, um sich später in die Schmerzen von Patienten einfühlen zu können, die eine Analyse machen.

Da aber die meisten meiner Studenten sich keiner Analyse unterzogen haben, müssen sie lernen, wie sehr es einen Menschen aus der Fassung bringen kann, wenn er psychoanalytische Einsichten gewinnt. Je eher sie davon hören, daß ihnen schreckliche Erfahrungen bevorstehen, desto besser; wenn ihnen diese anfänglichen Prüfungen nämlich zuviel werden, können sie noch aussteigen, ehe ihnen allzuviel Schaden angetan worden ist. Das ist auch der Grund, weshalb ich niemals Pflichtseminare abgehalten habe; ich wollte es den Studenten einfach machen, aus einem Kurs oder einem Seminar wegzubleiben, wenn sie das wollten.

Deshalb habe ich auch, bevor ich Dr. Rosenfelds Bitte entsprach, dieses Seminar zu machen, darauf bestanden, daß die Teilnahme absolut freiwillig sein müsse und daß niemand, der nicht teilnehmen will oder der nach ein paar Sitzungen lieber aussteigen möchte, davon irgendwelche Nachteile haben dürfe.

Psychoanalyse ist nun einmal keine einfache Sache. Sie war auch nie einfach gemeint. Freud erwartete gar nicht, daß die Psychoanalyse etwas für jedermann sei. Sie hilft nur denen, die sie für sich selbst wollen und die ertragen können, was der Prozeß und was die psychoanalytischen Einsichten einem Menschen abverlangen. Ein Ja zur Psychoanalyse, das unter falschen Voraussetzungen gegeben wird, tut der Psychoanalyse selbst und tut der betroffenen Person nichts Gutes. Wenn jemand sie nicht will, dann gibt es für ihn nichts Besseres, als auszusteigen und dabei noch die Möglichkeit zu haben, auf jemanden wütend zu sein – in diesem Fall auf mich. Im Anschluß an diese Erfahrung wird ein solcher Student der Meinung sein, daß es meine »Gemeinheit« und nicht seine eigene Angst und Unruhe war, die ihn zum Aussteigen veranlaßte. Für solche Leute ist es sehr viel besser zu glauben, daß sie zu Recht wütend auf mich seien, als sich sagen zu müssen, daß sie den der Psychoanalyse inhärenten Schmerz nicht ertragen können, oder zu denken, es sei eine leichte Sache und sozusagen etwas für jeden. Das heißt also, was sie als meine »Gemeinheit« ansehen, soll sie letzten Endes schützen. Und es klappt: Sie sind wütend auf mich, und ich kann mit ihrer Wut fertigwerden, ohne etwa geringer von ihnen zu denken.«

Sehr anders war die Erfahrung des Seminars, wenn man erkannte, daß Bettelheims Fragen darauf zielten, den Fragenden mit seinen Gedanken auf etwas Wichtiges hinzulenken, das er für sich selbst entdecken und wodurch er sich einer Einstellung bewußt werden konnte, die seiner therapeutischen Effizienz im Wege stand. Dann erfuhr man das Seminar als zugleich beunruhigend *und* produktiv. Wenn man sich bemühte zu begreifen, auf welche Einstellung er da eigentlich zielte, dann bestätigte einem die eigene heftige Reaktion, daß er einen wichtigen Nerv getroffen hatte. Und dann bemühte man sich um so mehr. »Ich kann Sie nicht lehren, Psychotherapie zu betreiben,« so höre ich Dr. B. sagen; »das können nur Sie selber. Ich kann Sie nur lehren, über Psychotherapie nachzudenken.«

»Psychoanalyse ist die Kunst des Offensichtlichen«, sagte Dr. B. oft. Und während man sich durch die Widrigkeiten eines Falles hindurcharbeitete, während man die Scheuklappen ablegte, die man seit seiner Kindheit getragen hatte – Scheuklappen, die einen daran hinderten zu sehen, was einem als Kind klar gewesen wäre –, begriff man allmählich, was Dr. B. da gerade sagte. Bald konnte man sich an eine Zeit, zu der man das nicht gesehen hatte, gar nicht mehr erinnern. Die Einsicht schien so klar, sie schien so sehr eine eigene Einsicht zu sein, etwas, was man schon immer gesehen hatte. Oder etwa nicht?

Wie der gute Psychoanalytiker, der einem hilft, seine Entdeckungen selbständig zu machen, machte Dr. B. Einsichten zu den Einsichten seines Zuhörers. »Selbstentdeckung ist ungeheuer wichtig für den, der sich selbst entdeckt,« sagte er in einem Seminar. »Von jemand anderem entdeckt zu werden, hat keinem je etwas Gutes gebracht. Sie kennen ja die Geschichte von Kolumbus: Als er nach Amerika kam, sagten die Indianer: ›Wir sind entdeckt. Das ist unser Ende.‹ Und das war es ja wirklich. Und deshalb ist die psychoanalytische Situation darauf angelegt, die Selbst-Entdeckung zu fördern.«

Mit der Zeit fiel es einem schwer zu sagen, wo die eigenen Ideen begannen und Dr. B.s Ideen endeten. Der Umgang mit ihm veränderte in der Tat die Art und Weise, in der man die Welt betrachtete und über die Menschen dachte. Manchen war sein tiefreichender Einfluß ein Ärgernis, und dann waren sie eher bereit, sich auf das zu konzentrieren, was an seiner Persönlichkeit schwierig war, als zuzugeben, daß sie zutiefst in seiner Schuld standen. Wenn ich in einem Aufsatz von Ideen Gebrauch machte, die seine Ideen gewesen waren und die ich mir mittlerweile zu eigen gemacht und in die eigene Sichtweise hineingenommen hatte, pflegte ich Bettelheim zu fragen, ob ich darauf eigens hinweisen solle. Seine Antwort lautete, er habe doch nichts anderes getan als Gedanken mit mir auszutauschen, und diese Gedanken gehörten ja schließlich allen. Nie habe ich etwas anderes von ihm gehört.

Er war ein Experte, dessen Äußerungen zugleich von gesundem Menschenverstand und ungewöhnlicher Gescheitheit zeugten und dessen Erkenntnisse und Ideen mir in meiner Arbeit wie in meinem persönlichen Leben zunutze waren. Er konnte einen theoretischen Sachverhalt diskutieren, darüber sprechen, wie man ein Kindermädchen aussucht, und sich Gedanken darüber machen, warum meine Tochter sang, noch bevor sie sprach. Manchmal, wenn ich auf ein scheinbar unlösbares Paradoxon starrte, verrückte er sozusagen meine Perspektive um ein oder zwei Grad und zeigte mir den schmalen Korridor, durch den ich ungehindert auf die andere Seite hinübersehen konnte. Viele von uns, die wir über Jahre hinweg mit ihm arbeiteten, machten die gleiche Erfahrung und sprachen insoweit von seinem »Genie«. Auf diese Art von Beifall hin pflegte Dr. B. dann allerdings zu sagen: »Sie haben mir ja alle Informationen gegeben. Sie wußten es selbst. Aber Sie haben so schnell gesprochen, daß Sie sich selbst gar nicht zugehört haben.«

Wohl hatte er in seinem Leben hart gearbeitet und war stolz darauf, sich einen Namen gemacht zu haben; er sagte sich aber auch – zumal als seine Frau noch lebte –, daß das gar nicht so wichtig war: »Natürlich ist es schön für mich, daß meine Arbeit anerkannt und zitiert wird. Aber in einer anderen Hinsicht ist es auch wieder überhaupt nicht wichtig. Die Menschen, die man wirklich gern hat und von denen man hofft, daß sie einen auch ihrerseits mögen, geben keinen Deut auf das, was man schreibt. Sie bilden sich ihre Meinung daran, wie man sie behandelt. Ich bin ein alter Mann, und wenn ich Vorlesungen oder Vorträge halte, dann heißt das, daß ich nicht zu Hause und nicht bei meiner Frau sein kann. Es hat eben alles seine zwei Seiten. Meine Zeit ist kostbar. Sie ist alles, was mir geblieben ist.«

Bruno Bettelheims Leben hatte schon viele Wendungen genommen, bevor er nach Kalifornien kam. Als Kind einer wohlhabenden, assimilierten jüdischen Familie war er 1903 in Wien geboren worden. Er studierte Kunstgeschichte und Ästhetik in seiner Vaterstadt und stieg nach dem Tod des Vaters als Dreiundzwanzigjähriger in den Holzhandel der Familie ein. Allerdings eignete er sich nach eigener Einschätzung nicht besonders gut zum Geschäftsmann und hätte viel lieber ein akademisches Leben geführt. Er geriet in Kontakt mit der psychoanalytischen Bewegung, als diese noch im wissenschaftlichen Neuland operierte, und unterzog sich, obwohl noch immer Wiener Geschäftsmann, einer Psychoanalyse bei Richard Sterba. Bettelheims erste Frau Gina Weinmann beteiligte sich an Anna Freuds frühen Versuchen mit der analytischen Behandlung von Kindern. Sie nahm ein schwer gestörtes Kind in die Familie auf, das Anna Freud den Bettelheims vermittelt hatte und das von nun an mit ihnen lebte. Das war Bettelheims erste Begegnung mit einem autistischen Kind. Das Syndrom hatte damals noch keinen Namen.

Bettelheim betrachtete sich als der »dritten Generation« der Psychoanalytiker zugehörig. Er war acht Jahre jünger als Anna Freud, die er durch seine Frau kennenlernte, und er kannte viele Menschen, die unmittelbar mit der noch relativ jungen Psychoanalyse und zumal der Kinderanalyse verbunden waren.

In einem unserer Seminare wurde der Vorwurf laut, Dr. B. stütze sich zu sehr auf die Lehre Sigmund Freuds. Ein Teilnehmer sagte: »Die Forscher, die von Ihnen kritisiert werden, weil sie die subjektive Erfahrung und die Bedeutung des Verhaltens außer acht lassen, haben wenigstens handfeste Daten, die ich auswerten und replizieren kann. Das ist die Schwierigkeit mit der Psychoanalyse. In meinen Augen ist sie zu einer Art religiösem Markenzeichen geworden, abhängig davon, was der gläubige Anhänger sich vorstellt.«

»Daß die Psychoanalyse nicht empirisch belegt ist, macht sie nicht zu einer Religion,« erwiderte Dr. B. »Gegen Religion an sich habe ich übrigens absolut nichts. Ich frage allerdings immer danach, wie hoch der Preis ist und wo die Vorteile liegen. Wenn ich mich eine Ewigkeit lang in der Hölle aufhalten muß, dann scheint mir der Glaube an eine Errettung doch zu teuer zu sein. Gar nicht davon zu reden, daß ich das eine Leben, das ich habe, für die Hoffnung auf Errettung hingeben muß. Ich habe zu viele Religionen erlebt, die sich als falsch herausgestellt haben. Als ich ein kleiner Junge war und zur Schule ging, war das unteilbare Atom die Religion der Wissenschaft, ein Absolutes, auf das wir zählen konnten. Inzwischen haben die Physiker mehr subatomare Partikel entdeckt, als irgend jemand sich vorstellen kann.« Er dachte eine Weile nach. »Vielleicht wären wir besser dran, wenn das Atom nicht spaltbar wäre...

Ich persönlich bin der Psychoanalyse verpflichtet, denn sie liefert mir das annehmbarste und brauchbarste Bild des Menschen und zudem die Methoden, um Menschen zu helfen. Aber wenn ich das sage – ›Methoden, um Menschen zu helfen‹ –, dann spreche ich nicht notwendig vom Analysieren. Kleine Kinder kann man selbstverständlich nicht analysieren, denn kleine Kinder sind zur Introspektion nicht sehr gut imstande.

Die klassische Analyse erfordert das, was Freud und manche seiner Anhänger als die Spaltung des Ich in ein beobachtendes und ein erfahrendes Ich bezeichneten. Und Kinder haben weiß Gott schon genug Mühe damit, überhaupt ein Ich auszubilden. Es wäre lächerlich zu erwarten, daß sie es spalten. Das heißt also, wir verschaffen dem Kind Erfahrungen, die auf unserer psychoanalytischen Sicht des Menschen und der menschlichen Entwicklung gründen und von denen wir hoffen, daß sie konstruktiv sind.

Wäre die Kinderanalyse nicht von seiner eigenen Tochter erfunden worden, dann hätte Sigmund Freud sie niemals akzeptiert. Es bedarf zu vieler Parameter. Anna Freud selbst sagte, sie würde niemals ein Kind behandeln, dessen Eltern – oder zumindest dessen Mutter – nicht auch analysiert worden wären. Das steht der Methode, die ihr Vater entwickelte, genau entgegen. Bei der Erwachsenenanalyse bleiben die Angehörigen ganz draußen. Aber bei der Kinderanalyse muß man die Umgebung zumindest zum Teil manipulieren. Wir geben den Kindern besondere Schulen…, wir versuchen, ihre Lebensbedingungen zu verbessern, was mit Sicherheit nicht Introspektion bedeutet. Immerhin aber bauen diese Arrangements auf einem psychoanalytischen Verständnis des Menschen und seiner Bedürfnisse auf.«

Ungeachtet seines Engagements für die Psychoanalyse akzeptierte es Dr. B., daß Sigmund Freuds Gedanken sich im Laufe seines langen beruflichen Werdeganges entwickelt und verändert hatten. »Man kann nicht über zwanzig Bücher schreiben und über all diesen Erfahrungen und in der ganzen Zeit der gleiche Mensch bleiben. Wenn man Freuds letztes fertiggestelltes Buch liest – »Der Mann Moses und die monotheistische Religion« –, das eine zwar glorreiche, aber eben doch eine Phantasie ist, dann sieht man: Das ist ein ganz anderer Freud als der Autor des siebenten Kapitels der ›Traumdeutung‹.«

Bettelheim rechnete auch damit, daß die Psychoanalyse sich nach Anna Freuds Tod im Jahre 1982 ändern würde. »Auch wenn das psychoanalytische Behandlungsmodell ständigen Veränderungen unterworfen war und wohl auch in Zukunft unterworfen sein wird – was sich über alle Veränderungen hinweg halten wird, das ist das Bild des Menschen und vor allem die Bedeutung des Unbewußten und solche Fakten wie die Repression und die anderen Abwehrmechanismen. Damit gewinnt unser Bild des Menschen eine Dimension, die es vor Freud einfach nicht gab; es ist ein Bild, das eindeutig auf der Introspektion beruht.«

Bettelheim erhitzte sich geradezu am Kontrast zwischen der Psychoanalyse und jenen Methoden, die darauf zielen, das Verhalten des Menschen zu verändern, ohne sich dabei um sein Innenleben zu kümmern. »Der Behaviorismus geht davon aus, daß der Mensch sich ohne weiteres verändern läßt, daß man ihn dazu bringen kann, so effizient zu funktionieren wie eine gutgeölte Maschine«, sagte er. »Freud dagegen glaubte zwar, daß manche Aspekte des Menschen sich ein wenig verändern ließen, daß andere aber nicht zu verändern seien, weil sie seinem tiefsten Innern entstammen...

Die Psychoanalyse zielt auf das Innenleben des Menschen, auf Wünsche, Phantasien, Konflikte und die Widersprüche der Persönlichkeit. Sie versucht, zwischen den Konsequenzen unserer Lebenserfahrungen und den unumgänglichen Aspekten unserer Natur zu unterscheiden. Aber wenn wir das Innenleben eines Menschen verstehen wollen, dann müssen wir die Komplexität der menschlichen *Gefühle* einschließlich der ›Liebe‹ beachten.

Ich sage hier etwas, was alle diejenigen stört, die glauben, daß der Mensch ad infinitum zu verbessern sei. Liebe schließt unsere destruktiven Tendenzen ein, die sich in einem ständigen Kampf mit unseren Lebens- oder konstruktiven Trieben befinden. Freud dachte sich diese Spannung als den Konflikt zwischen Thanatos und Eros.«

In den Jahren 1938 und 1939 war Bettelheim Häftling zunächst in Dachau und dann in Buchenwald gewesen. Die Erinnerung daran verfolgte ihn zeit seines Lebens und kehrte, wie er mir sagte, oft in seinen Alpträumen wieder. Und doch verknüpfte er, was er im Konzentrationslager erlebt und beobachtet hatte, mit seinem Verständnis des Menschen und baute auf dieser Grundlage seine eindrucksvolle Laufbahn und sein praktisches Vorgehen auf.

Einmal unterhielten wir uns darüber, wie ein Mensch schwere Mißhandlungen überlebt. Ich behandelte dieses Phänomen in einem
Roman, an dem ich damals schrieb und in dem es um Trauer und
Wiederherstellung ging. Bettelheim sagte dazu: »Bis zu einem
bestimmten Punkt kann man widerstehen. Aber wenn man sich psychisch, finanziell und moralisch niederschlagen läßt, kann man an
Widerstand oder an Entkommen nicht mehr *glauben*... Selbst ein
Gefängnis ist nicht der gleiche Ort, je nachdem, ob man sagt ›Hier bin
ich, und hier komme ich nicht heraus‹, oder ob man sich hinsetzt und
den ganzen Tag lang angestrengt darüber nachdenkt, wie man herauskommen könnte... Es ist eine Frage der inneren Einstellung. Wenn
man die Chance hat, etwas zu tun, und dann doch nichts unternimmt,
dann beweist einem das, daß es eben nicht geht. Aber wenn man die
Chance ergreift, dann kann einem das – selbst wenn man diesmal keinen Erfolg hat – die Hoffnung geben, daß es das nächste Mal klappen
wird.«

Die New Yorker Familie, deren autistisches Kind die Bettelheims in
ihr Wiener Heim aufgenommen hatten, besaß gute politische Verbin-
dungen und erreichte es 1939, daß sowohl der Gouverneur von New
York als auch Eleanor Roosevelt sich bei den Nazis für Bruno Bettelheim verwendeten.

Schließlich traf Bettelheim, nahezu mittellos, in Amerika ein. Wenig
später wurde er von seiner ersten Frau geschieden. Er schrieb an
Trude Weinfeld, die mit Anna Freud zusammengearbeitet hatte und
nach Australien geflohen war, und sie folgte ihm nach Chicago, wo sie
heirateten. Bettelheim lehrte damals an einem Frauen-College in
Rockford im Staat Illinois. Zugleich arbeitete er an der Universität
von Chicago an einer über acht Jahre hinweg betriebenen Untersuchung zu Fragen des Kunstunterrichtes mit, die von der *Rockefeller
Foundation* finanziert wurde. 1944 wurde ihm von der Universität
Chicago die Leitung der *Sonia Shankman Orthogenic School* angetra-
gen, einer Anstalt für schwer gestörte und psychotische Kinder. Vor
den Mitarbeitern dieser Einrichtung hielt er Vorlesungen über psychoanalytische Psychotherapie ab. Zusammen mit Emmy Sylvester
begründete und entwickelte Bettelheim die sogenannte Milieutherapie, eine Methode, die ihm für die extrem gestörten Kinder dieser

Anstalt als die wirkungsvollste erschien. In der Milieutherapie werden alle Facetten des Lebens des Kindes – die physische Umgebung und alle Menschen, mit denen das Kind lebt, ebenso wie die Sitzungen – als Aspekte des heilenden Prozesses angesehen. Bettelheim hielt daher Kontakt zu Haushälterinnen, Beratern, Lehrern und kümmerte sich persönlich sowohl um jedes Detail im Alltag der Schule als auch um ihre äußere Anlage und bauliche Gestaltung. Gewöhnlich hielt er sich 16 bis 18 Stunden täglich in der Schule auf und sorgte dafür, daß alles seinen Gang nahm, so wie er das für richtig hielt.

Die *Orthogenic School* wurde berühmt als eine Stätte therapeutischer Arbeit vor allem mit dem kleinen Anteil autistischer Kinder. Die meisten Kinder hatten schwerwiegende Störungen anderer Art, und viele von ihnen fanden hier ebenfalls Hilfe. Bettelheim hatte Erfahrungen mit ganz verschiedenen Störungen gesammelt; seine bekanntesten Veröffentlichungen befaßten sich allerdings mit der Behandlung schwer gestörter psychotischer Kinder. Dennoch lassen sich seine Vorstellungen auch ganz gezielt auf die mißhandelten und vernachlässigten Kinder anwenden, denen heute die Aufmerksamkeit so vieler Kliniker gilt und die auch mich interessieren.

In den Jahren, die auf seine Ankunft in Amerika folgten, war Bettelheim lehrend und therapeutisch tätig. Durch Vorlesungen, Bücher und Aufsätze wurde er international bekannt als ein Mann, der uns die psychoanalytische Betrachtungsweise nahebrachte, ob es sich um schwer gestörte Kinder, um die Erfahrungen von Konzentrationslager und Holocaust oder um künstlerische Äußerungen handelte. Seine von Klugheit und Menschlichkeit geprägten Veröffentlichungen, mit denen er sich gleichermaßen an Fachleute wie an Laien wandte, trugen ihm breite Anerkennung ein. Er bewegte und inspirierte damit Studenten, Kollegen und das lesende Publikum in nachhaltiger Weise. Seine Ansichten waren klar und überzeugend, in der Regel eindeutig und oft provozierend. Er war an Kritik gewöhnt und häufig in hitzige Kontroversen verwickelt – ob es dabei um die Ätiologie des Autismus ging, um die Frage, ob Anne Franks Familie die Zeit in ihrem Versteck nicht dazu hätte nutzen können, einen Fluchtplan zu entwickeln, oder um die Bewegung gegen den Krieg in Vietnam. Auch wenn man ihm heftig widersprach (und das taten viele Leute) – sein Standpunkt erwies sich als so fundiert, daß man sich gezwungen sah, noch einmal über die jeweilige Sache nachzudenken. Durch die Auseinandersetzung mit ihm gelangte man am Ende zu einem tieferen Verständnis der eigenen Position.

Als Dr. B. sich schließlich siebzigjährig in den Ruhestand zurückzog, waren Herz und Kreislauf geschwächt. Er wünschte sich einen Wohnort mit einem milderen Klima, einen Ort, der nicht so gefährlich war wie Chicago mit seinen im Winter eisglatten Straßen. Einige seiner Freunde aus Wien und aus Chicago hatten sich in die Gegend um die Bucht von San Francisco zurückgezogen, wo auch die Bettelheims schon einmal ein fruchtbares Jahr verbracht hatten. Damals war Dr. B. Gast am *Center for the Advanced Study of the Behavioral Sciences* in Stanford gewesen. So zogen sie nun, 1973, endgültig nach Kalifornien. Bettelheim wurde Gastprofessor in Stanford und hoffte dort in der gewohnten Weise lehren zu können.

Im Verlauf von siebzehn Jahren veröffentlichte der Ruheständler zahlreiche Aufsätze und Bücher, darunter *Kinder brauchen Märchen* (das den *National Book Award* gewann), *Kinder brauchen Bücher* (gemeinsam mit Karen Zelan), *Freud und die Seele des Menschen*, *Ein Leben für Kinder* und *Themen meines Lebens*.

Einmal sprach Bettelheim über einen Patienten in Analyse und sagte unter anderem: »Das ist es eben, wofür man einen Analytiker braucht. Er muß einem Mut machen, das zu tun, was man sich fürchtet allein zu tun.« Ich sagte ihm, daß der Analytiker, den er da gerade beschrieb, mich an den Zauberer von Oz erinnere, und Dr. B. stimmte mir zu. »Meine Lieblingsgestalt in dieser Geschichte ist Cowardly Lion. Ich bin nämlich auch ein Feigling. Und damit bin ich immer bestens gefahren.« Ich sagte, daß ihm aber ein ganz anderer Ruf vorausgehe. »Ja«, sagte Bettelheim unumwunden, »wenn man ein feiger Löwe ist, muß man eben laut brüllen.« Und dann sprach er davon, welche Rolle seine Frau Trude, an der er sehr hing, in seinem Leben spielte: *Sie* nämlich hatte ihm Mut gemacht, es mit einer Karriere in Amerika zu versuchen.

Schon als guter Fünfziger war Dr. B. nicht sehr gesund gewesen, und Trude war etwa neun Jahre jünger als er. Sie hatten also immer damit gerechnet, daß er vor ihr sterben würde, und entsprechend vorgesorgt. Aber dann erkrankte Trude an Krebs und starb nach längerem Leiden im Oktober 1984. Von da an war er nicht mehr derselbe. Kurze Zeit später zog er nach Santa Monica.

Wohl war er tief deprimiert und fühlte sich sehr einsam ohne sie, aber er ertrug sein Geschick und lebte und arbeitete weiter. Dann, 1988, ereilte ihn der erste Schlaganfall. Von jetzt an machte ihm das Schreiben Mühe, und die häuslichen Verrichtungen fielen ihm noch schwerer als bisher. Alle, die ihn kannten, konnten bestätigen, daß Bruno Bettelheim in seinen letzten beiden Lebensjahren, von 1988 bis 1990, ein schwer depressiver und erschöpfter alter Mann war. Wegen einer Funktionsstörung der Speiseröhre fiel ihm das Schlucken schwer, er konnte nur pürierte Nahrung zu sich nehmen und verlor erheblich an Gewicht. Trotz seines vorgerückten Alters war er mit einer Operation einverstanden. Der Eingriff verlief gut, und er fühlte sich wohler, weil er sich jetzt wieder an einem abwechslungsreicheren Speisezettel erfreuen konnte. Aber es ging ihm wie vielen alten Menschen, die ihr Leben lang willensstark und unabhängig waren – er war gejagt von der Furcht, daß ein weiterer Schlaganfall ihn hilflos machen würde.

Jedesmal wenn ich nach Kalifornien flog, um ihn zu besuchen, fand ich ihn schwächer als das letzte Mal. Er spürte, daß sein Körper ihn vollkommen im Stich gelassen hatte, aber, so sagte er, »mein Geist ist leider hiergeblieben«. Er war dünn und brauchte zum Gehen einen Stock. Unsere Spaziergänge wurden von Mal zu Mal kürzer und langsamer, obwohl er sich immer sehr tapfer hielt. Am Ende konnte er auch sein Auto nicht mehr selbst fahren. Das Schreiben war ihm eine große Anstrengung; die ehemals flüssige Schrift mit den großen und kühnen Rundungen wurde klein und verkrampft. Er brauchte jetzt ständig eine Hilfe, auch zum Baden, was für den stolzen, förmlichen, scheuen und sehr zurückhaltenden Mann schwer zu ertragen war. Hilflos zu sein empfand er, der so auf Würde, Integrität und Unabhängigkeit bedacht war, als eine besondere Schmach. Kurz vor dem Ende sagte er einmal zu mir: »Thanatos hat gesiegt. Ich habe kein Interesse mehr am Leben.«

Vielen Menschen hat das, was Dr. B. über das Überleben unter extremen Bedingungen geschrieben hat, nach ihren eigenen Worten geholfen, auch dunkelste Zeiten in ihrem Leben durchzustehen. Das mag erklären, weshalb sich so viele – und unter ihnen auch Patienten, die er mit Mühe dazu gebracht hatte, am Leben zu bleiben – betrogen fühlten, als er im März 1990 seinem eigenen Leben ein Ende setzte.

Dr. B. hat nicht schnell und nicht leichten Herzens aufgegeben. Die Freude am Leben verließ ihn, als seine Frau starb, und dieses Gefühl, keine Freude mehr am Leben zu haben, beherrschte ihn nach dem ersten Schlaganfall im März 1988 immer stärker. Und doch versuchte er es in den nächsten zwei Jahren mit allen nur erreichbaren Mitteln, die die Neurologen und Psychiater empfahlen – mit physikalischen Heilmethoden, einer neuerlichen Analyse, mit antidepressiven, stimulierenden, antipanischen und anderen Formen der Medikation. Er versuchte sogar wieder zu lehren. Seine Freunde, alte wie neue, ließen ihn zu keiner Zeit im Stich. Als ich ihn einige Wochen vor seinem Tod in Washington besuchte, klingelte sein Telefon mindestens jede halbe Stunde. Aber in seinem Jammer blieb Dr. B. dabei, daß ihn ja niemals jemand anrufe. Als ich ihn auf den Widerspruch aufmerksam machte, gab er zu, daß ich recht habe, sagte aber, er fühle sich trotzdem einsam und verlassen. Ich weiß nicht, ob die Schlaganfälle vielleicht auch eine begrenzte Störung seines Kurzzeitgedächtnisses verursacht hatten.

Mit 86 Jahren wußte Dr. B., daß er auf weitere zehn gute Lebensjahre nicht mehr rechnen konnte. Die Frage war nur, wie bald er sterben würde, ob er bis dahin noch weitere erniedrigende Schwächen erleiden würde und ob er die Dinge selbst in die Hand nehmen sollte. Sein Vorbild war Sigmund Freud, der als Dreiundachtzigjähriger nach 16jährigem Kampf mit dem Krebs seinen Arzt Max Schur um eine Überdosis Morphium gebeten hatte. Freuds Zeitgenossen hatten allerdings eine andere Einstellung zum Suizid als diejenigen Bettelheims. (Ein oder zwei Jahre, bevor Dr. B. seinem Leben ein Ende setzte, hatte seine einzige Schwester in New York Selbstmord begangen.) In seinen letzten beiden Lebensjahren bat Dr. B. wiederholt Freunde und Kollegen um die Zusicherung, daß sie ihm mit einer Morphiumspritze helfen würden, wenn er völlig hilflos und sogar zum Suizid nicht mehr in der Lage sein würde. Wenn ihm jemand das versprechen würde, so sagte er gelegentlich, dann würde er nicht mehr von Selbstmord reden. Aber dieses Risiko konnte nun einmal niemand auf sich nehmen. Als Bettelheim zu dem Schluß kam, daß ihm nur noch der Selbstmord blieb, wollte er die Sache so unauffällig wie möglich machen. So versuchte er, einen Flug nach Holland zu arrangieren, wo, wie er mir sagte, der Suizid zwar nicht legal sei, aber doch toleriert werde. Er wollte keinerlei öffentliches Aufsehen, aber er wußte auch, daß – mochten andere auch ein Symbol in ihm sehen – er schließlich auch ein Mensch war, ein Mensch, der Tag um Tag in Agonie lebte.

Meiner Ansicht nach muß jeder selbst entscheiden, ob er das Recht hat, einen solchen Schritt zu tun. Bettelheim wandte sich an die *Hemlock Society* und hielt sich genau an deren Anweisungen. Er hat immer großen Respekt vor dem Ratschlag von Experten gehabt.

Während dieses Buch noch in Arbeit war, ist eine Reihe von Veröffentlichungen erschienen, die sich sehr kritisch mit Bettelheims Persönlichkeit auseinandersetzten und ihn als schwierig, perfektionistisch und anspruchsvoll schilderten. Bettelheim sah auf eine lange und sehr erfolgreiche Laufbahn zurück, er liebte es, sich zu kontroversen Themen zu äußern, und er war bekannt für seinen scharfen Verstand und seine Freude am intellektuellen Disput. Es ging ihm darum, die Dinge wirklich und von Grund auf zu verstehen – nicht darum, überall beliebt zu sein.

Dr. B. konnte – ich sagte es bereits – durchaus scharf sein; jeder, der ihn kannte, hat dies irgendwann einmal am eigenen Leibe erfahren. Er war zugleich ein Mensch, an dem sich die Gemüter erhitzten; es kann daher nicht verwundern, daß sowohl zu seinen Lebzeiten als auch nach seinem Tod kritische Bemerkungen über ihn fielen. Überraschend ist, daß diffamierende Artikel über ihn – ob sie nun zutrafen oder nicht – erst nach seinem Tod erschienen und weite Verbreitung fanden. Ich schloß erst Freundschaft mit dem Ruheständler und kann daher zu Geschichten darüber, was Bettelheim an der *Orthogenic School* tat oder nicht tat, nichts sagen. Vier Monate nach Bettelheims Tod, im August 1990, bat eine Journalistin, die für eine bekannte Zeitschrift tätig ist, mich im Zusammenhang mit gewissen Anschuldigungen gegen Bettelheim um Auskunft. Ich fragte sie, weshalb diese Dinge erst jetzt, da er sich nicht mehr verteidigen und nichts mehr erklären konnte, aufs Tapet kämen. Etwas zögernd antwortete sie: »Weil der Nachlaß nicht auf Verleumdung klagen kann.«

Viele ehemalige Studenten, denen ich sagte, daß dieses Buch sich seiner Fertigstellung näherte, äußerten ihre tiefe Dankbarkeit gegenüber Bettelheim. Einer sagte, er sei Analytiker geworden, weil das Seminar ihm die Augen über das Innenleben des Menschen geöffnet habe. Ein anderer meinte: »Schreiben Sie auf jeden Fall, wie blind ich war. Dr. B. mußte kommen, um mir das zu zeigen.« Dr. B. war eine Flamme, an der sich zeit seines Lebens viele andere Lebens-Lichter entzündeten; manche von diesen Menschen kannte er, andere kannten ihn durch seine Veröffentlichungen. Es waren dies Lebensläufe, die sich auf Dauer zum Besseren wandten, weil die entsprechenden Personen das Glück gehabt hatten, mit Bruno Bettelheim und seinem so klaren und wachen Geist in Verbindung zu treten. Ich selbst, der ich einen mir liebgewordenen Freund, Kollegen und Mentor betraue, möchte ihm meinen Tribut mit den Worten Sigmund Freuds leisten: »Die Stimme des Intellekts ist leise, aber sie ruht nicht, ehe sie sich Gehör verschafft hat.«

Alvin A. Rosenfeld

ERSTES KAPITEL

Die erste Begegnung mit dem Patienten

Man könnte meinen, es sei ganz einfach, die erste psychotherapeutische Sitzung mit einem neuen Patienten zu eröffnen: Man begrüßt ihn, und damit ist die Sache in Gang gekommen. Aber so einfach ist es eben nicht. Die erste Sitzung ist ein entscheidendes Geschehen und kann den Gang einer Behandlung über Jahre hinaus bestimmen. Deshalb reservierten Bruno Bettelheim und ich in unseren Seminaren jedes Jahr mindestens eine Sitzung für das Gespräch darüber, wie man einen neuen Patienten begrüßt. Dr. B. bemerkte oft: »Das Ende liegt im Anfang«, womit er sagen wollte, daß die Art und Weise, in der man mit dem Patienten in Kontakt tritt, die Bühne bereitet für einen Großteil dessen, was folgt, ja vielleicht sogar für den endgültigen Ausgang der Behandlung.

Dr. B. meinte, Sigmund Freud habe für seine psychoanalytischen Sitzungen eine Atmosphäre vergleichbar einem gelungenen Bühnenbild geschaffen, durch das der Betrachter lebhaft auf das Drama eingestimmt wird, das da gleich inszeniert werden soll: Auf Freuds psychoanalytischer Bühne war die Couch das dominante Requisit, das dem Patienten bereits wichtige unterschwellige Botschaften zukommen ließ, noch bevor ein Wort gefallen war. Die Couch verweist deutlich darauf, daß Patient und Analytiker hier eine Beziehung zueinander in Gang bringen, die sich von allen anderen Beziehungen unterscheidet. Indem er den Patienten aufforderte, sich hinzulegen, ließ Freud zugleich wissen, daß Entspannung erwünscht und Regression – in anderen Lebensbereichen mit Stirnrunzeln betrachtet – willkommen sei und akzeptiert werde. Und da wir gewöhnlich auf dem

Rücken liegen, wenn wir träumen, besagt das Vorhandensein der Couch weiter, daß Träume in der analytischen Situation eine sehr wichtige Rolle spielen.

Indem Freud den Analytiker auf einen Stuhl hinter dem Patienten plazierte, rückte er den letzteren in den Mittelpunkt des Geschehens. An dem ihm zugewiesenen Platz konzentriert sich der Analytiker auf das, was der Patient mit seinen Worten ausdrückt und mit seinen Handlungen enthüllt.

Unsere Seminare waren, was die äußere Gestaltung betraf, längst nicht so sorgfältig arrangiert. Jeden Dienstag um 13.30 Uhr versammelten wir uns um den blankpolierten Tisch im Konferenzraum der kinderpsychiatrischen Ambulanz von Stanford. Dr. B. nahm am Kopfende Platz, ich saß links von ihm. An einem dieser Dienstage im Sommer 1983 stellte Dr. B. sich zunächst zwei neuen Teilnehmern vor: Renee Kurtz war Sozialarbeiterin, die ein weiterführendes Studium absolvierte; Jason Winn hatte soeben als Assistent in der Kinderpsychiatrie angefangen. Die übrigen Anwesenden waren »Stammgäste« bei unserem Seminar. Michael Simpson hatte sein kinderpsychiatrisches Studium abgeschlossen und eine private Praxis im nahegelegenen Menlo Park eröffnet. Er nahm schon seit Jahren am Seminar teil und kam so oft wie möglich, obwohl seine Sprechstunde gut besucht war. Gina Andretti, Kinderpsychologin aus Mailand, die in Stanford eine zweijährige Zusatzausbildung absolvierte, und der klinische Psychologe Bill Sanberg, der gewöhnlich mit Erwachsenen arbeitete, nahmen seit etwas über einem Jahr am Seminar teil. Bill war in einem Vorort von Washington aufgewachsen, hatte an einer berühmten Universität im Süden der Vereinigten Staaten promoviert und war anschließend Stipendiat in Stanford gewesen. Sandy Salauri, Sozialarbeiterin in der psychiatrischen Ambulanz in Stanford, kam seit etwas mehr als sechs Monaten zu den Seminaren.

Dr. B. war bekannt dafür, daß er seinen Schülern etwas abverlangte. Wenn er die Augen um den Tisch wandern ließ, schauten die Studenten gelegentlich woanders hin, um zu verhindern, daß er sie ansprach und fragte, ob sie einen Fall vorzustellen hätten. Heute war ich überrascht zu sehen, daß Renee, die doch zum ersten Mal teilnahm, offensichtlich darauf aus war, seine Aufmerksamkeit auf sich zu lenken.

Renee war in Los Angeles aufgewachsen, hatte das College in Berkeley besucht und anschließend eine Ausbildung als Sozialarbeiterin absolviert. Sie wirkte sehr respektvoll, war zugleich aber auch couragiert, wißbegierig und von scharfem Verstand. Sie wartete noch einen Augenblick, als schon alles schwieg, und fing dann an zu reden. »Ich brauche unbedingt Hilfe. Ich soll nämlich morgen mit meinem ersten Fall beginnen. Ich möchte den Jungen besser verstehen, bevor ich ihn sehe, aber ich kenne bisher nur ein paar Fakten aus seiner Kartei. Er ist sieben Jahre alt, heißt Simeon und legt gern Feuer.«

»Ich weiß nicht, ob Sie da nicht vielleicht schon zuviel wissen«, sagte Dr. B. »Sie sagen, daß sein Karteiblatt ›Fakten‹ enthält. Sie sollten diese ganze Akte aber eher als ein Gerücht betrachten.«

»Aber es ist kein Gerücht«, protestierte Renee. »Das Blatt ist ja von erfahrenen Klinikern angelegt.«

»Und ich bin sicher, daß die der Meinung waren, eine einwandfreie Akte anzulegen«, sagte Dr. B. »Dabei sagt das Blatt Ihnen nur, wie sie die Worte und die Handlungen des Jungen interpretiert haben. Es spricht nur von dem, was diesen Leuten wichtig war, und von dem, was sie weggelassen haben. Für Sie sind diese Beobachtungen hinderlich.«

Renee sah unsicher aus, deshalb führte ich Dr. B.s Gedanken noch etwas weiter aus: »Das Blatt enthält Details, auf die jemand anderes Sie aufmerksam machen wollte. Und da diese Leute ja klug und erfahren sind und Sie etwas lernen wollen, werden Sie am Ende von dem, was diese anderen gesehen haben, profitieren. Aber jetzt ist nicht der richtige Zeitpunkt dafür. Bei Ihrer ersten Begegnung mit dem Patienten werden Sie weit mehr Dinge wahrnehmen, als Sie bewußt registrieren können. Wie sieht der Junge aus? Wie ist er angezogen? Sehen seine Sachen so aus, als hätte er sie selbst ausgewählt? Wie bewegt er sich? Hat er ein Spielzeug dabei, und wenn ja, was für eines? Wie hält er es fest, wie spielt er damit? Spielt er auch mit den Sachen, die bei Ihnen im Spielzimmer liegen, oder sieht er sie nur an? Ist im Wartezimmer Kontakt zwischen ihm und seinen Eltern, oder spielt er allein in der Ecke? Sieht er Sie an, wenn Sie sich vorstellen? Was scheint ihn an Ihrer Person oder an dem Raum zu interessieren? Wie spricht er mit Ihnen, oder wie sieht seine Weigerung aus, mit Ihnen zu sprechen?

Sie wissen ja, die Menschen können auf ebenso viele Weisen schweigen wie sprechen. Aus allen diesen ersten bewußten und unterschwel-
ligen Beobachtungen wählen Sie mit Ihrem persönlichen Gespür für
die Situation das aus, was bei dieser ersten Begegnung im Mittelpunkt Ihrer Überlegungen stehen soll.

Was Sie schon vorher über einen Menschen erfahren, beeinflußt
Ihre eigenen Beobachtungen und Reaktionen. Wenn Sie Anfängerin
sind und sich vor dieser ersten Begegnung unsicher fühlen, dann werden Sie Ihre Wahrnehmungen vermutlich sieben, das heißt, Sie werden das wahrnehmen, was auch Ihren Lehrern schon aufgefallen ist.
Und eben weil es Ihnen darum geht, das bestätigt zu finden, was diese
erfahrenen Leute schon vor Ihnen bemerkt haben, könnten Sie wichtige Details übersehen, die bisher noch niemandem aufgefallen sind.«

Renee sah verblüfft aus. »Warum kann ich nicht auf meine Wahrnehmungen achten, dabei aber auch die Akten lesen, damit ich vielleicht noch mehr sehe?«

»Das können Sie schon«, sagte ich. »Nur jetzt noch nicht. Die
Details, die Sie morgen zu sehen bekommen, sind einzigartig, denn
sie entstammen dem, was Sie in dem Patienten auslösen, wie er sich
an diesem speziellen Tag dieser speziellen Therapeutin – also Ihnen –
gegenüber präsentiert; sie gehören in seine Reaktion auf Sie als
Mensch und als Therapeutin. Wenn Sie die Akte lesen, sind Sie unter
Umständen versucht, nach dem zu suchen, was andere bemerkt
haben. Das heißt, der neue Patient sieht nicht eine einmalige, eine
authentische Renee Kurtz, die spontan auf das reagiert, was ihr auffällt. Er sieht vielmehr eine Frau, die versucht, in den Augen ihres
Lehrers eine gute Schülerin zu sein. Damit hätten Sie von Anfang an
etwas Künstliches in eine Beziehung hineingebracht, die doch eine
ganz und gar persönliche Beziehung sein soll – und das würden beide
Teile als belastend empfinden.

Im übrigen könnte der Junge wie die meisten Kinder seines Alters
glauben, daß die Erwachsenen alle unter einer Decke stecken. Er
weiß ja, daß man ihn hergebracht hat, weil er – angeblich – irgend
etwas in Brand gesteckt hat. Im besten Fall wird er also in dieser
ersten Sitzung mit Ihnen erwarten, daß Sie ihn beurteilen werden.
Und im schlimmsten Fall betrachtet er diese erste Sitzung als einen

Teil der Strafe, die seine Eltern und seine Lehrer ihm angedroht haben.

Wenn er aber spürt, daß Sie noch gar nichts über ihn wissen, dann besteht die bescheidene Chance, daß er glauben wird, daß Sie beide sich soeben auf eine gemeinsame Entdeckungsreise machen. Und zumindest was die Frage angeht, wer er ist und warum er tut, was er tut, ist er ebensosehr eine Autorität wie Sie und weiß dazu erheblich mehr zu sagen. Er wird spüren, daß Sie ihm wachsam, wißbegierig und dabei respektvoll begegnen, und wird darauf eingehen, und dies oft in positiver Weise. Und damit besteht die Aussicht, daß die Behandlung einen eher fruchtbaren Anfang nimmt.«

»Als ich an der *Orthogenic School* war«, sagte Dr. B., »habe ich es oft erlebt, daß uns ein potentieller Patient als böse, als nicht zu bändigen und als ein wahres Schreckenskind beschrieben wurde. Wenn ich dieses ›Monster‹ dann schließlich zu Gesicht bekam, entpuppte es sich in der Regel als verängstigtes kleines Kind. Aber sooft ich das auch erlebt habe, ich konnte mich nie ganz von der Überlegung befreien, wann und wie das Kind denn nun wohl explodieren würde. Ich bin sicher, daß das Kind das irgendwie gespürt hat. Wenn das für mich zutraf – und ich habe diese Erfahrung ja hundertfach gemacht –, dann muß es für einen Anfänger erst recht zutreffen.

Es kommt noch etwas anderes ins Spiel. Mir ist völlig klar, daß wir alle unsere Ängste haben, wenn wir mit einem neuen Patienten zu arbeiten anfangen. Aber Ihre Angst ist, da Sie ja Ihre Informationen haben, sehr viel eher unter Kontrolle zu bringen als die Angst des Patienten, und es ist nicht so, daß er dieses Ungleichgewicht nicht spürte. Nicht nur, daß Sie wissen und er weiß, *daß* Sie etwas über ihn wissen – es kommt hinzu, daß er nicht weiß, *was* Sie über ihn wissen. Und auch von Ihnen persönlich weiß er nichts. Dieses Ungleichgewicht bewirkt ein schiefes Verhältnis.

Auch die erfahrensten Analytiker haben ihre Schwierigkeiten mit dieser Überlegenheit«, fuhr Dr. B. fort. »Ich kann es nicht beweisen, aber ich habe das Gefühl, daß das traditionelle Schweigegebot oder relative Schweigegebot sehr wohl etwas mit der Feststellung der ersten Analytiker zu tun hat, daß es schwierig ist, sich *nicht* überlegen zu geben; unsere Ausbildung und unser Wissen verleiten uns ja gera-

dezu dazu. Und dabei ist diese Haltung für den Patienten das Aller-
schlimmste.«

»Mein Problem ist nicht die Überlegenheit«, sagte Renee. »Es ist
die Unerfahrenheit. Ich bin sicher, daß ich, eben weil ich Anfängerin
bin, in jeder Sitzung viele Dinge in ihrer Bedeutung überhaupt nicht
erfassen werde. Es ist doch eigentlich nicht fair gegenüber diesem Jungen und seinen Eltern, wenn ich Monate brauche, um Dinge zu erfahren, die ich ganz einfach in den Akten nachlesen könnte, bevor ich
anfange.«

»Dazu kann ich Ihnen eine Anekdote erzählen«, sagte Dr. B. »Kurz
nachdem Rorschach seinen Kleckstest entwickelt hatte, berichtete ein
Psychologe auch in Wien darüber. Einige jüngere Analytiker, die vielleicht wie Sie rascher arbeiten wollten, waren sehr davon angetan und
überredeten Freud, sich die Sache demonstrieren zu lassen.

Freud war gebührend beeindruckt von dem, was die Assoziationen
der Versuchsperson zu den Klecksen erkennen ließen, und natürlich
erwarteten die Anwesenden, er werde diesen Test für die eigene Arbeit
brauchbar finden. Aber als man ihn fragte, ob der Test seiner Meinung nach für den praktizierenden Analytiker von Wert sei, lautete
seine Antwort schlicht: ›Nein.‹ Er erklärte, wenn er schon vor dem
ersten Zusammentreffen mit dem Patienten wüßte, was der Ror-
schachtest enthüllt hatte, dann wäre er nicht imstande, den Patienten
gut zu analysieren. Sein Wissen würde sich dann störend in seine Wiß-
begier bezüglich dieses Patienten drängen.

Freud betrachtete die Neugier des Analytikers als die Antriebskraft
der Psychoanalyse, als das, was die Analyse davor bewahrt, einen
stumpfsinnigen und immer gleichen Gang zu nehmen. Sein Wunsch,
Dinge zu entdecken, die er an seinem Patienten noch nicht kannte,
war in diesem langen Prozeß ebenso wichtig wie der Wunsch des
Patienten, sich verständlich zu machen.

Stellen Sie sich einmal einen Patienten vor, der Sie seit langem kennt
und sich in der Beziehung zu Ihnen schließlich so sicher und geborgen
fühlt, daß er Ihnen ein großes Geheimnis anvertraut. Daß er es Ihnen
erzählt, ist ein Geschenk, ein Zeichen seines wachsenden Vertrauens.
Wenn Ihre innere Reaktion jetzt lautet: ›Das weiß ich doch längst.
Warum hat er so lange gebraucht, um mir das zu erzählen?‹ (übrigens

etwas, was Sie vielleicht denken, aber niemals sagen würden) – wird der Patient nicht vielleicht heftig darauf reagieren, daß Sie so gar nicht begeistert sind? Wird er sich nicht fragen, warum er sich eigentlich die Mühe machen soll, mit seiner Selbsterkundung fortzufahren und sich jemandem zu erklären, der doch anscheinend schon alles weiß? Aber wenn der Patient sich seinem Therapeuten nicht erklärt, dann erklärt er sich auch sich selbst nicht. Und daß man *sich selbst* erklärt, das ist eine fundamentale Voraussetzung für den Erfolg einer Psychotherapie.

Wenn ein Mensch Dinge über sich selbst entdeckt, von denen er bisher nichts wußte, dann findet er vielleicht auch heraus, warum er keine Kenntnis von diesen Dingen genommen hat, warum er sie verdrängt hat, und dann sagt er sich vielleicht auch, daß er in Zukunft anders verfahren möchte.

Wenn wir keine Vorausinformationen über unseren Patienten haben, dann werden wir auf seine Enthüllung – die ja sein ›Geschenk‹ ist – nicht so reagieren, daß wir denken: ›Das weiß ich doch längst‹; wir werden vielmehr innerlich aus dem Häuschen geraten. Ob wir etwas dazu sagen oder nicht, der Patient spürt unsere Reaktion und fühlt sich angeregt, es sozusagen noch besser zu machen. Seine negative Sicht seiner selbst ist in Frage gestellt; er wird anfangen, sich als einen Jemand zu fühlen, der Einsichten und Fakten liefern kann, die der Therapeut – eine Person, die seine Wertschätzung hat – interessant und brauchbar findet. Er wird also mehr beisteuern wollen. Es wird ihm ein Anliegen, mit der Therapie fortzufahren, und wir Therapeuten sind froh darüber, mehr zu erfahren und ihn entsprechend besser zu verstehen. Wir sehen also der nächsten Sitzung fast genauso gespannt entgegen wie der Patient.«

An diesem Punkt warf ich etwas ein: »Renee, zu diesem frühen Zeitpunkt in Ihrer Ausbildung sollten Sie sich an das halten, was erfahrene Leute Ihnen sagen. Wenn ich Sie wäre, dann würde ich mir die Unterlagen erst ansehen, wenn ich den Patienten ein- oder besser noch zweimal gesehen habe. Wenn Sie bis dahin warten, können Sie nämlich den Inhalt der Akten mit Ihren eigenen Wahrnehmungen vergleichen. Und bedenken Sie auch, daß Sie mit zunehmender Erfahrung sehr davon profitieren können, wenn Sie noch viel länger mit dem Aktenlesen warten. In der Zeit, in der Sie sozusagen blind gegenüber den ›Fakten‹ in den Unterlagen arbeiten und in der auch der Patient selbst sie Ihnen noch nicht auf seine eigene Weise und von seiner eigenen Warte aus mitgeteilt hat, gehen Sie und er ja eine Beziehung der gegenseitigen Wertschätzung ein. Wenn Sie die Informationen schließlich bekommen, werden Sie sie im Rahmen dieser Beziehung verstehen. In diesem einmaligen Kontext werden Sie in Ihrem Urteil sehr viel vorsichtiger sein als die Akten oder irgendein Gutachter, der den Patienten nur ein- oder zweimal gesehen hat.«

»Deshalb hat man in der klinischen Ausbildung von jeher Wert darauf gelegt, die Beobachtungsgabe zu schulen«, sagte Dr. B. »Wenn man seine Beobachtungsgabe entwickelt und lernt, die Patienten über sich selbst sprechen zu lassen, kann man unglaublich viel einfach durch Zuhören und Beobachten lernen. Professor Wolf, ein Gestaltpsychologe, ließ die Leute mit einem Sack über dem Kopf und über einem Großteil des Körpers, so daß man nur die Füße sehen konnte, in den Vortragssaal kommen und am Podium vorbeigehen. Aus der Art, wie sie gingen, konnte Wolf ihre Persönlichkeit beschreiben. Er hätte sich auch auf ihre Schrift konzentrieren können, wie die Graphologen das tun, auf ihre Sprechweise oder auf die Art, wie sie irgendeine andere charakteristische Handlung ausführten. Wenn man sich auf ein bestimmtes Merkmal konzentriert und es bei jeder Begegnung aufmerksam beobachtet, dann lernt man mit der Zeit wohl wirklich, daß und wie dieses Merkmal die Persönlichkeit zum Ausdruck bringt. Natürlich muß man mindestens fünfzig oder sechzig Leute beim Gehen beobachten, bevor man eine Ahnung davon bekommt, was die Unterschiede aussagen. Wenn Sie gelernt haben, was *ein* Verhaltensaspekt Ihnen über einen Menschen sagt, können Sie sich auf einen zweiten und dann auf einen dritten Aspekt konzentrieren. So werden Sie immer geschickter und erkennen schließlich, was die kleinen Unterschiede im Verhalten der Menschen aussagen.«

»Wenn ich höre, was Professor Wolf konnte, dann habe ich erst recht das Gefühl, daß ich Anleitung brauche«, sagte Renee.

»Als Professor Wolf seine Beobachtungsgabe an Leuten mit einem Sack über dem Kopf demonstrierte, praktizierte er nicht Psychotherapie«, sagte ich. »Er führte eine virtuose diagnostische Leistung vor, so etwas wie die brillante Analyse eines Rorschach-Tests. Wir alle können natürlich ein Leben lang daran arbeiten, immer noch aufmerksamer auf jede Nuance in den Bewegungen und im Ausdruck eines Patienten zu achten und immer besser zu verstehen, wie der Patient seine Gefühle und seine Persönlichkeit enthüllt. Und das ist sicher hilfreich, wenn Sie aus irgendeinem Grund eine rasche Persönlichkeitsbewertung vornehmen wollen. Aber Heilung findet in der Psychotherapie nur statt, wenn wir unsere Beobachtungsgabe in den Dienst unserer Beziehung zum Patienten stellen.

Renee, Sie fangen ja gerade erst an. Sie sind intelligent und offensichtlich lernbegierig. Natürlich haben Sie das Gefühl, daß Sie Anleitung brauchen. Ich fände es schrecklich, wenn jemand, der mit diesem ›unmöglichen Beruf‹ anfängt, seiner Sache schon ganz und gar sicher wäre. Ich hoffe, daß Sie in diesem Seminar Anleitung finden. Aber egal, was Sie von *uns* lernen – Ihre besten Lehrer werden Ihre Patienten sein.

Im übrigen hat ja jeder von Ihnen mindestens 25 Jahre Erfahrung im Beobachten von Leuten und im Deuten dessen, was Sie gesehen haben. Allerdings finden Ihre Beobachtungen und Ihre Urteile zu einem großen Teil auf einer unbewußten Ebene statt und werden nicht etwa gleich zu therapeutischen Zwecken geordnet. Wir wollen Ihnen helfen, sich das Wissen zu verdeutlichen, das Sie über das menschliche Verhalten bereits zusammengetragen haben, so daß sie es bewußt nutzen können.

So habe auch ich gelernt. In den ersten Wochen meiner psychiatrischen Ausbildung saß ich einmal mit 24 Kollegen zusammen im gleichen Hörsaal. Der Dozent holte eine schlanke, lebhafte junge Frau herein, begrüßte sie und kündigte an, in etwa einer Stunde werde er sich ausführlich mit ihr unterhalten. Diese ganze Interaktion dauerte etwa eine Minute, vielleicht auch weniger, und dann ging sie wieder.

Die nächste Stunde verbrachten wir damit, uns über die Patientin zu unterhalten. Wir besprachen, was wir gesehen und gehört hatten, stellten Spekulationen darüber an, wie sie lebte, und überlegten uns, welcher Art ihre Schwierigkeiten sein könnten. Dann holte der Dozent das Mädchen wieder herein und befragte sie etwa eine halbe Stunde lang. Wir Kandidaten waren höchst erstaunt zu sehen, wieviel

wir bereits in jener ersten Minute beobachtet hatten: Nicht nur hatten
wir ganz zu Recht geschlossen, daß sie Anorektikerin war (und dies
lange bevor die Fachwelt und die Medien den Eßstörungen ihre
besondere Aufmerksamkeit zuwandten), sondern wir hatten auch
richtig getippt, was ihre sportlichen Betätigungen anging, wie sie mit
ihren Freundinnen und Angehörigen umging, wie sie ihr Studium
handhabe und warum sie sich so und nicht anders anzog.

Ich bezweifle, daß irgendeiner von uns im Alleingang zu diesen
Schlüssen hätte kommen können. Wir alle hatten das gleiche Verhalten beobachtet und die gleichen – wenigen – Antworten gehört;
anschließend hatte die Diskussion unser Denken geschärft und uns
unsere Intuitionen bewußtgemacht. Unter Anleitung des Dozenten
lernten wir voneinander.

Das ist *eine* Möglichkeit, sich zum Kliniker heranzubilden. Wir
sprechen oft von der ersten Begegnung mit dem Patienten, denn wenn
man einen Patienten zum ersten Mal vor sich hat, hört und beobachtet man Dinge, die man dann vielleicht jahrelang nicht mehr zu hören
und zu sehen bekommt. Mit der Zeit lernt man, bei solchen ersten
Zusammentreffen sorgfältig zu beobachten. Manchmal ist das, was
einem dabei auffällt, irgendein anscheinend gar nicht so wichtiges
Detail, das man immer weiter vor seinem geistigen Auge sieht, ohne
daß man sagen könnte, warum. Eben weil es sich auf eine unbewußte
Weise so stark eingeprägt hat, weiß man: Es ist sehr wichtig. Mit der
Zeit begreift man dann allmählich, was es bedeutet und warum der
Patient bei der ersten Begegnung – vielleicht unbewußt – gerade dieses
Detail vorgeführt hat.

Am Anfang ist es sehr schwierig, einfach nur hinzusehen und sich
auf das zu konzentrieren, was da ist. Man ist nervös und möchte
irgend etwas in die Hand bekommen, damit diese ängstliche Unruhe
sich legt. Und dann nimmt man seine Zuflucht zu den Akten, um das
Verhalten des Kindes in irgendeine sauber definierte Kategorie einordnen zu können und damit einen Halt zu finden. Man sieht, wie das
Kind mit den Puppen ›Vater-Mutter-Kind‹ spielt, sagt sich: ›Aha. Hier
haben wir den ödipalen Konflikt, mit dem es sich laut dem Evalua-
tionsbericht ja gerade herumschlägt‹, und fühlt sich gleich weniger
unsicher. Ich habe es genauso gemacht. Aber es hat mir nichts ge-

bracht. Erst nachdem ich eine genügende Zahl von Patienten gesehen hatte, konnte ich mich sozusagen freischwimmen und fühlte mich sicher genug, um mich von den eigenen Wahrnehmungen leiten zu lassen. Bis dahin hatte ich weder den Mut noch die inneren Voraussetzungen, das zu tun. Deshalb erstaunt es mich nicht, daß auch Sie Ihre Schwierigkeiten damit haben.«

Dr. B. war nicht ganz meiner Meinung. »Sie werden die inneren Voraussetzungen sehr viel eher dadurch aufbauen, daß Sie dazu gezwungen sind, als dadurch, daß Ihnen gesagt wird, es sei zu Ihrem eigenen Vorteil, das zu tun.« Er richtete seine Worte direkt an Renee. »Ihnen als Anfängerin werden morgen viele Hinweise auf die Persönlichkeit dieses kleinen Jungen entgehen. Aber nicht alle. Ihre wichtigste Aufgabe lautet, sich eben gerade *kein* mentales Konstrukt seiner Persönlichkeit zurechtzulegen. Sie müssen ihm helfen zu erkennen, daß Ihnen wichtig ist, was er fühlt und wie er Sie sieht.

Aber auf lange Sicht, wenn Sie eine gute Kindertherapeutin werden wollen, brauchen Sie ein großes Maß an Erfahrung mit dem mehr oder weniger normalen Verhalten. Suchen Sie also in den nächsten Jahren die Gesellschaft von Kindern, beobachten Sie Kinder. Sie werden nämlich pathologisches Verhalten nicht wirklich verstehen, wenn Sie sich nicht zunächst die Frage stellen, wie die normale, die zu erwartende Reaktion einer Mutter oder eines Kindes in diesem oder jenem Alter aussieht. Wenn Sie eine genügende Zahl ›normaler‹ Mütter und Kinder beobachten, dann fallen Ihnen die abweichenden Reaktionen als solche ins Auge. Aber das zu lernen braucht seine Zeit.«

Dr. B. richtete seinen Blick auf ein bekanntes Lehrbuch der Kinderpsychotherapie, das Renee vor sich liegen hatte. »In diesem Buch steht, daß das erste psychotherapeutische Interview für das Kind eine harte Sache sein kann. Damit ist aber nur die eine Seite der Beziehung erfaßt. Es ist nirgends davon die Rede, daß es auch für den Psychotherapeuten hart ist, mit einem neuen Patienten zusammenzutreffen. Das heißt, der Autor klammert den Therapeuten sozusagen aus dieser Situation aus.«

»Er nimmt ihn aus der ganzen Gleichung heraus, so als fände hier gar keine Interaktion statt«, sagte ich. »Eine wichtige Vorarbeit dafür, daß Sie diesen Jungen morgen zum ersten Mal sehen, besteht darin, daß Sie an sich selbst und den Patienten als eine Zweiergruppe und an die Therapie als ein gemeinsames Abenteuer denken. Damit sorgen Sie dafür, daß Sie beide eine Bindung zueinander entwickeln. Wenn Sie an Ihre *Beziehung* zu diesem neuen Menschen denken, werden Sie nicht so ratlos sein, wie Sie sich verhalten sollen. Selbst wenn sich herausstellen sollte, daß Ihre Vorbereitungen ungenügend waren, wird der Umstand, daß Sie immerhin versucht haben, sich vorzubereiten, Sie schon vor lähmender Angst bewahren. Natürlich werden Sie sich nicht sklavisch an Ihren Plan halten können, auch wenn es Sie Zeit gekostet hat, ihn zu entwerfen.

Nehmen wir einmal an, daß Sie beim Zusammentreffen mit diesem neuen Patienten feststellen, daß er ganz anders ist, als Sie dachten. Oder nehmen wir an, daß Sie sich mit der Zeit sagen müssen, daß Ihre anfänglichen Reaktionen ›falsch‹ waren. Dann überlegen Sie sich vielleicht, wie und warum Ihnen dieser Irrtum unterlaufen ist, was der Fehler Ihnen über Sie selbst – über Ihre Eigenheiten, Ihre Annahmen und Vorurteile – sagt, und wie Sie in Zukunft das, was Sie in dieser Situation so in die Irre geleitet hat – was immer es ist –, besser steuern können.«

»Ich kann diese wichtige Sache mit zwei Fallbeispielen aus der Sicht der Patienten illustrieren«, sagte Dr. B. »Im ersten Fall hatte die Frau, die zum ersten Mal mit ihrer Therapeutin zusammentraf, den deutlichen Eindruck, daß die Therapeutin sich nicht wie eine Ärztin, sondern eher wie eine Geschäftsfrau verhielt – sehr sachlich und mehr an ihrem Honorar interessiert als daran, der Patientin zu helfen. Aber der Ruf der Therapeutin flößte der Patientin großen Respekt ein, und da sie eine sehr unsichere Person war, wagte sie nicht zu sagen, was sie empfand, und traute sich auch nicht, einfach einen anderen Therapeuten aufzusuchen.

Die Frau erschien viele Monate lang regelmäßig zur Therapie und war zu keiner Zeit imstande zu sagen, was ihr erster Eindruck von der Therapeutin gewesen war. Die Behandlung führte zu nichts, und schließlich gab die Patientin sie nach mehr als einem Jahr auf. Sie hatte nicht nur Geld, Zeit und Kraft an diese Therapeutin verwendet, ohne davon zu profitieren, sondern sie war auch so geschlagen, daß sie jahrelang keinen weiteren Versuch machte, die Behandlung zu bekommen, die sie so dringend brauchte.

Der zweite Patient, ein Mann hoch in den Vierzigern, war beim ersten Zusammentreffen mit seinem Therapeuten sehr enttäuscht zu sehen, daß dieser viel jünger war als er selbst. Er hatte gehofft und erwartet, in dem Therapeuten einen älteren und reiferen Mann zu finden. Auch dieser Patient wagte nicht, dem Therapeuten zu sagen, wie enttäuscht er war. Glücklicherweise sagte dem Therapeuten sein Gefühl, daß er nicht das war, was der Patient sich erwartet hatte, und er fragte den Patienten rundheraus, was er davon halte, daß sein Therapeut jünger sei als er selbst. Daß er genau den Punkt erspürt hatte, der den Patienten so beschäftigte, stellte dessen Vertrauen in seine Kompetenz wieder her, und von diesem Augenblick an ging alles gut.

Wären für diesen Therapeuten die Reaktion des Patienten und die therapeutische Situation nicht sozusagen die wichtigsten Punkte der Geschäftsordnung gewesen, dann hätte er sich in dieser ersten Sitzung vermutlich damit beschäftigt, nach irgendwelchen Geschehnissen und Verhaltensmustern zu suchen, von denen ihm der überweisende Internist erzählt haben könnte. Der Patient wäre darauf in einer Weise eingegangen, die im Einklang mit seinen Vorstellungen davon gestanden hätte, wie er sich in dieser neuen Situation zu verhalten habe. Statt dessen zeigte der Therapeut dem Patienten, für wie wichtig und relevant er dessen Standpunkt hielt, und erreichte damit, daß der Patient ihn als einen aufrichtigen Menschen wahrnahm, dem gegenüber auch er selbst sich zeigen konnte, wie er war.

Ein Therapeut kann nicht immer zutreffend wahrnehmen, warum der Patient sich unbehaglich fühlt oder ärgerlich auf ihn ist. Aber wenn Sie so vorgehen, dann gehören auch Ihre Fehler Ihnen selbst und nicht jemand anderem. Wenn Sie nie einen Fehler machten, würden Sie Ihre Patienten mit Ihrer scheinbaren Allwissenheit wahrscheinlich erschrecken. Denn der, der immer recht haben muß, ist ja der Patient. In gewisser Hinsicht ist Psychotherapie eine Machtbeziehung. Der Patient hat die Macht und hat immer recht. Wenn die Therapie einem das Gefühl vermittelt, immer recht zu haben, kann man die absurdesten und obszönsten Dinge sagen.«

»Und das soll der Patient in der psychoanalytisch orientierten Psychotherapie nach Ihrem Willen ja tun«, sagte ich. »Er soll alle seine Gedanken, Gefühle und Phantasien mitteilen, nicht nur die üblichen und wohlanständigen. Indem er sie mitteilt, begreift er immer besser, wie er wirklich ist, mit welchen inneren Dämonen er sich herumschlägt und welche Wärme und Empfindungsfähigkeit er in sich erstickt hat.«

An diesem Punkt kehrte Dr. B. zur Diskussion von Renees Fall zurück. »Da Sie schon den Mut hatten, hier etwas zu sagen, lassen Sie uns jetzt doch wissen, was man Ihnen über den Jungen erzählt hat, den Sie morgen sehen werden. Dann können wir darüber reden, ob diese ›Fakten‹ Ihnen helfen oder nicht helfen werden, eine aufrichtige Beziehung mit ihm einzugehen.«

»Ja, wie gesagt, ich kenne nur ein paar Fakten«, antwortete Renee. »Er ist sieben Jahre alt, er steckt Dinge in Brand, und die Familie hat schon immer hier in der Gegend gewohnt. Das ist so ungefähr alles.« Renee schwieg einen Augenblick. Dann fiel ihr noch etwas ein: »Oh, ich weiß, wie er mit Vornamen heißt – Simeon.«

»Schon daß man den Namen des Patienten weiß, kann problematisch sein.«

»Also, hören Sie!« sagte Renee. »Sie haben ja gesagt, was Sie dazu meinen, Dr. B.! Ich glaube, jetzt treiben Sie es doch zu weit.«

»Aber nein«, antwortete Dr. B. »Die Kenntnis des Namens kann hinderlich sein für die Beziehung, die Sie zu begründen hoffen. Als ich an der *Orthogenic School* anfing, war mir das noch nicht klar. Aber einige Kinder, die wir dort behandelten, baten uns schließlich, sie mit einem anderen Namen anzureden, nicht mit dem, den sie nun einmal hatten. Ich dachte darüber nach und kam zu dem Schluß, daß alle Kinder, die zu uns kamen, diese Möglichkeit haben sollten. Ich fragte also alle Kinder, die neu in die Anstalt aufgenommen wurden, bei welchem Namen sie am liebsten genannt sein wollten bzw. ob sie wollten, daß wir sie mit einem anderen Namen anredeten als dem, den man ihnen gegeben hatte.

Es waren allerdings nur einige Kinder, denen dieser Gedanke gefiel und die deshalb den Vornamen wechselten; die meisten wollten das gar nicht. Fast alle aber reagierten positiv auf unser Angebot. Nach außen hin schienen viele es zu ignorieren, aber später erfuhren wir, daß es ihnen doch sehr wichtig gewesen war. Sie verstanden, daß die Schule ihnen einen neuen Anfang vorschlug, die Möglichkeit eines anderen Lebens, einer anderen Persönlichkeit sozusagen, und das war sehr ermutigend und überzeugte sie davon, daß selbst für sie ein neues Leben möglich war.

Andere Kinder – und ihre Zahl war beträchtlich – fragten geradeheraus, warum wir ihnen dieses Angebot machten. Für uns war das eine willkommene Gelegenheit, ihnen den Sinn und Zweck einer Psychotherapie zu erklären: Die Dinge mußten für sie nicht notwendig so bleiben, wie sie waren; wenn sie es wollten, würde die Psychotherapie ihnen helfen, wichtige Aspekte ihrer Persönlichkeit in einer Weise zu verändern, die ihnen am ehesten zusagte.

Wenn sie das Gefühl hatten, daß ihr alter Name sich auf ihre alte Persönlichkeit und ihr altes Leben bezog, dann war es immerhin möglich, daß sie sich einen neuen Namen wünschten, um das neue Leben und die neue Persönlichkeit, wie sie sich durch die Behandlung ergeben würde, deutlich von der alten abzugrenzen, die sie abwerfen würden. Natürlich sind Namen lediglich Symbole. Aber es sind wichtige Symbole. Unsere Erklärung machte den Kindern verständlich, daß eine Psychotherapie ihnen Wege der Veränderung eröffnen würde, aber nur einer Veränderung, wie sie selbst sie wünschten. Es war die knappste Art und Weise, ihnen klarzumachen, daß sie von jetzt an hochwichtige Entscheidungen treffen konnten, die ihr eigenes Leben betrafen. Wenn Sie jetzt schon unter dem Namen an das Kind denken, den es einmal erhalten hat, und das als solides Wissen akzeptieren, wird es sehr viel schwieriger, ihm ein solches Angebot spontan und aufrichtig zu machen.

Nehmen wir an, Sie kennen den Namen des Kindes tatsächlich schon oder erfahren ihn schließlich. Dann ist es immer gut, sich – falls das unaufdringlich geschehen kann – zu erkundigen, nach wem das Kind genannt ist oder an wen es seine Eltern erinnert. Hier handelt es sich um latente Identifikationen der Eltern, die deren Reaktionen auf das Kind sehr stark beeinflussen.«

Dr. B. schien einen Augenblick lang in Gedanken versunken. »Sie sagten außerdem, daß er zündelt. Das ist ein Gerücht. Wie lange wird es ein Gerücht für Sie bleiben?«

»Aber seine eigene Mutter hat dem Gutachter doch gesagt, daß er das tut!« sagte Renee.

»Seine Mutter beschuldigt ihn also, Dinge anzuzünden. Welche Haltung sollen wir nach dem Gesetz einem Menschen gegenüber einnehmen, der eines Verbrechens wie der Brandstiftung angeklagt ist?« fragte Dr. B.

»Brandstiftung?« fragte Renee. »Was meinen Sie mit ›Brandstiftung‹?«

Bill gab sich oft provokant. »Das ist doch lächerlich«, sagte er. »Renee sagt, das Kind zündelt. Und Sie tun so, als hätte sie von einem hochgefährlichen Pyromanen gesprochen.«

»Ich wiederhole meine Frage«, sagte Dr. B. »Was sagt das amerikanische Gesetz, was wir annehmen sollen?«

»Daß ein Mensch unschuldig ist, solange seine Schuld nicht erwiesen ist«, antwortete Jason.

»Richtig«, sagte Dr. B. »Wenn Sie es für eine Tatsache nehmen, daß dieser Junge Feuer legt, dann beschuldigen Sie ihn eines Verbrechens, und dies ohne ausreichende Beweise und entgegen der von unserem Gesetz jedem Menschen zugestandenen Unschuldsvermutung. Sollten Sie als Therapeutin des Jungen nicht zu seinen Gunsten eingestellt sein, so wie das Gesetz es mit Bezug auf einen Angeklagten von den Gerichten verlangt?«

Renee schaute verblüfft. »Jetzt übertreiben Sie aber. Ich habe ihn doch nie eines Verbrechens beschuldigt!«

»Haben Sie nicht von dem *Faktum* gesprochen, daß er Dinge in Brand steckt?« fragte Dr. B.

Jetzt meldete sich Gina. Sie sprach leise und mit leichtem italienischem Akzent. »Hör zu, Renee. Es ist das Gleiche, was wir auch schon von anderen Eltern, von Lehrern und von den schriftlichen Unterlagen über einen Patienten gesagt haben: Die Mutter dieses kleinen Jungen ist beunruhigt. Vielleicht hat ihr Sohn wirklich schon mal ein Feuer verursacht, ein kleines oder ein großes. Sie hat Angst, und sie möchte, daß etwas geschieht. Sie will nicht, daß ihr Haus abbrennt.

Im Augenblick sieht sie ihren Sohn also als ein Monster, und was sie von ihm erzählt, baut auf ihren Ängsten auf. Du liest, was sie gesagt hat, und da es ein erfahrener Gutachter war, der die Akte angelegt hat, sieht es aus wie eine Tatsache. Wenn ich du wäre, würde ich halbwegs damit rechnen, daß dieser Junge mein Büro niederbrennt.«

»Das denke ich eigentlich nicht, aber...« Renees Stimme verlor sich.

»Nehmen wir an, Sie haben keine Angst, daß er Ihnen das Büro anzündet«, sagte ich. »Aber auch dann muß so ein Bericht Sie natürlich hellhörig machen. Zündelei ist immerhin eine bedeutsame Sache, die man nicht übersehen darf. Wie können Sie es aber vermeiden, dieses ›Faktum‹ heranzuziehen, wenn Sie sich ein Bild des Patienten machen wollen? Vielleicht spürt er nur unbewußt, daß Sie ihm mißtrauen. Dann wird er auf dieses vage Gespür reagieren. Schließlich hat seine Mutter ja gesagt, daß er etwas Schlimmes angestellt hat. Wenn er sich schuldig fühlt, wird er alles daransetzen, Sie in die Irre zu führen, so daß Sie schließlich an Ihrem Verdacht zweifeln. Wenn er eher neurotisch ist, wird er sich vielleicht schlecht benehmen, so daß Sie ihn bestrafen, denn er fühlt sich ja schuldig und meint, Strafe verdient zu haben, wenn das geordnete Universum, in dem Verbrechen bestraft werden, denn weiterbestehen soll. Wenn er sich für unschuldig hält, wird er mit Recht empört sein und nichts mit Ihnen zu tun haben wollen. Mit einem Wort, diese Vorausinformation macht es schwierig zu sagen, ob er nun spontan auf Sie oder aber auf die Vorurteile reagiert, mit denen Sie ihn begrüßen.«

Jetzt meldete sich Michael. »Die Studenten können solchen Informationen, die gewisse Mutmaßungen nahelegen, gar nicht aus dem Weg gehen. Ich finde, man muß ihnen helfen, den Schaden geringzuhalten. Wenn man Renee sagt, daß ihre vorgefaßte Meinung das vorurteilslose Zuhören erschwert, dann macht sie das nur noch ängstlicher. Ich glaube, man muß ihr gezielter helfen, diese Sache anzupakken.«

»Das ist fair«, sagte Dr. B. »Vielleicht ist jemand unter Ihnen, der erst kürzlich eine solche erste Begegnung mit einem Kind hatte. Wir könnten uns diese Erfahrung doch einmal anhören und dann in der Diskussion vielleicht zu einem Schluß kommen, mit dem Dr. Kurtz geholfen ist.«

Auf diese Aufforderung hin meldete sich Jason. Er war in Salt Lake

City aufgewachsen und hatte seine psychiatrische Ausbildung an einem berühmten und ausgesprochen psychoanalytisch ausgerichteten Krankenhaus im mittleren Westen absolviert. Nach Stanford war er gekommen, um sich auch noch in Kinderpsychiatrie ausbilden zu lassen, da er nicht nur mit Erwachsenen und älteren Jugendlichen, sondern auch mit Kindern arbeiten wollte.

»Ich hatte erst vor ein paar Tagen so ein erstes Zusammentreffen mit einem Kind«, sagte Jason. »Das Mädchen ist elf Jahre alt, heißt Margot und ist ins Krankenhaus gekommen, weil sie in letzter Zeit stark abgenommen hat. Ich habe sie im Büro der Sozialarbeiterin getroffen. Die Eltern hatten sich gerade mit einem zeitweisen stationären Aufenthalt einverstanden erklärt. Ich habe mich vorgestellt und gesagt, daß ich gerne mit Margot allein sprechen würde, während ihre Eltern die Formalitäten erledigten.«

»Wie haben Sie das denn dem Mädchen gesagt?« fragte Dr. B.

»Ich sagte: ›Ich möchte gerne in der Weise arbeiten, daß ich mich jetzt ein paar Minuten mit dir zusammensetze, damit wir uns kennenlernen, während deine Eltern sich um deine Aufnahme kümmern. Anschließend sprechen wir dann alle miteinander über das, was als nächstes geschieht.‹ Ich sagte ihr, daß mein Büro ein paar Türen weiter am gleichen Flur liege, und forderte sie auf, mit mir dorthin zu gehen. Sie folgte mir, ich hielt ihr die Tür auf und sagte: ›Bitte – setz dich irgendwo hin.‹ Sie sah sich um und setzte sich dann auf einen Stuhl am hinteren Ende des Raumes.«

»Könnten Sie uns Ihr Büro beschreiben?«

»An der einen Wand steht eine Reihe von Stühlen, und in der Mitte ist ein niedriger Tisch, um den herum lauter Kinderstühle stehen. Margot setzte sich ans hintere Ende des Zimmers, so daß der Tisch zwischen ihr und der Tür war. Ich setzte mich ihr gegenüber.«

»Was geschah dann?«

»Ich sagte: ›Hallo‹; sie sagte – schüchtern – ebenfalls: ›Hallo‹, sah zu Boden und sagte dann nichts weiter. Ich erklärte ihr, der Zweck dieses kurzen Treffens sei, daß ich sie und sie mich etwas besser kennenlernen könnten. Ich sei ihr Arzt, wir würden uns dreimal in der Woche sehen, und ich wolle ihr helfen, wenn sie irgendwelchen Kummer hätte. Hin und wieder würde ich sie auch auf der Station sehen.

Ich wisse so gut wie nichts von ihr, außer daß sie zur Behandlung hergekommen sei. Dann fragte ich, warum sie gerade jetzt gekommen sei. Darauf antwortete sie überhaupt nicht, sondern sah irgendwie verblüfft aus. Also fragte ich: ›Bei was hoffst du denn hier Hilfe zu bekommen?‹«

Dr. B. sah Jason skeptisch an. »Hat sie darauf geantwortet?«

»Entgegen dem, was Sie offensichtlich denken: Ja, das hat sie«, antwortete Jason. »Und durchaus eindrucksvoll. Sie sagte: ›Ich möchte über meine Depression wegkommen‹. Diese Formulierung hat mich erstaunt. Sie hätte von einer ambitionierten erwachsenen Patientin stammen können. Ich fragte sie, wie sie ihre Depression denn empfinde, und sie sagte, sie habe sich in den letzten paar Monaten meistens traurig und leer gefühlt. Früher habe es so viele Dinge gegeben, für die sie sich begeisterte – Joggen, Ballett, Reiten, Flötespielen, Geschichtenschreiben, Lesen, Basteln –, aber jetzt mache ihr das alles keinen Spaß mehr.«

»Und was schließen Sie daraus?«

»Daß sie depressiv ist.«

»Wie sieht sie aus?«

»Depressiv.«

»Können Sie das näher erklären?«

»Sie sieht müde aus. ›Ausgebrannt‹ ist vielleicht das beste Wort dafür.«

»Hat sie Ihnen noch mehr über ihr Verhalten oder ihre Gefühle erzählt?«

»Bloß daß sie von vielen Dingen nur ganz winzige Portionen ißt, daß sie sich trotzdem schon nach ein paar Bissen sehr voll vorkommt, und daß sie Angst hat, dick zu werden.«

»Könnten Sie wiederholen, mit welchen Worten Sie Margot aufforderten, mit in Ihr Büro zu kommen?«

»Ja, ich sagte: ›Ich möchte dich besser kennenlernen und dir Gelegenheit geben, mich kennenzulernen.‹«

»Aha. Und welche Gelegenheit, Sie kennenzulernen, haben Sie ihr bei dem Gespräch gegeben, von dem Sie uns gerade erzählt haben?«

Jason schaute verblüfft. »Das habe ich Ihnen doch gesagt. Ich habe Margot ein bißchen davon erzählt, wie ich arbeite, daß ich jeden Tag ein paar Minuten bei ihr hereinschauen würde, um zu hören, wie es geht, und daß wir uns mindestens dreimal in der Woche für eine Dreiviertelstunde im Spielzimmer treffen würden.«

»Und das war's? Das ist alles, was Margot über Sie erfahren wird?«

»Es war alles, was ich vorhatte, ihr zu sagen«, antwortete Jason. »Natürlich möchte ich, daß sie das Gefühl hat, es mit einem netten und freundlichen Menschen zu tun zu haben, aber das muß sie selbst entdecken. Ich habe ihr ja schon gesagt, daß ich ihr helfen werde, wenn es irgendwelchen Kummer gibt, aber sie muß von sich aus wissen, daß sie selbstverständlich mit mir reden kann. Ich hoffe, daß sie das schon gemerkt hat.«

»Das hoffe ich auch«, sagte Dr. B. »Was denken Sie von diesem Anfang, den Sie da gemacht haben?«

»Ich bin zufrieden«, sagte Jason. »Ich hatte nicht erwartet, daß eine Elfjährige so präzise über ihre Gefühle und so offen über ihr Verhalten mit mir reden würde. Das war mir eine Bestätigung, daß mir die Ausbildung in der Erwachsenenpsychiatrie zugute gekommen ist. So wie sie sprach, konnte ich wirklich spüren, wie ihr zumute ist, wenn sie vor einer Mahlzeit sitzt. Sie fängt mit Appetit an zu essen, aber dann überkommt sie bei jedem Bissen das Gefühl der Völle und die Angst, dick zu werden. Sie schien mir sehr verwirrt und mutlos, als sie mir das erzählte.«

»Haben Sie ihr gesagt, daß Sie Verständnis für diese Verwirrung haben?«

»Nicht mit diesen Worten. Aber ich habe ihr aufmerksam zugehört und Anteilnahme in meinen Blick gelegt, und das muß sie gemerkt haben.«

»Sie haben ihr also gezeigt, daß Sie liebenswürdig und freundlich sind.«

»Ja, das denke ich schon.«

»Woran hat sie das sonst noch merken können?«

»Ich hoffe, an meinem ganzen Verhalten. Ich habe mich bemüht, sie mit Respekt zu behandeln. Ich sagte Ihnen ja schon, daß ich ihr die Tür aufhielt; außerdem bot ich ihr an, sich hinzusetzen, wo sie wollte; und dann erklärte ich ihr, was wir miteinander tun würden.«

»Ich bin sicher, daß Sie sie mit großem Respekt behandelt und ihr aufmerksamer und geduldiger zugehört haben als die meisten Erwachsenen, die ihr bisher begegnet sind«, sagte Dr. B. »Sie scheint ein intelligentes Mädchen zu sein, und sie hat sicher bemerkt, daß Sie ihr liebenswürdig begegnen wollten. Nun werden allerdings die meisten Krankenhausmitarbeiter liebenswürdig zu ihr sein, und einige werden auch freundlich sein. Wie soll sie Sie, ihren Psychotherapeuten, als ›anders‹ als die anderen wahrnehmen? Warum sollte sie mit ihren Kümmernissen ausgerechnet zu Ihnen kommen wollen?«

»Weil er sie ihr nehmen kann«, warf Renee ein. »So funktioniert die Psychotherapie doch.«

»Und wie hat Dr. Winn das bisher deutlich gemacht?« fragte Dr. B.

»Jason sagt es ja – er war freundlich«, meinte Bill.

»Aber wie kommt Margot dazu, ihm zu vertrauen, wie soll sie wissen, daß er ihr Bundesgenosse ist, der versuchen will, ihr ihre Ängste zu nehmen? Es ist ein großer Unterschied, ob jemand freundlich oder ob er ein Freund ist. Das zu sehen fällt Ihnen möglicherweise nicht ganz leicht. Ein Freund ist – zumal für ein Kind – jemand, der die Welt aus der gleichen Perspektive sieht.« Dr. B. wandte sich Jason zu. »Das ist der Grund, weshalb Sie Margot ganz ausdrücklich wissen lassen müssen, daß *Sie* die Welt aus *ihrer* Perspektive sehen oder zumindest versuchen, das zu tun. Nur wenn sie weiß, daß Sie bereit sind, die Ereignisse und die Umstände aus *ihrem* Blickwinkel zu sehen, wird sie in Ihnen einen möglichen Freund erkennen.

Insoweit ist Margot nicht anders als Sie und ich. Wir alle hören unseren Freunden geduldiger und aufmerksamer zu als sonst jemandem. Um als Therapeut etwas zu bewirken, müssen Sie Ihr Gegenüber dazu bringen, in dieser aufmerksamen Weise zuzuhören, so daß das, was Sie sagen und tun, eine Wirkung auf den Patienten ausübt, vielleicht nicht im Augenblick, aber doch mit der Zeit.«

Gina beugte sich vor. »Aber Jason hat doch seine Bereitschaft gezeigt, sich Margots Sicht anzuhören. Deshalb hat sie ihm ja soviel über ihre Depression und über all die Dinge erzählt, die sie früher gern getan hat.«

»Ich weiß, daß Sie alle sehr beeindruckt sind von Margots eloquenter Antwort«, sagte Dr. B. »Ich bin es nicht so. Ich bin nämlich nicht sicher, daß das, was sie zu Jason gesagt hat, ihre eigene Sicht der

Dinge war. Sie hat sich gut ausgedrückt und Dinge gesagt, die wahrscheinlich zutreffen. Und so wie Sie alle war auch Dr. Winn beeindruckt, weil ihre Worte und ihre Kenntnis ihrer selbst so einen reifen Eindruck machten. Ich bestreite nicht, daß Margot allen Schwung verloren hat und nicht versteht, warum sie sich für gar nichts mehr erwärmen kann. Und ich gebe zu, daß Dr. Winn aufrichtig interessiert ist und es versteht, dieses aufrichtige Interesse auf nonverbale Weise zu vermitteln. Aber es ist sehr gut möglich, daß Margot mit dem, was sie gesagt hat, nur mehr oder weniger wiederholt hat, was die Erwachsenen ihr gesagt haben, und deshalb vielleicht hat das alles so erwachsen geklungen. Wir wollen hoffen, daß Margot ihrem Therapeuten nähergekommen ist, weil sie in seinem Gesicht die Bereitschaft erkannt hat, ihren Schmerz mitzutragen. Ich möchte aber darauf hinweisen, daß sich ihm in diesem ersten Interview noch andere Möglichkeiten boten, sein Bündnis mit Margot zu festigen, aber er hat sie anscheinend nicht wahrgenommen. Ihr Einverständnis vorausgesetzt, möchte ich jetzt also das, was Sie uns erzählt haben, noch einmal Revue passieren lassen und darüber sprechen, wie Sie auf diesem Anfang aufbauen können.«

»Selbstverständlich«, sagte Jason. »Ich bin ja hier, um etwas zu lernen.«

»Ich möchte noch einmal auf den Augenblick zurückkommen, in dem Ihr Kontakt mit Margot seinen Anfang nahm. Wenn Sie schon wissen, wie alt das Kind ist, mit dem Sie es gleich zu tun bekommen werden, dann sollten Sie sich einmal überlegen, wie Sie in diesem Alter fühlten und dachten. Dann können Sie sich eine erste Hypothese darüber zurechtlegen, wie die Perspektive dieses Kindes aussieht. So gesehen, hatten Sie schon vor ihrer ersten Begegnung mit Margot die Möglichkeit, sich stärker mit ihr zu identifizieren, als Sie sich wohl selbst klargemacht haben. Schließlich waren Sie ja auch einmal elf Jahre alt. Sie haben viele Erfahrungen, die dieses Kind macht, schon hinter sich. Auch wenn Ihre Eltern Sie nie ins Krankenhaus bringen mußten – Sie sind als Kind doch sicherlich an andere Orte gebracht oder mitgenommen worden, ohne selbst etwas dazu getan zu haben. Wissen Sie noch, was Sie empfanden, wenn Ihre Eltern Sie ins Auto packten und irgendwohin brachten, wohin Sie gar nicht wollten?«

»Ärger«, sagte Jason.

»Richtig. Und dieser Ärger übertrug sich auf jeden, der an dieser Situation beteiligt war, auch wenn er gar nichts damit zu tun hatte, daß man Sie an diesen Ort brachte. Es ist also sehr gut möglich, daß Ihre Zugehörigkeit zu diesem Krankenhaus Sie in Margots Augen suspekt macht. Sie findet sich im Büro der Sozialarbeiterin, ist wütend auf ihre Eltern, die sie an diesen unbekannten Ort und zu diesen unbekannten Leuten geschleppt haben, und da kommen Sie und sagen, sie soll mit Ihnen zusammen den Korridor hinuntergehen. Weshalb sollte sie mit Ihnen gehen wollen? So wütend sie auch auf ihre Eltern ist, die sie wie ein Paket hier abliefern wollen – wird sie nicht immer noch lieber in der Nähe der Eltern bleiben wollen, um möglichst herauszufinden, was sie eigentlich vorhaben?«

»Aber sie ist ja bereitwillig mit mir mitgegangen!« protestierte Jason.

»Ja, das ist sie. Ist das nicht merkwürdig? Wenn ich, ein Ihnen unbekannter Mensch, in einem Augenblick, in dem Sie mit einer wichtigen Zukunftsangelegenheit beschäftigt sind, auf Sie zukäme und Ihnen sagte, daß Sie und ich von jetzt an dreimal in der Woche eine Dreiviertelstunde lang versuchen würden, miteinander bekannt zu werden – würden Sie mir bereitwillig folgen?«

»Nein, ich glaube nicht«, sagte Jason.

»Und wenn ich von diesem Miteinander-Bekanntwerden als von ›meiner Arbeit‹ spräche – was würden Sie dann denken?«

»Ich würde denken, der ist verrückt.«

»Ja, nicht wahr. Weshalb sollten Sie diesem Fremden also folgen, so wie Margot Ihnen folgte?«

Jason saß da, schaute Dr. B. an und sagte nichts.

»Ich glaube, es gibt nur einen einzigen Grund, weshalb Sie diesem Fremden folgen würden«, fuhr Dr. B. fort. »Sie müßten sich in einer so jämmerlichen Situation befinden, daß alles andere besser wäre, oder Sie müßten derart niedergeschlagen sein, daß es Ihnen egal wäre, was passiert. Denken wir noch einmal an den Satz, mit dem Sie sich dem Mädchen erklärten: ›Ich möchte gerne in der Weise arbeiten…‹ – sagten Sie nicht so?«

Jason nickte.

»Was macht eine Elfjährige daraus, daß Sie die Beziehung, die Sie aufbauen wollen, ›Arbeit‹ nennen? So wie sie die Dinge sieht und die Sprache handhabt, klingt das doch, als wollten Sie eine Arbeit tun – als wäre sie ein Auto, und Sie wären der Mechaniker. Hören Sie nicht, daß dieser Satz Sie zum Bundesgenossen derer macht, die sie wie ein Paket behandeln? Damit erwarten Sie, daß Margot sich passiv verhalten wird.

Tatsächlich komplizieren Sie die Dinge noch in anderer Weise, wenn Sie sich so ausdrücken. Wenn Sie sagen, daß Sie in einer bestimmten Weise arbeiten möchten – ohne danach zu fragen, was das Mädchen vielleicht möchte –, dann begründen Sie in diesem Augenblick unwissentlich eine Beziehung, in der es eine dominante und eine unterlegene Figur gibt. Für die Zwecke einer Psychotherapie ist das alles andere als wünschenswert. Sie bringen sich selbst in die dominante Position, was der Patientin nicht entgeht, die – das können wir schon aus dem wenigen, das wir wissen, schließen – sich ja bereits gegen diejenigen zur Wehr setzt, die sie als dominierend ansieht und denen sie, wie sie meint, nicht offen entgegentreten kann.

Zu den großartigsten Krankenhäusern, die ich in meinem Leben gesehen habe, gehörte ein jahrhundertealtes katholisches Spital in einer französischen Kleinstadt. Was meinen Sie, wie die Patienten in dieser frommen Anstalt, die von einem Orden geleitet wird, empfangen wurden? Wie sah *deren* erste Begegnung mit dem Krankenhauspersonal aus?«

Da niemand antwortete, fuhr Dr. B. fort zu sprechen: »Einer der Mönche nahm den Patienten mit, und dann knieten sie beide nieder und beteten zusammen. Wieso werden die Dinge bei diesem alten Orden so gehandhabt? Was sagt das dem Patienten?«

»Daß er als Teil dieser Glaubensgemeinschaft akzeptiert ist«, sagte Jason.

»Richtig. Damit wird ganz einfach erklärt, daß die beiden vor Gott gleich sind. Vergleichen Sie das mal mit der Ungleichheit zwischen Arzt und Patient, wie sie in unseren modernen und ›aufgeklärten‹ psychiatrischen Krankenhäusern besteht und in unseren Beteuerungen zum Ausdruck kommt, daß wir imstande sind, dem Patienten zu helfen.«

Jason sah gequält aus, und Dr. B. versuchte, ihm zu Hilfe zu kommen. »Es braucht Mut, die Psychotherapie zu erlernen und seine Fälle in einem Seminar wie diesem vorzustellen, bei dem es ja gar nicht gezielt um den Fall, sondern um Sie, den Therapeuten, geht. Es ist schwer, Kritik dieser Art nicht persönlich zu nehmen. Aber Dr. Rosenfeld und ich können lehren, weil wir die gleichen Fehler ja selbst einmal gemacht haben. Jeder erfahrene Therapeut hat sie gemacht. Ich benütze Ihren Fall hier nur als ein Beispiel; ich weiß sehr wohl, daß fast jeder in dieser Situation so wie Sie oder noch unglücklicher gehandelt hätte.«

»Ich bin froh, daß Sie das so sagen«, sagte Jason und lehnte sich wieder zurück. »Ich weiß, warum ich das erzählt habe. Ich war im Büro der Sozialarbeiterin ja selbst in der größten Unruhe.«

»Das ist genau das, worüber ich rede. Selbstverständlich waren Sie unruhig. Fast alle Therapeuten sind unruhig, wenn sie einem neuen Patienten begegnen. Das Problem ist, daß Sie sich in einem Augenblick um Ihre eigene Angst und Unruhe kümmerten, in dem zu allererst Margots Angst und Unruhe dran gewesen wären. Was geschah dann?«

»Ich erklärte ihr, daß man nur durch die Halle zu gehen brauche, um in mein Büro zu kommen, und forderte sie auf, dorthin mitzukommen. Ich hielt ihr die Tür auf und sagte: ›Setz dich bitte irgendwo hin.‹«

Dr. B. schwieg einen Augenblick. In diesem Augenblick fiel mir ein, daß er, der bald Achtzigjährige, hier einer anderen Generation von Psychotherapeuten Dinge erklärte, die ihm ganz vertraut waren. Wie oft hatte er das schon getan? »Was glauben Sie, was nach Meinung einer Elfjährigen im Sprechzimmer eines Arztes passieren wird?« Dr. B. legte Wert auf Antworten, die der persönlichen Reflexion entstammten, und dirigierte Jason in eben diese Richtung. »Nehmen wir an, Ihre Eltern hätten Sie, als Sie elf Jahre alt waren, ins Sprechzimmer eines Arztes gebracht – was hätten Sie erwartet, was dort passieren würde?«

»Etwas Unangenehmes.«

»Danke. In dieser Situation mit Margot wußten *Sie*, was in Ihrem Sprechzimmer passieren würde, aber Margot wußte es nicht.«

Jason blickte fragend, und so übernahm ich es, noch etwas mehr zu diesem Punkt zu sagen. »Da Margots Eltern ja bereits übereingekommen waren, daß Margot stationär aufgenommen werden sollte, hatte sie wahrscheinlich ganz handfeste Ängste, daß sie irgendwelche medizinischen Untersuchungen über sich würde ergehen lassen müssen. Manchen Anorektikerinnen hat man gesagt, daß das Krankenhauspersonal gewaltsame Methoden anwendet, wenn eine Patientin nicht essen will. Aber ob sie nun wußte oder nicht wußte, daß man Anorektikerinnen in manchen Krankenhäusern zwangsernährt oder in anderer Weise traktiert – sie wußte wie die meisten Kinder genug über Krankenhäuser, um eine vage Angst vor dem zu empfinden, was hier mit ihr angestellt werden würde. Sie sind zwar daran gewöhnt, einem neuen Patienten zu sagen, was mit ihm gemacht werden wird, aber Sie haben nicht erkannt, daß Margot vielleicht Ihre Zusicherung brauchte, daß Sie ihr nicht gerade einen Schlauch durch die Nase ziehen würden, um sie zwangszuernähren.

Ich glaube, ich weiß, warum Sie sich nicht wohl dabei fühlten. Ich kann mich noch gut daran erinnern, daß ich mich mit meiner eigenen kinderpsychiatrischen Ausbildung auch sehr schwergetan habe. Nachdem ich mich jahrelang bemüht hatte, ganz ruhig zu sein und so etwas wie Kompetenz zu empfinden, wenn ich erwachsene Patienten vor mir hatte, waren es nun plötzlich Kinder, und leider war damit dieses Gefühl der Unzulänglichkeit wieder da. Aber diesmal war es schlimmer, denn ich hatte es in meiner Arbeit mit den Erwachsenen ja überwunden und setzte mich ihm jetzt freiwillig von neuem aus, um noch dazuzulernen und auch Kinder behandeln zu können. Wenn ich in Ihrer Situation gewesen wäre, dann hätte mich der Gedanke, diese Behandlung richtig anzufangen, also etwas ganz Neues mit all den alten Unsicherheiten, vielleicht so beschäftigt, daß es mir schwergefallen wäre, mich auf Margots Nöte einzulassen. Ich hätte vielleicht auch vergessen, ihr jene Sicherheit zu geben, die ich ihr ganz natürlicherweise gegeben hätte, wenn ich selbst mich sicherer gefühlt hätte.«

Jason nickte und sagte: »Ganz genau!«

Ich hatte, als Jason sich um die Teilnahme am Trainingsprogramm beworben hatte, mit ihm und auch mit seinen früheren Lehrern gesprochen und wußte, daß er ein freundlicher Mensch war, interessiert an den Gefühlen der Patienten und zutiefst entschlossen, Kindern seine ganze Fürsorge zuteil werden zu lassen. Aber in diesem Fall hatte er es unterlassen, sich in Margots Situation zu versetzen und auf der Basis eines empathischen Verständnisses vorzugehen.

»Erinnert Sie das, was Sie uns von der Begegnung mit Margot erzählt haben, nicht an eigene Erfahrungen, die Sie als Kind mit Ärzten gemacht haben?« fuhr Dr. B. fort. »Margot ist Ihnen pflichtschuldig durch die Halle und in Ihr Sprechzimmer gefolgt, denn das ist ihre Art, sich Erwachsenen gegenüber zu verhalten.«

»Aber sie hat ja auch mit Jason gesprochen«, beharrte Gina.

»Ja, schauen wir uns dieses Gespräch doch noch einmal an. Sie erinnern sich, daß Margot auf die Frage, was sie herführe, verblüfft aussah. Aber als Dr. Winn sagte: ›Bei was hoffst du hier Hilfe zu bekommen?‹, hat sie ihre Symptome beschrieben.« Dr. B. machte eine Pause und sah in die Runde. »Was machen Sie daraus?«

»Ich weiß nicht, worauf Sie hinaus wollen«, sagte Jason.

»Sie hat sich doch wohl geöffnet«, sagte Gina, und Bill nickte zustimmend.

»Ich sehe es nicht so«, fuhr Dr. B. fort. »Ich habe den Eindruck, daß Margot Ihre erste Frage nicht beantwortet hat, weil sie nicht wußte, was sie sagen sollte. Und außerdem glaube ich, daß ihre Antwort auf die zweite Frage nicht ihre eigene Antwort war.«

»Aber diese zweite Antwort über ihre Depression klang so offen und treffend«, sagte Renee. »Mich hat das beeindruckt. Sie hat ihre Symptome in einer reifen Weise beschrieben.«

»Denken Sie einmal genau nach«, sagte Dr. B. »Als Dr. Winn fragte: ›Was führt dich her?‹, hat etwas in Margot vielleicht sagen wollen: ›Fragen Sie doch meine Eltern; die haben mich doch ins Auto gehievt und hergeschafft; ich wäre lieber woanders.‹ Ein anderer Teil von ihr hat die Entscheidung der Eltern vielleicht rechtfertigen wollen. Sie hätte sich mit diesen widerstreitenden Tendenzen herumschlagen müssen. Aber die nächste Frage von Dr. Winn: ›Bei was hoffst du denn hier auf Hilfe?‹, die hat ihr, wie ich meine, gezeigt, wie sie sich seiner Erwartung gemäß geben sollte. Und so hat sie sich gefügt und wußte, was jetzt zu sagen war. Aber wenn ich sie richtig verstehe, findet Margot gar nicht, daß sie Hilfe braucht. Warum sollte sie wollen, daß man ihr hilft? Die meisten Anorektikerinnen möchten, daß man sie sich selbst überläßt.«

»Ich bin davon ausgegangen, daß die meisten Anorektikerinnen aber auch große Schwierigkeiten mit ihrem Leben haben«, erwiderte Jason.

Dr. B. lachte bitter. »Das haben sie allerdings mit dem Rest der Menschheit gemeinsam. Die Frage ist, wo liegen die Wurzeln der großen Schwierigkeiten dieses Mädchens.«

»Ich hatte das Gefühl, daß ich ihr hilfsbereit und fair gegenübergetreten bin. Ich habe ihr gesagt, ich sei ihr Arzt, ich würde mit ihr sprechen und ihr bei allem helfen, was sie bedrückt. Ich kann tatsächlich nicht sehen, was daran falsch sein soll«, sagte Jason.

»Es geht hier nicht um richtig oder falsch«, antwortete Dr. B. »Es geht darum, ob das, was Sie gesagt haben, Ihre psychotherapeutische Beziehung zu Margot irgend voranbringen konnte. Wenn Sie ihr sagen: ›Ich werde dir bei deinen Schwierigkeiten helfen‹ – setzt das nicht voraus, daß sie zugibt, Schwierigkeiten zu haben? Ich bin nicht so sicher, daß sie davon wirklich überzeugt ist, auch wenn sie es, um gefällig zu sein, so sagt.

Wenn ich mit einer neuen Patientin zusammentreffe, schlage ich einen anderen Kurs ein. Ich frage: ›Was kann ich für dich tun?‹, und überlasse es damit ihr, mir zu sagen, ob es Schwierigkeiten gibt, bei denen sie meine Hilfe braucht. Manchmal lautet die Antwort auf diese Frage: ›Nichts!‹ Dann akzeptiere ich es, daß man mich für nutzlos erklärt, denn die Annahme, daß ich jemandem bei seinen Schwierigkeiten helfen kann, ist ja etwas arrogant. Ich glaube, wir tun besser daran, uns unseren Patienten mit einer gewissen Bescheidenheit zu nähern. Wenn die Antwort auf meine Frage, was ich tun kann, ›Nichts‹ lautet, dann sage ich: ›Das ist jammerschade. Vielleicht kann ich doch etwas tun, wenn ich mich sehr bemühe, wenigstens eine Kleinigkeit. Ich weiß nicht, ob es viel sein wird.‹

Wenn Sie auf Kinder so zugehen, daß Sie fragen: ›Wie kann ich dir bei deinen Schwierigkeiten helfen?‹, dann wäre die einzig mögliche ehrliche Antwort in den meisten Fällen: ›Geben Sie mir andere Eltern.‹ Und was tun Sie dann?« Dr. B. hatte damit eine rhetorische Frage gestellt, die er nun selbst beantwortete: »Daß Sie Margot bitten, Ihnen etwas von sich zu erzählen, setzt voraus, daß sie einem Erwachsenen ohne weiteres trauen kann und kooperationswillig ist, weil sie nämlich will, daß man ihr hilft. Das widerspricht aber nun völlig dem bißchen Information, das Sie hatten – nämlich daß sie erst elf Jahre alt ist, ziemlich jung für eine Anorektikerin, und daß ihre Eltern auch da waren. Ich würde Margot nicht fragen, ob sie Hilfe will oder braucht. Vielmehr würde ich es bei der Frage belassen: ›Warum bist du hier?‹ Vielleicht sagt sie dann so etwas wie ›Meine Eltern haben mich gezwungen‹, und unter Umständen sagt sie auch noch: ›Die spinnen!‹

Wir alle hassen es, irgendwohin gebracht zu werden, wenn wir nicht genau wissen warum, nicht eigens darum gebeten bzw. nicht zumindest zugestimmt haben. Ich würde ein Kind, das mir von seinen Eltern gebracht wird, immer im Gedanken an diese Verärgerung ansprechen, denn auf diese Weise habe ich eine sehr viel bessere Chance, Kommunikation herzustellen und mit dem Kind bekannt zu werden.

Es ist ganz klar, daß Margot leidet und unglücklich ist, weil sie den Appetit aufs Leben verloren hat. Was in ihrem Gefühlsleben passiert ist, muß sie in Verwirrung stürzen. Aber glauben Sie wirklich, daß es ihr so schlecht ging, daß sie auf eigenen Wunsch psychiatrische Hilfe gesucht hätte? Ist es nicht mindestens genauso wahrscheinlich, daß sie – da sie nun einmal da ist – beschlossen hat, den Part des willfährigen Kindes zu spielen, das versucht, sich die Überlegungen der Erwachsenen zu eigen zu machen, die es in diese Situation gebracht haben?«

»Mir ist immer noch nicht ganz klar, was Sie mir sagen wollen«, sagte Jason.

Dr. B. erklärte: »Ich sage Ihnen, daß sie schlicht die Worte und die Einstellung ihrer Eltern nachplappert. Wenn Sie anders vorgingen, würden Sie wahrscheinlich eine ganz andere Reaktion bekommen. Sie würden sich wundern, was ich für Informationen gewonnen habe und welches Vertrauen manche Kinder zu mir gefaßt haben, wenn ich ganz einfach fragte: ›Was ist denn deinen Eltern eingefallen, daß sie dich hierher gebracht haben?‹ Das hat oft dazu geführt, daß sich die Schleusen öffneten und mir sehr wichtige Dinge anvertraut wurden.«

Jason sah nicht überzeugt aus. »Wäre es nicht ein großes Risiko, Margot zu fragen: ›Was ist mit deinen Eltern los?‹ Im Gegensatz zu meiner eigenen Erinnerung – auch ich bin hier- und dahin gebracht worden, weil es meinen Eltern so gefiel – habe ich keinen Hinweis darauf gefunden, daß Margot wütend auf ihre Eltern gewesen wäre, und erst recht nicht darauf, daß sie sich einer solchen Wut bewußt gewesen wäre.«

»Sie haben recht«, sagte Dr. B. »Aber nach Ihrer Beschreibung möchte ich eigentlich vermuten, daß sie sich zumindest von den Eltern an der Nase herumgeführt fühlt und sich darüber ärgert, daß man sie ins Krankenhaus gebracht hat. Was ich vorschlage, klappt nicht, wenn man es als eine Technik oder, noch schlimmer, als einen Trick ansieht. Das Kind wird nur dann imstande sein mitzuteilen, daß es sich zu Hause mißverstanden fühlt, wenn es spürt, daß dieses Gefühl zu Recht besteht und Sie es nachvollziehen können.«

Jason sagte zunächst nichts. Dann sah er mich an. »Ich weiß, Dr. B. kann so etwas zu einem Kind sagen und sich dabei wohl fühlen. Aber ich bin nicht so erfahren und meine, ich muß neutral sein.«

»Natürlich meinen Sie das«, sagte ich. »Aber Sie hatten ja keine Ahnung, wieweit Margot mit ihren Eltern alliiert war, und es war ja immerhin möglich, daß sie wütend auf sie war. Ist unter diesen Umständen Ihre Frage ›Bei was erhoffst du dir Hilfe?‹ nicht ebenso suggestiv wie ›Was ist denn mit deinen Eltern los?‹? Ohne es zu merken, haben Sie ihr gezeigt, daß Sie eher dazu neigen, sich auf die Seite der Erwachsenen zu schlagen.«

»Ich finde, Sie setzen Jason zu hart zu«, sagte Bill. »Immerhin hat er Margot dazu gebracht, daß sie ihm gesagt hat, was sie bedrückt, und er hat auch gezeigt, daß er ihren Kummer akzeptieren kann und Verständnis dafür hat.«

»Wenn ich ihm so hart zusetze, dann deshalb, weil ich weiß, daß Jasons Fähigkeit, sich in Margot hineinzufühlen, noch viel größer ist, als er bisher hat erkennen lassen«, antwortete ich. »Darauf sollte man schon hinweisen, denn das ist wichtig für Sie alle in Ihrer zukünftigen Tätigkeit als Therapeuten. Ihre Lebenserfahrung ist ein wichtiges und nützliches Hilfsmittel bei dieser Arbeit. Nur wenn Sie sehen, daß Ihre jungen Patienten nicht so anders sind als Sie selbst, wenn Sie sich erinnern, wie *Sie* die Welt in diesem Alter gesehen haben und wie Sie damals das, was diese Kinder tun, betrachtet hätten – nur dann wird Ihnen dieses Verhalten überhaupt verständlich werden. Wenn Sie sich in diese Patienten, in ihre Sicht des Lebens und ihre Ansichten einfühlen können, dann wird Ihnen allmählich dämmern, wie Sie selbst diesen Kindern erscheinen und was Ihre Fragen und Reaktionen über Sie und Ihre Einstellung aussagen.

Kehren wir doch noch einmal zurück zur stationären Aufnahme. Ich bezweifle, daß ein elfjähriges Kind sehr scharf darauf ist, einen Raum zu verlassen, in dem seine Eltern gerade dabei sind, eine Entscheidung bezüglich seiner Zukunft zu treffen. Wenn Margot – wie die meisten Anorektikerinnen – den Therapeuten nicht traut, dann ist sie wahrscheinlich noch eher darauf aus, dazubleiben und den einen oder anderen Hinweis aufzuschnappen, wie sich dieser Krankenhausaufenthalt anlassen wird. Mit Sicherheit fürchtet sie sich vor dem, was man im Krankenhaus möglicherweise mit ihr anstellen wird; die Besorgnis ihrer Eltern verstärkt diese Furcht noch. Sie weiß nicht, wann sie wieder nach Hause darf, und sie ist sich vielleicht auch nicht sicher, wie begeistert ihre Eltern über ihre Rückkehr sein werden. Auch wenn die Eltern es ihr oder auch sich selbst gegenüber nicht zugeben wollen, sind sie vermutlich doch wütend auf sie. Nicht nur daß sie ihnen zu Hause Trotz geboten, nämlich nicht gegessen hat – jetzt demütigt sie sie auch noch in der Öffentlichkeit. Wenn die Eltern von eher einfacher Gemütsart sind, haben sie vielleicht das Gefühl, daß sie sich mit diesem Gang ins Krankenhaus als Leute exponieren, die ihrer Aufgabe nicht gewachsen sind und mit einem rebellischen Kind nicht zu Rande kommen; wenn sie andererseits Ambitionen haben, erwarten sie möglicherweise, daß der Therapeut ihnen vorwirft, schlechte Eltern und schuld an Margots Krankheit zu sein. Ob aus eher sozialen oder eher emotionalen Gründen – sie sind in dem Augenblick, in dem sie die Aufnahmeformalitäten erledigen, nicht imstande, sich um Margot zu kümmern.

Hier, im Büro der Sozialarbeiterin, wird über ihre Zukunft beschlossen. Niemand erklärt ihr, was läuft; sie muß sich auf die eigenen Augen und Ohren verlassen, um vielleicht etwas aufzuschnappen. Das heißt also, im Augenblick ist der Gedanke, ein paar Türen weiterzugehen, um mit einem bisher fremden Menschen bekannt zu werden, keineswegs verlockend. Ist unter all diesen Umständen eine Botschaft denkbar, die Jason ihr gegeben haben könnte, während sie sich im Büro der Sozialarbeiterin aufhielt – eine Botschaft, die ebenso rasch zum privaten Gespräch der beiden geführt hätte, die Margot darüber hinaus aber auch gezeigt hätte, daß er ihr eine besondere Beziehung anbot?«

Niemand antwortete.

Dr. B. half nach: »Was hat Margot in diesem Augenblick gefühlt?«
Jetzt kamen die Antworten von überall her:

»Wut.«

»Nervosität.«

»Neugier.«

»Besorgnis.«

»Einsamkeit, Verlassenheit.«

»Vermutlich hat sie das alles miteinander gefühlt«, erwiderte Dr. B. »Was also hätte Dr. Winn sagen können, das etwas von dieser Spannung weggenommen hätte durch die Mitteilung: ›Das geht hier schon in Ordnung, du bist in guten Händen‹?«

»Weshalb hätte sie glauben sollen, was er sagte?« fragte Bill.

»Ja, weshalb?« Dr. B. nickte Bill zu. »Erwachsene kommen den Kindern mit einer unglaublichen Menge von Aussagen, an die sie sich dann selber gar nicht halten. Wir alle erinnern uns doch an unsere Kindheit und daran, wie oft die Erwachsenen im eigenen Interesse redeten und wie selten in unserem Interesse.«

»Was genau meinen Sie also?« fragte Bill.

»Daß Sie sich selbst fragen, was Margot hören möchte, damit sie Dr. Winns Beruhigungsversuchen – wenn er denn welche unternimmt – glauben und ihre Angst allmählich in Schach halten kann. Versetzen Sie sich in ihre Lage. Ich glaube, Sie sagten, Sie hätten etwas Unangenehmes erwartet. Wie hätte Margot reagiert, wenn Sie gesagt hätten: ›Es muß ziemlich scheußlich sein, ins Krankenhaus gebracht zu werden. Deine Eltern werden wohl ein paar Minuten mit den Formalitäten beschäftigt sein, aber wenn du mit in mein Sprechzimmer kommst, dann erzähle ich dir, was in einem Krankenhaus so läuft‹? Wenn Sie sich so ausgedrückt hätten, hätten Sie Margot bereits Gelegenheit gegeben, sich einen ersten Eindruck von Ihnen zu verschaffen und zu sehen, wie Sie arbeiten. Sie hätten ihr damit gezeigt, daß Sie imstande sind, die Welt aus ihrem, Margots, Blickwinkel zu sehen, daß Sie wissen, was sie empfindet, und daß Ihnen daran liegt, daß sie sich besser fühlt. Und Sie hätten ihr eine erste Ahnung davon vermittelt, daß Sie jemand sind, der mit Worten arbeitet und Worte benutzt, um Ängste zu lindern. Das hätte ihr vielleicht zu dem Glauben verholfen, daß sie hier in guten Händen ist.

Wenn sie mit der Erwartung in Ihr Sprechzimmer gekommen wäre, daß Sie ihr gewisse hier im Krankenhaus übliche Prozeduren erklären wollten, dann hätte der Platz, an den sie sich setzte, Ihnen einiges sagen können. Wenn sie sich auch dann für das ferne Ende des Tisches entschieden hätte, dann hätten Sie vielleicht geschlossen, daß sie das tat, um sich vor Ihnen zu schützen, oder weil sie in allen Situationen Distanz zwischen sich selbst und andere bringen will. Aber da sie ja nun mal gar keine Ahnung hatte, was sie in Ihrem Büro erwartete, wissen wir nicht, ob diese Platzwahl eine allgemeine Haltung oder aber die Furcht anzeigte, Sie könnten ihr vielleicht irgendwie zu nahe treten.

Woran können Sie sich aus Ihrem elften Lebensjahr sonst noch erinnern? Was wußten Sie damals von Krankenhäusern?«

»Ich wußte vermutlich, daß man dort Leute operiert«, sagte Jason, »wenn ich auch nur eine vage Vorstellung davon hatte, daß sie aufgeschnitten und daß Teile von ihnen entfernt werden.«

»Sehen Sie, wieviel Sie schon von Margots Welt wissen?« fragte Dr. B. »Sie müssen sich in dieser Welt aufhalten, während Sie gleichzeitig die Rolle des Kindertherapeuten übernehmen. An der *Orthogenic School* verwendeten die Mitarbeiter mindestens vier Tage darauf, einem neuen Patienten zu erklären, wie die Dinge dort funktionierten. Wir führten das Kind herum und ermunterten es, Fragen zu stellen – über uns, über unsere Arbeit, über die Gründe für diese Arbeit –, uns zu beobachten und sich ein eigenes Urteil über uns zu bilden. Das Kind hätte dies alles sowieso getan, aber daß wir diese Dinge für wichtig hielten und sie ihm nahelegten, gab ihm zu verstehen, daß wir geradezu wünschten, es möge seine eigenen Schlüsse ziehen. Am Ende des vierten Tages hatten wir eine Menge über das Kind gelernt – zum einen aus seinen Fragen, zum anderen aus dem, was es nicht erfragt hatte. Wir lernten auch aus seinen Reaktionen auf das Gesehene und auf unsere Erläuterungen.

Beim ersten Zusammentreffen versicherten wir dem neuen Kind, daß niemand es zwingen würde, irgend etwas zu tun, was es nicht selbst tun wollte. Wir versuchten, diese Mitteilung möglichst in Worte zu kleiden, die in einem Zusammenhang mit den wichtigen Anliegen des jeweiligen Kindes standen. Wenn also zum Beispiel Margot zu uns gekommen wäre, dann hätten wir ihr versprochen, daß niemand ihr Essen aufzwingen würde, obwohl wir es natürlich sehr gerne sehen würden, wenn sie äße und tränke. Es wäre hier ganz allein ihre Sache, wann und was sie trinken oder essen wollte.

Selbstverständlich mußten alle Anorektikerinnen dieses Versprechen erst einmal prüfen, und das dauerte zwischen 24 und 48 Stunden. Nachdem sie die Situation und unsere Absichten geprüft hatten, begannen sie alle zu essen und zu trinken. Anfangs taten sie es nur zögernd und probierten immer wieder aus, ob wir darauf bestehen würden, daß sie aßen und tranken. Auch waren sie mit dem Essen sehr wählerisch. Aber wir hielten durch. Nach unserer Erfahrung genossen die Anorektikerinnen, die ihre Krankheit überwanden, ihr Leben schließlich nicht weniger als die hier um den Tisch Versammelten. Und wir waren glücklich, sie behandeln zu können.

Ein Mädchen kam regelrecht ausgemergelt zu uns. Was immer ihre Eltern ihr zu essen angeboten hatten – sie hatte es abgelehnt, ohne einen Grund dafür zu nennen. Die Mitarbeiterin, die ihr zugeteilt worden war, saß eine Nacht und einen Tag lang bei ihr und versuchte, ihr die Zeit so angenehm wie möglich zu machen, ohne ihr irgendwelche Nahrung aufzunötigen. Nachdem das Mädchen sich davon überzeugt hatte, daß wir sie nicht zwingen würden – und auch dank der guten Beziehung, die wir versucht hatten zu ihr herzustellen –, ließ sie schließlich erkennen, daß sie vielleicht norwegischen Thunfisch, und zwar eine seltene Marke, essen würde. Wir fragten nicht nach dem Preis und verlangten auch nicht zu erfahren, warum es nicht auch eine andere Marke sein durfte. Sie war am Verhungern, und wir waren hocherfreut, daß es überhaupt etwas Eßbares gab, das wir für sie beschaffen konnten.

Wochenlang aß sie nichts anderes als diesen teuren Thunfisch. Sie nahm allmählich zu und kam wieder zu Kräften, da sie sowohl den Fisch als auch das Öl aß. Erst nach Monaten, als wir ihr Vertrauen wirklich besaßen, lüftete sie das Geheimnis, weshalb sie diesen besonderen Fisch essen konnte: Er kam aus Norwegen, einem friedlichen Land, das sich nach ihrer Überzeugung niemals an irgendwelchen imperialistischen Abenteuern beteiligt und kein Volk der dritten Welt ausgebeutet hatte. Ihre wohlhabenden Eltern trugen ihrer Meinung nach zur Ausbeutung der Entwicklungsländer bei, und deshalb konnte sie das Essen, das die Eltern ihr boten, nicht akzeptieren. Da sie befürchtete, daß andere Leute mit ihren Eltern unter einer Decke steckten, konnte sie niemandem erzählen, warum sie die Nahrung verweigerte.

Nachdem sie ihre Gründe dargelegt hatte, fanden wir mühelos Eßwaren, die entweder aus der dritten Welt oder aus den sehr wenigen anderen Ländern stammten, die sie als ›gute Länder‹ betrachtete. Damit ließ sich ihr Speisezettel unschwer erweitern. Sie war schließlich sehr beeindruckt zu sehen, was wir alles unternahmen, um ihren sehr spezifischen Eßwünschen gerecht zu werden; dennoch dauerte es rund ein Jahr, während dessen sie so aß und uns immer wieder auf die Probe stellte, bevor sie wieder uneingeschränkt aß und trank. Und auch danach ergänzten wir ihren Speisezettel noch ein oder zwei Jahre lang mit Nahrungsmitteln aus ›guten‹ Ländern, um ihr zu zeigen, daß wir ihre Ideale respektierten und ihr nicht nur eben ihren Willen getan hatten.

In dieser ganzen Zeit machten wir niemals den Versuch, ihr mitfühlendes Interesse an den schwachen Menschen der dritten Welt etwa in der Weise zu interpretieren, daß es spiegelte, was sie bezüglich der Behandlung empfand, die ihre mächtigen Eltern ihr, dem schwachen Kind, hatten zuteil werden lassen. Hätten wir diese beziehungsreiche Verschiebung zu einem frühen Zeitpunkt gedeutet, dann hätte sie uns vielleicht als zudringlich und gönnerhaft betrachtet, während die Mitarbeiter in Wahrheit großen Respekt vor ihrem Idealismus hatten.

Auch Margot hat Anspruch darauf, von Anfang an über unsere Behandlungsmethoden und unsere Absichten informiert zu werden. Sie muß wissen, daß ihr Psychiater seine Informationen nicht dadurch gewinnt, daß er ihr physisch zusetzt, sondern aus den Mitteilungen, die sie ihm aus freien Stücken macht. Wenn sie nicht schon Erfahrungen mit der Psychotherapie hat, wird sie wahrscheinlich annehmen, daß Sie nur eben ein weiterer Arzt sind, der sie manipulieren und ihr sagen wird, was sie zu tun und zu lassen hat.«

»Wenn wir uns an unserem Krankenhaus solche Extratouren leisten wollten, wie Sie sie mit diesem Mädchen unternommen haben«, sagte Gina, »dann würden wir allerhand zu hören bekommen. Es würde heißen, daß solche besonderen Nahrungsmittel – oder auch Spielzeuge – viel zu teuer sind.«

»Das haben auch wir zu hören bekommen, wenn auch im Lauf der Jahre immer weniger. Wir haben bei unserer Argumentation immer auf die Kosten *eines* Tages in der *Orthogenic School* hingewiesen: Dieser Thunfisch kostete im ganzen Monat weniger als ein Tagessatz an der Schule. Das leuchtet zwar ohne weiteres ein, aber viele Verwaltungsleute übersehen so etwas. Die Versicherungen rechnen ohne weiteres eintausend Dollar pro Tag für den stationären Aufenthalt eines Kindes, aber sie machen Sperenzchen, wenn irgendwelche unbedeutenden Summen für besondere Nahrungsmittel oder für Spielzeug ausgegeben werden. Und dabei sind gerade diese kleinen Dinge doch wunderbare Investitionen. Sie haben sich schon bezahlt gemacht, wenn sie den Aufenthalt des Patienten auch nur um eine Stunde verkürzen.«

Dr. B. machte eine Pause und sagte dann zu Jason: »Wenn ich kritisiere, wie Sie mit Margot umgegangen sind, dann nehmen Sie das bitte nicht persönlich. Ich möchte unsere Zeit nicht damit verschwenden, irgendwelche Zufallsfehler eines einzelnen zu diskutieren. Wir alle, auch ich, machen ja immerzu Fehler. Aber das, worüber wir heute sprechen, ist ein sehr wichtiges Thema und von allgemeinem Interesse: Warum gehen wir mit sehr gestörten Kindern in einer Weise um, die wir, wenn wir ihr selbst ausgesetzt sind, als falsch erkennen?«

Jason seufzte erleichtert, und seine Miene hellte sich auf. »Weil die psychoanalytisch ausgerichtete Psychotherapie schwer zu erklären ist.«

»Ganz richtig«, sagte Dr. B. »Es ist schon schwierig genug, das Wie und Warum der Kinderpsychotherapie uns selbst oder interessierten

Erwachsenen klarzumachen. Wie können wir dann überhaupt annehmen, daß es uns ein Leichtes sein müßte, es einem sehr gestörten, verwirrten und ängstlichen Kind zu erklären, einem Kind, das unsere Worte höchstwahrscheinlich – entsprechend seinen ganz natürlichen Ängsten, wenn nicht sogar Wahnvorstellungen – mißdeuten wird? Wir können uns nur die allergrößte Mühe geben, uns selbst, unsere Methoden und Absichten möglichst verständlich darzustellen.

Die psychoanalytisch orientierte Behandlung läßt sich einem neuen Patienten nun einmal nicht zur Gänze – ja nicht einmal in ihren wichtigeren Aspekten – erklären, erst recht nicht einem ängstlichen Kind wie Margot, mit dem man zum ersten Mal zusammentrifft. Es hat keinen Sinn, ihr zu sagen, daß wir unter anderem bezwecken, ihr ihre Angst zu nehmen – auch wenn das zutrifft. Denn es kommt selten vor, daß ein Kind uns so etwas glaubt. Und auch die Mitteilung, daß wir uns ja gegenseitig kennenlernen wollen, wird dem Kind nicht einleuchten. Es weiß nämlich aus Erfahrung, daß die Erwachsenen sich zwar keineswegs scheuen, ein Kind regelrecht auszufragen, daß sie ihrerseits aber längst nicht so bereitwillig seine, des Kindes, Fragen beantworten werden.

Wir haben es doch in unserem Alltag immer wieder erfahren: Wenn wir selbst uns öffnen, dann öffnet sich auch unser Gegenüber. Anstatt also anzudeuten, daß das ›Kennenlernen‹ damit anfängt, daß das Kind über sich selbst spricht oder daß ich es ausfrage, sollte man dem Kind lieber zunächst etwas von sich selbst erzählen und ihm sagen, wie man selbst an die Dinge herangeht.

Manche Kindertherapeuten würden am liebsten in der Weise anfangen, daß sie dem Kind sagen: ›Ich möchte gut Freund mit dir sein.‹ Das leuchtet mir nun überhaupt nicht ein. Wenn ich sieben Jahre alt wäre und Sie mir sagten: ›Ich will dein Freund sein‹, dann würde ich antworten: ›Da wäre mir aber ein Kätzchen lieber.‹ Daß Kinder sagen: ›Ich möchte dein Freund sein‹, das gibt es nur in Lesebüchern. Achten Sie doch einmal darauf, wie Kinder sich miteinander anfreunden: Ein Kind zeigt einem anderen irgendein neutrales Objekt oder deutet auf das, was es gerade macht, und sagt: ›Guck mal.‹ Es ist also besser – wenn das Kind Sie fragt, warum Sie es sehen wollen – zu sagen: ›Ich möchte etwas lernen, und du bist ein guter Lehrer für mich.‹ Das ist ehrlich, und damit hat das Kind die Situation in der Hand.

Wenn ich einem Kind zum erstenmal begegne, will ich mich ihm bekannt machen, und wenn dieses Kind mir nicht konkrete Fragen stellt – was gelegentlich, aber eben doch selten vorkommt –, dann erzähle ich ihm etwas über meine Vorgehensweise. Dabei hoffe ich, eben die Angst anzusprechen, die das Kind höchstwahrscheinlich empfindet und die durch diese Situation auf den Plan gerufen worden ist. Ich will das Kind ja beruhigen. Aber ich werde mit diesem Anliegen nicht direkt herausplatzen. Das wäre allzu ungeschickt, und vermutlich würde das Kind mir auch gar nicht glauben. Nein, ich sage ihm einfach, was ich so vorhabe. So kann sich das Kind – viel eher, als wenn ich ihm irgend etwas über mich selbst erzählte – eine Meinung darüber bilden, worauf ich aus bin, ja möglicherweise sogar, was für ein Mensch ich bin.

Etwas anders ist es mit Psychotikern, vor allem kleineren Kindern, die auf das, was man ihnen sagt, nicht positiv eingehen. Sie haben gute Gründe, unseren Mitteilungen zu mißtrauen. Psychotiker haben durchweg schlechte Erfahrungen mit dem, was man ihnen erzählt hat. Sie trauen nur dem, was sie sehen, ja man könnte sogar sagen, nur dem, was sie riechen. Es ist also ganz wichtig, wie man das Umfeld vorbereitet, in dem man ihnen begegnet, und wie man sie begrüßt.

Nachdem ich dem Kind ein paar Dinge erklärt habe, sage ich ihm, daß ich natürlich nicht weiß, was es sonst vielleicht noch interessiert, daß ich ihm aber gern alles sagen werde, was es wissen möchte. Damit bitte ich geradezu um seine Fragen, und in der Regel funktioniert das. Wenn nicht, dann fahre ich mit meinen Erklärungen fort.

Ich sage dem Kind auch, daß es sich ruhig umsehen und die Umgebung erkunden soll. Und den meisten Kindern biete ich auch gleich Kekse und Bonbons an. Das sagt dem Kind gewöhnlich in einer wichtigen Hinsicht mehr über mich als irgendwelche Worte.

An der *Orthogenic School* habe ich, wenn ein Kind neu zu mir kam, zunächst einmal angenommen, daß man es vielleicht gegen seinen Willen hergebracht hatte. So habe ich fast immer erst einmal angefangen, mich dem Kind zu erklären, lange bevor ich wagte vorzuschlagen, daß das Kind sich ja nun seinerseits mir erklären könnte. Ich ließ keinen Zweifel daran, daß es jederzeit gehen könnte, wenn es dies wollte, und daß wir es in keiner Weise am Gehen hindern würden. Viele Kinder machten die Probe aufs Exempel und verließen mein Sprechzimmer. Aber mit einer einzigen Ausnahme kamen sie alle wieder, sobald sie sich davon überzeugt hatten, daß ich nichts unternehmen würde, um sie zurückzuholen. Ich gebe allerdings zu, daß ich immer versuchte, ihnen, wenn sie gehen wollten, noch ein paar Bonbons in die Hand zu drücken.«

»Verlangen Sie nicht vielleicht zuviel von mir oder überhaupt von uns allen?« fragte Jason. »Sie hatten schließlich Mitarbeiter und einen großen Apparat hinter sich. Mir stehen die Möglichkeiten der *Orthogenic School* nicht zur Verfügung.«

»Aber Sie haben Ihr Einfühlungsvermögen und Ihre Intuition, Jason«, sagte ich. »Sie haben uns gezeigt, daß Sie sehr wohl in Kontakt mit Ihrem elfjährigen Selbst treten können. Sie haben sich sehr gut in das eingefühlt, was Margot im Zusammenhang mit dem Essen empfindet, und Sie haben es auch mir sehr deutlich gemacht. Aber an diesem speziellen Vormittag ist Ihnen die eigene Angst in die Quere gekommen, und Sie haben Margot diese Seite Ihres Wesens eben nicht sehen lassen – und dabei hätte das doch dazu beigetragen, eine empathische Beziehung zu ihr aufzubauen.

Das sind Dinge, mit denen wir alle es jedesmal wieder zu tun haben, wenn wir einem neuen Patienten gegenüberstehen. Wenn Sie bei aller eigenen Angst davon ausgehen, daß der neue Patient noch ängstlicher ist – und nach meiner Überzeugung können Sie davon tatsächlich ausgehen –, dann werden Sie entspannter an die Dinge herangehen und Ihre Aufmerksamkeit eher auf die Ängste des Patienten richten können. Wenn Sie sich das gesagt hätten, Jason, dann wäre es Ihnen wahrscheinlich leichter gefallen, sich auf Margot und auf Ihre treffende Beobachtung zu konzentrieren, daß sie ausgebrannt aussah. Nicht alle Anorektikerinnen sehen ausgebrannt aus. Manche tun es, aber andere schäumen geradezu über vor Energie. Mit so einem Fall hatte ich es als junger Assistenzarzt zu tun.«

»Wenn ich mir ansehe, was Margot früher alles gemacht hat, dann möchte ich meinen, daß es viel zuviel war«, warf Dr. B. ein. »Der Verhaltensforscher Niko Tinbergen hat kürzlich im Kreis von Nobelpreisträgern über die starke Zunahme des kindlichen Autismus in den Vereinigten Staaten und in anderen westlichen Ländern gesprochen. Nach seiner Überzeugung liegt die Ursache dieses Autismus darin, daß es an der positiven Kommunikation zwischen Mutter und Kind fehlt. Einen weiteren ursächlichen Faktor sieht er darin, daß Eltern, Erzieher und Psychologen in den westlichen Ländern zu viele Aktivitäten von den Kindern erwarten.«

»Da sieht man, was passiert, wenn Nobelpreisträger sich in andere Disziplinen einmischen«, sagte Bill.

Alle lachten. Dr. B. fuhr fort: »Immerhin ist Dr. Winn diesem Phänomen, zu dem Tinbergen sich äußerte, schon hart auf den Fersen gewesen.« Dr. B. wandte sich jetzt direkt an Jason. »Wenn Sie Ihrer Wahrnehmung etwas mehr getraut hätten, dann hätten Sie vielleicht so etwas gesagt wie: ›Armes Mädchen! Du hast viel zuviel gemacht. Du bist ja ganz erschöpft. Es ist höchste Zeit, daß du dich mal so richtig ausruhst.‹

Dieses Phänomen, das Sie da bemerkt haben, ist weitverbreitet und eine der Hauptursachen kindlicher Pathologie in der amerikanischen Mittelschicht. Viele Eltern, deren Kinder mit allzu vielen Dingen beschäftigt sind, stellen eine erschreckende Gleichgültigkeit gegenüber diesen Kindern als Individuen zur Schau und bestehen gleichzeitig darauf, daß sie alles Mögliche leisten. Solche Kinder muß die Psychotherapie von diesem Leistungsdruck befreien; hier geht es nicht um Leistung, sondern darum, wer sie als Menschen sind. Margot sollte ihren Therapeuten so erfahren, daß ihr klar wird: Hier bietet sich mir die Möglichkeit einer Beziehung, in der nichts von mir verlangt wird, einer Beziehung zu jemandem, der mich um meiner selbst willen akzeptiert und respektiert.

Wenn Sie Ihrer Patientin das, was sie Ihnen mitgeteilt hat, sozusagen zurückgeben – wenn Sie ihr beispielsweise sagen, daß sie ja viel zuviel tut und sich mal ausruhen sollte –, dann erkennt sie, daß Sie sich wirklich auf sie konzentriert und ihr zugehört haben. Und dann dämmert ihr vielleicht auch, daß die Psychotherapie ihr eine einmalige Beziehung eröffnet. Der therapeutische Prozeß beginnt in dem Augenblick, in dem das Kind anfängt, sich zu fragen, was das denn eigentlich ist, auf das es sich da eingelassen hat.«

»Was meinen Sie damit?« fragte Renee. »Woran können wir es denn merken, daß der therapeutische Prozeß anfängt?«

»Er fängt an, wenn das Kind erkennt, daß der Therapeut ihm aufmerksamer zuhört, als es sich selbst zuhört, und wenn es sich fragt, warum das so ist«, sagte Dr. B. »Jetzt hört auch das Kind zu, und zwar sich selbst ebenso wie dem Therapeuten. Und dieses neuerwachte Interesse – der Umstand, daß es sich selbst zuhört und sich selbst ernster nimmt –, das ist der Punkt, an dem die Therapie anfängt. Um in dieser Weise neugierig zu werden, muß das Kind spüren, daß der Therapeut wie kein anderer ›weiß und spürt‹. Was wir hier die ganze Zeit behandeln, das sind die Augenblicke in Dr. Winns Gespräch mit dem Mädchen, in denen diese Intensität verschenkt wurde.

Hat diese Diskussion Ihre Sicht Ihrer Beziehung zu Margot denn nun irgendwie verändert?«

Jason lächelte und sagte: »Es war nicht gerade meine angenehmste Erfahrung.« Er schwieg einen Augenblick und fuhr dann fort: »Ich bin nicht gerade begeistert über das, was Sie mir hier einsichtig gemacht haben. Soll ich Ihnen dafür danken, daß Sie mir geholfen haben zu erkennen, wie ungeschickt ich mich angehört habe?« Er lachte. »Ja, das sollte ich wohl tun. Ich war tatsächlich nicht ich selbst bzw. nicht der Therapeut, der ich einem erwachsenen Patienten gegenüber bin. Und es war nicht fair von mir, daß ich Margot nicht gesagt habe, was man mit ihr tun und lassen wird. Ich wundere mich über mich selbst! Wenn diese Informationen doch bei der Aufnahme eines erwachsenen Patienten ganz selbstverständlich gegeben werden! Ich habe ihr wohl nicht soviel Respekt erwiesen, wie ich dachte.

Aber immerhin haben Sie mir Mut gemacht, mir einen Plan für morgen zurechtzulegen. Die viertägige Einweisung, die Sie Ihren neuen Patienten an der *Orthogenic School* gaben, gefällt mir. Was halten Sie von einer verdichteten Version? Morgen könnte ich mit Margot doch einen Gang durch die Station machen und ihr Mut machen, Fragen zu stellen. Ich könnte diese Fragen so gut wie möglich beantworten und ihr erklären, welche Maßnahmen in Ihrem Fall zum Zug kommen und welche nicht. Wenn dann noch Zeit ist, könnten wir ins Spielzimmer gehen, und sie könnte selbst sehen, wie sich unsere gemeinsame Arbeit von dem unterscheidet, was auf der Station passiert.«

»Das ist eine ausgezeichnete Idee«, sagte ich. »Damit würden Sie ihre Ängste zerstreuen und sie gleichzeitig in den therapeutischen Prozeß hineinführen. Zunächst zeigen Sie ihr mit dem, was Sie tun, daß Sie als ihr Therapeut jemand sind, der sich bemüht, ihre Bedürfnisse zu verstehen und der sich die Zeit nimmt, darüber nachzudenken, wie er diese Bedürfnisse befriedigen kann. Sie haben gesagt, daß sie vermutlich niedergeschlagen ist. Die Tatsache, daß Sie sie für wichtig genug halten, um über sie nachzudenken, auch wenn sie nicht anwesend ist, wird ihrer Selbstachtung guttun.

Aber Margot bekommt durch dieses Vorgehen noch weitere Botschaften: Sie zeigen ihr damit, daß wir in der Psychotherapie lernen, Ängste dadurch zu zerstreuen, daß wir die Fakten etablieren: Sie fordern sie auf, die Dinge zu beobachten, ihren Verstand zu benutzen und Fragen zu stellen, bis sie versteht, was sie sieht, fühlt und sich zusammenreimt. Damit wird sie ihr Hiersein nicht mehr als so beängstigend empfinden. Und zugleich – und ohne daß darüber gesprochen wird – wird ihr deutlich werden, daß ihr beide euch daran machen werdet, ihr Leben zu erkunden und auch ihre anderweitigen Ängste verstehbar zu machen. Allmählich wird sie ihren beachtlichen Verstand nutzen und mit ihrer Angst anders und besser fertig werden als auf dem Weg über das anorektische Symptom.«

Jason sah erfreut aus.

Ich fuhr fort: »Und wenn Sie schon einen neuen Anfang mit Margot machen wollen, warum sollten Sie sich dann nicht dafür entschuldigen, daß Sie gestern nicht auf ihre Ängste eingegangen sind? Sie haben uns ja gesagt, daß Ihnen das leid tut. Warum sollten Sie es nicht auch ihr sagen? Sie wird dann erkennen, daß Sie ein feinfühliger, nachdenklicher, aufrichtiger Mensch sind, jemand, der es wert ist, daß man sich mit ihm verbündet!«

Jason lächelte.

An diesem Punkt sagte ich mir, daß wir uns jetzt eigentlich wieder dem von Renee vorgetragenen Fall zuwenden sollten. »Hat Jasons Falldarstellung Ihnen geholfen, sich über den Jungen klarzuwerden, der morgen zum erstenmal zu Ihnen kommt?« fragte ich sie.

»Ja und nein«, antwortete Renee. »Die Diskussion hat mich davon überzeugt, daß schon das Erstinterview eine einmalige Gelegenheit sein kann, eine Beziehung aufzubauen. Aber ich kann nicht sagen, daß ich jetzt beruhigt wäre. Ich fühle mich keineswegs wohl oder zuversichtlich.«

»Was ich jetzt sage, mag paradox klingen«, sagte ich, »aber ich sehe an der Art, wie Sie die Dinge jetzt empfinden, daß Sie tatsächlich besser auf morgen vorbereitet sind. Lassen Sie mich ein Bild ausmalen, das Dr. B. gerne benutzt. Sie sollten sich auf einen neuen Patienten so vorbereiten wie auf einen Gast, den Sie würdig bei sich empfangen wollen. Nehmen wir an, Sie erwarten nicht gerade Freunde, aber doch Freunde von Freunden, die um die Mittagszeit bei Ihnen vorbeischauen wollen. Es ist Ihnen unbehaglich zumute, weil sie diese Leute zwar so liebenswürdig wie möglich empfangen wollen, aber keine Ahnung haben, was sie gerne essen bzw. ob sie schon gegessen haben oder nicht. Sie beschließen, etwas vorzubereiten, von dem Sie annehmen, daß es den Gästen schmecken wird. Da Sie nicht wollen, daß die Gäste sich wegen Ihrer Vorbereitungen unbehaglich fühlen oder meinen, sie müßten essen, nur um Ihnen einen Gefallen zu tun, lassen Sie die fertige Mahlzeit im Kühlschrank.

In dieser Weise bestens vorbereitet, können Sie sich, wenn es soweit ist, ganz auf Ihre Gäste konzentrieren. Wenn sie beteuern, sie seien nicht hungrig, dann werden Sie Ihr Bestes tun, um diese Worte zu interpretieren. Meinen die Leute wirklich, was sie sagen, oder wollen sie nur höflich sein und sich mit dem arrangieren, was, wie sie meinen, für Sie das Bequemste ist? Sie selbst verfolgen insoweit keinerlei Interesse, Sie sind allein von Ihrem guten Willen beherrscht. Trotzdem können Sie Fehler machen. Aber da Sie so gut vorbereitet sind, hindert Sie nichts daran, Ihren Gästen in jeder Hinsicht zu Gefallen zu sein, und das schafft eine Atmosphäre, in der diese potentielle Freundschaft die besten Aussichten hat, sich gut zu entwickeln.

Ich könnte mir denken, Renee, daß manches von dem, was man Ihnen über den Jungen erzählt hat, Ihnen Angst gemacht hat, noch bevor Sie ihn überhaupt zu Gesicht bekommen haben.«

»Ja, das mit dem Zündeln«, sagte Renee.

»Ein ausgezeichneter Anfang«, sagte ich. »Zündelei, das ist wie eine rote Fahne für den Therapeuten, ein Symptom, dem man seine Aufmerksamkeit zuwenden muß. Wenn wirklich ein Brand entsteht, kann es sein, daß sogar die Polizei hinzugezogen wird. Aber das wissen Sie ja noch gar nicht. Und im Augenblick kommt Ihnen diese Information bei Ihren Bemühungen, den Jungen unvoreingenommen kennenzulernen, nur ins Gehege.

Weiß man denn positiv, daß er schon Dinge in Brand gesteckt hat? Gibt es nicht ein Dutzend Möglichkeiten, wie ein Feuer entstehen kann? Wenn seine Mutter vom ›Feuerlegen‹ spricht, dann war es vielleicht so, daß man ihn dabei erwischte, daß er ein Streichholz anstrich oder eine Kerze anzündete. Wir haben ähnliche Geschichten schon erlebt. In solchen Fällen ist der Vorwurf des Feuerlegens nur insofern interessant, als er enthüllt, daß die Mutter Angst vor ihm hat. Könnte es sein, daß ein größerer Junge das Feuer gelegt hat und dann weggelaufen ist, so daß diesen Jungen die Schuld traf? Hat er vielleicht gespielt, er sei auf eine einsame Insel verschlagen worden? Vielleicht hat er nicht im entferntesten daran gedacht, daß es wirklich brennen könnte, und fühlt sich jetzt schuldig und entsetzlich niedergeschlagen wegen all des Unheils, das er sich und anderen eingebrockt hat. Oder hatte er vielleicht Angst vor der Dunkelheit und konnte, so jung wie er ist, noch nicht erkennen, was er tat? Oder hat das Spiel mit den Streichhölzern seinen Schönheitssinn entzückt, und dann hat er gemeint, jemanden kommen zu hören, ist weggerannt und hat gar nicht gemerkt, daß es wirklich brannte? Wenn es überhaupt gebrannt hat, war das Feuer aggressiv oder defensiv gemeint, oder ist es aus Versehen entstanden? War der Junge wütend, fühlte er sich verletzt, wollte er jemandem etwas heimzahlen, oder hatte er Angst vor jemandem und wollte sich auf diese Weise schützen? Wollte er jemandem eine wichtige Botschaft zukommen lassen?

Wenn Sie sich alle diese hypothetischen Situationen so konkret wie möglich vorgestellt haben, dann wissen Sie auch, daß Sie für alle sozusagen offen sind. Sie werden sich sagen, daß das Verhalten des Jungen, wenn er denn wirklich ein Feuer verursacht hat, sowohl einen Kontext als auch eine Bedeutung hat, die Sie verstehen wollen. Ohne das können Sie nicht wissen, ob er es getan hat bzw. – falls er es wirklich getan hat – was seine Handlung über ihn als Individuum aussagt.

Ein Kollege hat mir einmal von einem Jungen erzählt, der in einer offenen therapeutischen Einrichtung untergebracht war. Seine Eltern waren geschieden, und das Klinikpersonal hatte den deutlichen Eindruck, daß die Mutter des Jungen eine harsche Frau war, die ihren Sohn ablehnte. Nie sagte sie irgend etwas Freundliches über ihn. Der Vater war ein passiver Mann, aber er unterhielt immerhin ein leidlich gutes Verhältnis zu seinem Sohn. Die Therapeuten waren daher erfreut, als er, um diese Beziehung zu verbessern, über ein Wochenende mit dem Kind verreiste. Der Junge kam am Montag zurück und legte am Dienstag mit großer Sorgfalt einen gefährlichen Brand, dem der Pavillon, den er bewohnte, beinahe ganz zum Opfer gefallen wäre. Er war nicht bereit, dem Psychiater einen Grund dafür zu nennen; er zeigte auch keinerlei Gewissensbisse und wollte nicht einmal versprechen, keinen weiteren Brand zu legen.

Da es riskant schien, den Jungen weiter in dieser offenen Einrichtung zu belassen, wurde er in eine geschlossene psychiatrische Station verlegt. Am Ende wanderte er von einem Krankenhaus zum anderen. Was er dort erlebte, beschrieb er später als schrecklich und keineswegs heilsam. Es dauerte fünfzehn Jahre, in denen sein Leben sehr unglücklich verlief, bis er schließlich enthüllte, daß sein Vater ihn an jenem Sonntag bei dem angeblich therapeutisch gemeinten Ausflug mißbraucht hatte – etwas, was er niemandem hatte erzählen können.

Da Sie also den Jungen noch gar nicht kennen, und da so viele verschiedene Szenarien denkbar sind, halten Sie die Augen offen und richten Sie Ihre Aufmerksamkeit auf eben dieses reale Kind, das morgen in Ihre Sprechstunde kommen wird. Wenn er ein- oder zweimal da war und Sie sich ein eigenes Bild von ihm und seinem Verhalten gemacht haben, dann lesen Sie seine Akte und informieren Sie sich darüber, was diejenigen, die ihn zunächst evaluiert haben, von ihm und seinen Schwierigkeiten dachten. Wenn diese frühere Evaluation mit Ihrer eigenen übereinstimmt, werden Sie sich sicher fühlen. Wenn sie aber von dem abweicht, was Sie inzwischen über den Jungen wissen, dann können Sie den Eindruck, den der Junge auf den Evaluator machte, mit dem Eindruck vergleichen, den er auf Sie macht, und versuchen zu ergründen, warum diese beiden Eindrücke verschieden sind.«

»Das verstehe ich nicht«, sagte Gina. »Meinen Sie, daß diese ganze gedankliche Vorbereitung Renee helfen soll, das Feuerlegen beim ersten Zusammentreffen mit dem Jungen sozusagen ganz und gar aus ihrem Kopf zu verbannen?«

»Nein«, sagte ich. »Ich meine, daß man sich unter dem, was seine Mutter als ›Feuerlegen‹ bezeichnet, doch sehr viele verschiedene Situationen vorstellen kann. Renee sollte sich also schlicht ins Spiel bringen, sie sollte beobachten und mit der adäquaten Hypothese dann kommen, wenn und falls sie relevant erscheint. Wenn ihr dieses Vorgehen nicht zusagt, könnte sie ihrem neuen Patienten auch sagen, was man ihr von ihm erzählt hat. Viele Therapeuten fangen die Sache so an; sie lassen das Kind von Anfang an wissen, daß sie keine Geheimnisse vor ihm haben werden. Wenn Sie so vorgehen, dann empfiehlt sich die zusätzliche Bemerkung, daß Sie sich sicher sind, daß das, was man Ihnen erzählt hat, längst nicht die ganze Geschichte ist. Machen Sie dem Kind Mut, Ihnen seine Fassung zu erzählen, weil Sie sie wirklich von ihm hören wollen.«

»Nehmen wir einmal an, daß dieser Junge tatsächlich ein gefährliches Feuer gelegt hat,« sagte Dr. B. »Wahrscheinlich hat kein Mensch ihn gefragt, warum er das getan hat. An diesem Punkt müssen Sie ansetzen. Mit der Empfehlung: ›Leg keine Brände; es ist schlecht, Brände zu legen‹, sagen Sie dem Kind nur, daß Sie nicht an ihm interessiert sind, daß Sie und alle Welt allein daran interessiert sind, daß er keinen Ärger verursacht. Wenn jemand einen Brand gelegt hat, wird fast nie danach gefragt, warum er es getan hat, warum er es zu dieser bestimmten Zeit und an diesem bestimmten Ort getan hat und was er damit erreichen wollte. Ich bin sicher, er hatte einen seiner Meinung nach guten Grund. Kein Mensch gesteht solchen Kindern zu, daß sie ganz vernünftige Menschen sind und ein in ihren Augen handfestes Motiv haben, einen Brand zu legen. Wenn wir aber mehr wollen als ihm nur eben helfen, sich nicht in Schwierigkeiten zu begeben, wenn wir versuchen wollen, ihn zu heilen, dann müssen wir zunächst die Antworten auf alle diese und viele weitere Fragen kennen.

Was immer Sie bei dieser ersten Zusammenkunft sagen wollen, Dr. Kurtz, denken Sie an den Vergleich zwischen Ihrer eigenen Vorbereitung und der Art, wie sich eine gute Gastgeberin vorbereitet.

Zu Beginn meiner Tätigkeit an der *Orthogenic School* hatte ich ein Erlebnis, das mir deutlich zeigte, wie wichtig es ist, daß die Kinder, mit denen man es zu tun hat, ungehindert an Eßwaren und vor allem an Kekse und Bonbons herankommen. Mein Vorgänger hatte solche Dinge in einem verschlossenen Schrank hinter seinem Schreibtisch aufbewahrt. Eines Morgens fand ich ein Hackbeil auf meinem Schreibtisch. Einige Kinder hatten es in der Nacht zuvor dazu benutzt, den Schrank mit den Süßigkeiten aufzubrechen. Sie hatten sich mit Bonbons versorgt und mir eine Botschaft hinterlassen, die besagte: ›Dieses Mal liegt es auf Ihrem Schreibtisch. Das nächste Mal wird es in Ihrem Kopf stecken.‹

Ich fürchtete zwar nicht wirklich, daß sie ihre Drohung wahrmachen würden, aber ich verstand doch, was sie mir sagen wollten. Ich erklärte allen Kindern an der *Orthogenic School*, daß Gebäck und Bonbons von nun an immer frei zugänglich seien und daß sie sich zu jeder Tages- und Nachtzeit aus dem Vorrat bedienen könnten.

Im Laufe der Jahre wurde dieser Bonbonschrank zu einer wichtigen Einrichtung. Für die Kinder bedeutete er, daß sie hier willkommen waren und daß nicht nur ihr Hunger, sondern auch ihr Bedürfnis nach Leckereien immer befriedigt werden würde, wenn ihnen gerade danach war. Später führte ich eine tägliche Zusammenkunft mit allen Patienten der *Orthogenic School* ein, bei der die Kinder aufgefordert waren, Verbesserungs- und Veränderungsvorschläge zu machen und zu sagen, welche Dinge ihrer Meinung nach nicht fortgesetzt werden sollten, weil sie ihnen nicht gefielen. Diese Zusammenkünfte erwiesen sich insofern als wichtig, als sie das wechselseitige Verständnis zwischen Patienten und Betreuern förderten. Auch stellte ich fest, daß sie erheblich zur Verbesserung des Programms beitrugen, und schließlich hatten sie noch einen weiteren Vorteil: Sie vermittelten den Patienten das Gefühl, daß sie sehr wohl in der Lage waren, von sich aus positive Veränderungen in ihrem Leben zu bewirken.«

»Ich glaube, das war es, was Jason vorhatte, als er es Margot überließ, wohin sie sich setzen wollte«, sagte Gina. »Er wollte erreichen, daß sie sich wohlfühlte.«

»Ja«, sagte ich. »Jason hat in seiner Arbeit mit erwachsenen Patienten selbstverständlich gelernt, daß man einen neuen Patienten unbedingt in der Nähe der Tür sitzen lassen muß, weil er vielleicht irgendwann den dringenden Wunsch hat, wegzulaufen. Bei Margot haben Sie diese Sitzregel allerdings vergessen«, sagte ich zu Jason. »Glücklicherweise war sie weder paranoid noch aggressiv. Ein paranoider Patient wird unter Umständen mißtrauisch, fühlt sich in der Falle und kann in Panik geraten. Wenn Sie sich zwischen ihn und die Tür plazieren, kann es sein, daß er gewalttätig wird. Daß man ihn freundlich begrüßt, macht keinen besonderen Eindruck auf ihn. Sie werden ihm also seine Fluchtroute nicht blockieren wollen.«

Dr. B. führte diesen Gedanken weiter. »Ich möchte noch einmal auf etwas zurückkommen, was ich vorhin sagte. Bei psychotischen Kindern müssen Sie noch etwas anderes im Auge behalten. Diese Kinder achten sehr darauf, wie der Raum eingerichtet ist und wie er riecht. Auch Sie vertrauen ja auf Ihre sinnlichen Reaktionen, wenn Sie an einen neuen Ort kommen; allerdings drängen diese Reaktionen sich Ihnen nicht die ganze Zeit über so stark auf, wie das beim Psychotiker der Fall ist. Sehen Sie also darauf, daß der Raum gewissermaßen Ihr Spiegelbild abgibt. Achten Sie darauf, daß die Stühle bequem sind, daß die Spielsachen zum Spielen einladen und die Süßigkeiten in Reichweite sind. Stellen Sie keine Sachen in den Raum, mit denen das Kind nicht ungezwungen spielen kann oder auf die Sie aufpassen müssen. Ihr Ziel heißt ja, daß das Kind sich wohlfühlen soll, so wie die Gäste, die zu Ihnen zu Besuch kommen.«

»Noch etwas«, merkte ich an. »Ich weiß, daß die Praktikanten sich hier in die Zimmer teilen, daß Sie also nicht allein darüber bestimmen können, was in dem jeweiligen Raum stehen oder wie er eingerichtet sein soll. Bedenken Sie aber, daß Kinder auf dem Weg über ihr Spiel und ihr Spielzeug sprechen. Wenn wir es mit erwachsenen Patienten zu tun haben, folgen wir der Kette ihrer Gedanken. Bei Kindern achten wir auf den Fluß des Spiels und darauf, was das Spiel unterbricht. Das ist aber nur dann ohne weiteres möglich, wenn die Spielsachen, die wir zur Verfügung stellen, das Kind in seinem Fühlen und Denken nicht vergewaltigen. Selbst ein Puppenhaus kann die Atmosphäre aufmerksamer Gastlichkeit vermitteln oder aber von Gedankenlosigkeit sprechen. Wenn Sie in der ersten Sitzung ein Puppenhaus verwenden wollen, dann denken Sie daran, es in Ordnung zu bringen, bevor Sie das Kind hereinholen. Die Puppen und die Einrichtung des Hauses müssen in gutem Zustand sein. Arrangieren Sie das Puppenhaus und die Leute darin in einer Weise, die Ihrer Meinung nach für das Kind bedeutungsvoll sein müßte.

Wenn der Raum nicht so hergerichtet ist, daß er das Kind gewissermaßen begrüßt, dann weiß es nicht, was es mit dem, was es vorfindet, anfangen soll. Was denkt ein Kind, das zur ersten Sitzung kommt und sieht, daß der Therapeut zwei vollständige Familien in dem Haus plaziert hat? ›Glaubt der vielleicht, ich hätte zwei Mütter und zwei Väter?‹ Wenn die Eltern des Kindes geschieden sind und beide wieder geheiratet haben, dann mögen die beiden Puppenfamilien natürlich von besonderer Relevanz sein, aber ein Kind, das mit beiden leiblichen Eltern zusammenlebt, wird bei diesem Anblick in Verwirrung geraten. Wenn Sie sich die Sprechzimmer ansehen – vielleicht auch das, das Sie selbst benutzen –, dann können Sie manchmal eine von diesen flexiblen Drahtpuppen sehen, der ein Arm fehlt oder aus der der ganze Draht heraushängt. Was soll ein Kind aus der Tatsache machen, daß der Therapeut ihm so eine verstümmelte Figur präsentiert? Eine solche Gestalt kann Amputations- oder Kastrationsängste hervorrufen, die in keinem Zusammenhang mit der eigentlichen Angst des Kindes stehen. Wie wollen Sie herausfinden, welche inneren Kräfte oder welche häusliche Umgebung dem Kind zusetzen, wenn Sie selbst beunruhigende Fragen bei ihm wecken? Wenn andererseits die Puppen intakt und für den vorgesehenen Zweck geeignet sind, dann übermitteln sie die Botschaft, daß Kinder hier willkommen sind und der Therapeut sich bemüht hat, Spielsachen zu beschaffen, mit denen ein Kind gerne spielt.

Wenn Sie Ihren kleinen Patienten dann im Lauf der nächsten Sitzungen besser kennenlernen, können Sie gezieltere Vorbereitungen treffen. So bringen Sie zum Beispiel die jeweilige Kombination aus erwachsenen, kindlichen und Babypuppen von Mal zu Mal in repräsentative Situationen, und damit lautet auch Ihre Botschaft immer wieder anders. Sie lautet zunächst: ›Ich verstehe und mag Kinder wie dich‹, und später: ›Ich denke an dich, auch wenn du nicht hier bist; ich habe mir gemerkt, was dir wichtig ist, weil es auch mir wichtig ist.‹ Wenn Kinder sehen, daß wir uns auf ihr Kommen vorbereitet haben, dann können sie da wieder anfangen, wo sie in der letzten Sitzung aufgehört haben, oder aber das Thema wechseln und ein neues Spiel spielen.«

Dr. B. sah zu Renee hin. »Das alles steht auch einem Anfänger zu Gebote. Ihre Persönlichkeit, Ihre Erfahrung und ihr Mitgefühl sind Ihr wichtigstes Handwerkszeug. Benützen Sie es, um in die Welt Ihres Patienten einzutreten. Und denken Sie daran, daß es viel Zeit braucht, eine Freundschaft zu schmieden. Seien Sie nicht zu streng mit sich selbst, wenn Sie aus dieser ersten Sitzung nur ein paar Einsichten über Ihren Patienten gewonnen haben. Wenn Sie ihm verständlich gemacht haben, daß Sie möchten, daß er sich hier wohlfühlt, und daß Sie sich bemühen zu sehen, was er sieht, und zu fühlen, was er fühlt, dann wird er Ihnen mit der Zeit immer wieder Gelegenheit geben, durch Zuhören und Beobachten zu lernen.

Und jetzt lassen Sie mich Ihnen noch einen letzten Rat geben: Versuchen Sie noch vor der morgigen Sitzung, die Welt einmal mit den Augen eines siebenjährigen Kindes zu sehen. Wenn Sie sich vorstellen können, wie groß die Welt ihm erscheint und wie mächtig Sie in seinen Augen sind, dann wird es Ihnen sehr viel leichter fallen, sich zunächst seiner Angst zuzuwenden und nicht Ihrer eigenen. Sie müssen sich die Perspektive des Kindes verschaffen. Als ich an der *Orthogenic School* anfing, bin ich manchmal auf den Knien gelaufen. Daß ich mich kleinmachte wie ein Kind und die Welt betrachtete, so wie sie dem Kind erscheint, das war, wie ich meinte, eine großartige Vorbereitung darauf, in die Welt des Kindes einzutreten und sie von seinem Standpunkt aus zu betrachten. Wäre das nicht auch eine gute Vorbereitung für Ihre morgige erste Sitzung? Wenn Sie das machen und darüber nachdenken, dann werden Sie wie ich zu dem Schluß kommen, daß unsere Häuser für Erwachsene gebaut sind. Von sich aus bauen Kinder gern kleine Zelte und Häuser mit sehr niedrigen Räumen, weil sie ihr eigenes Maß zugrunde legen.

Dieses Problem haben wir auch mit den Therapieräumen, in denen wir mit Kindern arbeiten. Im Grunde sind es Räume, die für Erwachsene gebaut sind und die wir irgendwie für Kinder herzurichten suchen. Wenn diese Räume wirklich für Kinder angelegt wären, dann sähen sie ganz anders aus. Die meisten Kinder sitzen am liebsten auf dem Fußboden, unter dem Tisch oder dem Schreibtisch usw. An solchen engumgrenzten Orten fühlen sie sich nämlich wohler und sicherer.

Überlegen Sie sich also, wie Sie sich fühlen würden, wenn Sie unter einem Schreibtisch säßen und nicht einmal einen Meter groß wären. Wie sieht Ihr Sprechzimmer aus dieser Perspektive aus? Vielleicht können Sie ein paar Kleinigkeiten ändern – Sie haben ja Kinderstühle, aber Sie könnten vielleicht auch die Spielsachen niedriger plazieren. Dann fühlt Ihr Patient sich wohler und sieht, daß Sie Vorbereitungen für ihn getroffen haben.«

Jetzt lächelte Renee und sagte: »Ja, jetzt bin ich eher imstande anzufangen. Bis nächste Woche dann also.«

ZWEITES KAPITEL

Sandsäcke und Rettungsringe

Als ich nach Stanford kam, hatte ich solide Kenntnisse, was die Probleme mißhandelter und mißbrauchter Kinder betraf. Ich war daher speziell an Sitzungen interessiert, in denen solche Fälle diskutiert wurden. Eines Tages präsentierte Saul Wasserman, der Chef des CAPI (der Kinder- und Jugendlichenstation am Krankenhaus von San Jose), den Seminarteilnehmern den Fall eines mißhandelten Jungen. Ich kannte Saul von meiner wöchentlichen Tätigkeit als Supervisor der Kinderpsychiater, die einen Teil ihrer insgesamt zweijährigen Ausbildung am CAPI absolvierten.

Seit Beginn seiner psychiatrischen Tätigkeit in Stanford war Saul an den Außenseitern der Gesellschaft interessiert gewesen: den rauhbeinigen Flegeln und unverhohlenen jugendlichen Delinquenten. In den siebziger und frühen achtziger Jahren war das Krankenhaus von San Jose eine typische, finanziell knapp gehaltene Einrichtung; das Personal kämpfte um jeden Quadratmeter, um die sehr zahlreichen und zu einem großen Teil mittellosen Patienten unterzubringen. CAPI versorgte zu ein und derselben Zeit 26 gestörte und störende Kinder. Als Saul die Station Mitte der siebziger Jahre übernahm, war das Behandlungsmodell im wesentlichen behavioristischer Art; man bemühte sich, die Kinder zu einem Verhalten zu bringen, das den Mindestanforderungen einer zivilisierten Lebensweise entsprach. Saul wußte, daß das verhaltensmodifizierende Prinzip relativ leicht in die Praxis umzusetzen war, und das kam ihm zu Beginn seiner Tätigkeit als neuer Stationschef besonders gelegen: So konnte er mit seinem nur sehr schlecht ausgebildeten Personal immerhin ein straffes, geregeltes und funktionierendes Programm durchziehen.

Er wußte aber auch, daß es nicht die endgültige Lösung sein konnte, denn es bewirkte eben nicht die erhofften dauerhaften Veränderungen bei den Kindern. Ich selbst näherte mich diesen Patienten unter psychodynamischen Vorzeichen und geriet daher häufig in eine – offen und freundlich geführte – Diskussion mit Saul, bei der ich den am CAPI befolgten behavioristischen Ansatz kritisierte.

Im Jahre 1981 führte ich gemeinsam mit dem in Stanford tätigen Kinderpsychiater Graehem Emslie eine Untersuchung durch. Danach waren mehr als 40 % der kindlichen und jugendlichen CAPI-Patienten vor ihrer Einlieferung eindeutig physisch mißhandelt bzw. sexuell mißbraucht worden, und dies nicht etwa auf subtile Weise. Sie waren grün und blau geschlagen, von ihren »Beschützern« vergewaltigt, von ihren Müttern die Treppe hinuntergeworfen worden (dies in einem Fall wegen einer Bagatelle; das betreffende Kind hatte sich einen Apfel aus dem Kühlschrank geholt) oder tagelang eingesperrt gewesen.

Dies bestätigte, was Saul früher schon vermutet hatte. Bei einer Durchsicht der Patientenblätter aller Kinder, die während ihres Aufenthaltes auf der Station schon einmal in einen abgesonderten Raum gesteckt worden waren, hatte er zu seinem Entsetzen festgestellt, daß viele von ihnen früher zu Hause mißhandelt worden waren und daß das, was auf der Station unter behavioristischem Aspekt praktiziert worden war – die »Absonderung« des kleinen Patienten, der sich dadurch »abregen« sollte –, dem Eingesperrtsein auf der Toilette gefährlich nahe kam. Eine Maßnahme, die so stark an das ursprüngliche Trauma erinnerte, würde die Wunden dieser Kinder vermutlich nicht heilen. Saul begann sich zu fragen, welche Gefühle die einstige Mißhandlung bei den Kindern seiner Station ausgelöst hatte, und bemühte sich zu verstehen, welche Gründe hinter ihren Handlungen standen, anstatt nur eben zu versuchen, sie zu einem besseren Verhalten zu veranlassen. Mit der Zeit kamen Saul und ich uns in der Frage, wie man auf mißhandelte Kinder zuzugehen habe, merklich näher. In den späten siebziger Jahren sagte ich ihm, daß ich in der Folge meiner wöchentlichen Zusammenkünfte mit Dr. B. und unserer Seminare inzwischen anders über mißhandelte und gestörte Kinder dächte, und lud ihn ein, an den Seminaren teilzunehmen.

Saul schlug daraufhin – nicht ohne eine gewisse Beklommenheit – vor, Dr. B. solle seine Station doch einmal besuchen. Nachdem Dr. B. seine Runde gemacht hatte, erwähnte Saul beiläufig, er wolle einen Sandsack installieren, denn seine jugendlichen Patienten seien sehr wütend und müßten ihre Wut doch irgendwie anders ablassen als dadurch, daß sie seine Mitarbeiter verprügelten. Dr. B.s Antwort war typisch für seine Art: »Na ja, wenn Sie so denken, dann besteht noch Hoffnung für Sie.«

Erst nach jahrelanger Bekanntschaft mit Dr. B. begriff Saul wirklich, was dieser mit seinem zweifelhaften Kompliment gemeint hatte. Es gefiel Dr. B., daß Saul den Kindern Gelegenheit gab, ihre Wut auf eine ungefährliche Weise abzulassen, denn das hieß ja, daß Saul diese Wut angesichts dessen, was sie in ihrem Leben erfahren hatten, durchaus für verständlich hielt. Er sah aber auch, daß Saul von einem leblosen Sandsack annahm, er könne etwas für das Kind tun – etwas, was sich nur durch die Interaktion mit einem interessierten und engagierten Menschen erreichen läßt. Mit seiner Erwartung, diese benachteiligten und mißhandelten Kinder würden, einmal hier auf der Station, mit ihrer Wut in der Weise zu Rande kommen, daß sie auf einen Sandsack einschlugen, leugnete Saul gewissermaßen die harte Arbeit, die wir als den therapeutischen Prozeß bezeichnen und bei der es nicht zuletzt darum geht, daß der Patient lernt, seine Wut zu bezähmen und in konstruktive Bahnen zu lenken.

Mit der Zeit erkannte Saul selbst, daß ein Sandsack den therapeutischen Prozeß auch kurzschließen konnte: Wenn das Kind seine Wut an einem Sandsack auslassen konnte, dann blieb Saul und seinen Mitarbeitern die mühselige und peinliche Selbstbefragung erspart, durch die allein sie herausfinden konnten, was *sie selbst* möglicherweise getan hatten, um das Kind zu provozieren, so unbedeutend es auch im Vergleich zu dem sein mochte, was das Kind bisher schon alles durchgemacht hatte. Immerhin schlugen diese Kinder ja nicht ständig um sich. Einen solchen Wutausbruch allein auf frühere Erfahrungen zurückzuführen, hieß die gegenwärtigen Umstände, unter denen er ja erfolgt war, außer acht lassen, und damit war die Chance vertan, das wechselseitige Verständnis zwischen dem Kind und den Mitarbeitern der Station zu fördern.

Als Saul jetzt an einem unserer Seminare teilnahm, um einen schwierigen Fall vorzustellen, mit dem er im CAPI befaßt war, hatte er eine gute Gelegenheit zu sehen, welche Vorteile Dr. B.s sehr andere Vorgehensweise unter Umständen für seine Tätigkeit am CAPI haben würde.

»Ich habe es mit einer Situation zu tun, die ich wirklich gerne mit Ihnen besprechen würde«, sagte Saul. »Bobby ist zwölf Jahre alt und hat in einem Krisenzentrum, in das er geschickt wurde, um sich abzuregen, eine Tür eingetreten und in der Küche Feuer gelegt.«

»Na ja, sind Krisenzentren denn nicht genau für solche Fälle da, Dr. Wasserman?« fragte Dr. B.

»Man mag dort eher die *leisen* Krisen«, antwortete Saul. »Angefangen hat es damit, daß Bobby von der Schule flog, weil er den Lehrern gegenüber handgreiflich wurde. Zu Hause hat er immer mal wieder Kleinholz aus dem Mobiliar gemacht, und der Feuerwehr war er auch bekannt, weil er gern in der Nachbarschaft zündelte. Seine Mutter sagte uns, daß er schon als Dreijähriger ein Problem gewesen sei. Da sie uns aber auch erzählt hat, daß er ein ungewolltes Kind war und daß sie und ihr Mann sich scheiden ließen, bevor das Kind noch ein Jahr alt war, nehmen wir an, daß Bobby schon vor seiner Geburt ein Problem für seine Eltern war.«

»Wo hat Bobby bisher gelebt?« fragte ich.

»Seine Eltern sind aus Belgien eingewandert und haben sich ein paar Monate später getrennt«, antwortete Saul. »In den ersten zehn Jahren hat Bobby mit seiner Mutter zusammengelebt. Weil er aber so ein schwieriges Kind war, schickte sie ihn schließlich zu seinem Vater. In der Zeit, die er beim Vater verbrachte, kam Bobby immer wieder mit blauen Flecken am ganzen Körper in die Schule. Schließlich gab der Vater zu, daß er ihn regelmäßig verprügelte, um ihn auf diese Weise in Schach zu halten. Deshalb hat das Jugendamt ihn dann, als er etwa zwölf war, zu seiner Mutter zurückgeschickt, die, das braucht wohl kaum gesagt zu werden, nicht gerade überglücklich war, ihn wieder bei sich zu haben. Das Zusammenleben wurde immer schlimmer, und schließlich hat die Mutter ihren Sohn dem Jugendamt übergeben. In dem Krisenzentrum war er erst wenige Tage, als er das Feuer in der Küche legte. Die Feuerwehr löschte, die Polizei ermittelte, und

Bobby kam, wie gesagt, zu uns ins CAPI. Wir sollten tun, was wir in solchen Fällen immer tun – die Sache unter die Lupe nehmen, eine Evaluation durchführen, mit der Behandlung anfangen und zusehen, daß wir so ein Kind in dem unzureichenden System, das der Staat für solche Fälle anbietet, optimal unterbringen.

Bei der Durchsicht von Bobbys Kartei stellten meine Mitarbeiter fest, daß er bereits jede Art von – bewährter oder experimenteller – Behandlung erfahren hatte – Amphetamine, Dexedrine, Ritalin, sogar die Feingold-Diät – und daß nichts von alledem sein Verhalten gebessert hatte.«

»Was, auch die Feingold-Diät hat ihn nicht geheilt?« fragte Dr. B. in gespieltem Entsetzen. »Da bin ich aber schockiert.«

Als unser Gelächter abebbte, sprach Saul weiter. »Meine Mitarbeiter sind in zwei Teams eingeteilt, die jeweils für die Hälfte der Fälle zuständig sind. Ich leite das Team B. In den ersten dreißig Tagen seines stationären Aufenthaltes wurde Bobby vom Team A betreut. Die Mitarbeiter versuchten, eine freundliche und verläßliche Atmosphäre zu schaffen und Bobbys Untaten in Schach zu halten, indem sie leichte Sanktionen verhängten. Aber sie konnten sich keine rechte Vorstellung davon machen, was eigentlich in Bobbys Kopf vor sich ging, und das frustrierte sie zunehmend. Sie hatten große Schwierigkeiten mit ihm. Zum Beispiel weigerte er sich beharrlich, am Unterricht teilzunehmen.«

»Durchaus verständlich«, sagte Dr. B. »Auch ich habe die Schule oft gehaßt, mich aber nicht getraut zu schwänzen. Wenn ich den Mumm gehabt hätte und das Schwänzen ein Grund gewesen wäre, jemanden ins Krankenhaus zu stecken, dann hätte ich zwölf Jahre im Krankenhaus verbracht. Aber jetzt erzählen Sie mir doch mal, wie der Junge aussieht. Ich kann ihn mir nämlich nicht vorstellen.«

»Er ist klein und fix, mit rötlichen Haaren, Sommersprossen und blauen Augen. Verglichen mit den meisten Zwölfjährigen, die wir bisher auf der Station hatten, ist er kleiner und dünner, aber für meine Mitarbeiter wirklich ein Sargnagel. Sie schaffen es einfach nicht, ihm Grenzen zu setzen. Es ging alles gut, bis ihm einfiel, daß bestimmte Einschränkungen für ihn nicht gelten könnten. Plötzlich war er wie umgedreht, so feindselig und widerwärtig, daß die Betreuer, die sich gewöhnlich nicht aus der Ruhe bringen lassen, auch wütend geworden sind und ihn bestraften. Sie waren einfach fertig, und auch Bobby war unglücklich. Er sieht sich schon als das böse Kind, und die Konfrontationen sorgen dafür, daß er sich noch schlechter fühlt.«

In Dr. B.s gemessenem Tonfall schien sich anzudeuten, daß er etwas im Sinn hatte. »Was *empfinden* Ihre Mitarbeiter denn bezüglich dieses Jungen?« (Als Saul und ich uns Jahre später über Dr. B.s Kommentare zu diesem Fall unterhielten, wurde uns klar, daß er an diesem Punkt schon genau gewußt hatte, wer Bobby war und was die therapeutische Umgebung ihm unbedingt liefern mußte. Aber als einem sokratischen Lehrer mußte es ihm darum gehen, deutlich zu machen, warum Saul das nicht sah.)

»Die meisten mögen ihn, oder sie wollten es doch zumindest«, antwortete Saul, »aber sie erlebten eine Enttäuschung. Bobby hat die ganze Station durcheinandergebracht. Auch die, die sich ganz besonders bemühten, mit ihm zu arbeiten, haben rein gar nichts erreicht. Das Team A war schließlich soweit, daß es den Fall abgeben wollte, und als ich anbot, Bobby zu übernehmen, gingen sie nur zu bereitwillig darauf ein. Zur gleichen Zeit kümmerte ich mich nämlich auch um ein Mädchen, das Bobby sehr ähnlich war, wie meine Mitarbeiter mir immer wieder sagten. Auch sie war von ihren Eltern geschlagen und tagelang eingesperrt worden. Die Behörden nahmen sie den Eltern schließlich weg und gaben sie nacheinander in eine Reihe von Pflegefamilien und dann in zwei therapeutische Einrichtungen, aber man wurde nirgendwo mit ihr fertig. Als sie zu uns kam, war sie total am Ende.

Ich beschloß, mit diesem Mädchen auf eine unorthodoxe Weise vorzugehen. Sie hatte zum Beispiel Schwierigkeiten, morgens aus dem Bett zu kommen. Also gab ich ihr eine Rolle ›Rettungsringe‹ (eine in Amerika sehr beliebte Bonbonsorte in Form eines dicken Ringes, Anm. d. Übers.) und sagte ihr, so ein Päckchen werde immer da sein, sobald sie morgens aus dem Bett gefunden habe. Ich sagte ihr außerdem, sie könne sich immer dann selbst einen Rettungsring spendieren, wenn sie etwas nicht bekommen könne, was sie dringend haben wolle. Nach einigen Wochen, als ihr klar war, daß ich sie regelmäßig mit den Bonbons beliefern würde, klappte es mit dem Programm, und sie brauchte die ›Rettungsringe‹ nicht mehr.

Ich beschloß, dieses Verfahren in abgewandelter Form nun auch im Fall von Bobby anzuwenden. Am ersten Morgen, nachdem er meinem Team zugeteilt worden war, sagte ich: ›Ich weiß, daß du meinst, daß du dich auf nichts freuen kannst. Ab morgen werde ich dir jeden Morgen eine Rolle ›Rettungsringe‹ geben.‹ Das gefiel ihm. Dann sagte er, er wolle ein Geschenk, und ich versprach ihm, um 14.00 Uhr mit einem Geschenk für ihn wieder da zu sein.

Pünktlich um 14.00 Uhr kam Bobby anstolziert und fragte nach seinem Geschenk. Er war überzeugt, daß ich es vergessen hätte. Dabei hatte ich ihm einen dieser aufziehbaren beckenschlagenden Pandabären für 98 Dollar mitgebracht. Also, Glück ist *eine* Sache, aber Bobby geriet in Ekstase. Das hielt ich für ein sehr gutes Zeichen. Ich sagte ihm, am Wochenende werde er ein weiteres Geschenk erhalten, und machte mein Versprechen wahr. Am Montag hat er nichts bekommen, aber heute morgen habe ich ihm eine kleine Packung Spielzeugsoldaten geschenkt. Er wollte wissen, ob da auch ein Panzer drin sei. Glücklicherweise war einer dabei, und damit war das Geschenk wirklich perfekt.«

Dr. B. nippte an seinem Kaffee und fragte dann: »Ja, wo liegt denn dann das Problem?«

»Sechs Tage, in denen es besser geht, lösen seine Schwierigkeiten nicht. In dem Augenblick, in dem er gegen eine Wand rennt, explodiert er auch weiterhin.«

Dr. B.s Stimme klang sanft: »Erwarten Sie Wunder?«

»Nein«, sagte Saul und zögerte einen Augenblick. »Sie glauben mir wohl nicht? Wirklich, ich wäre froh, wenn wir erreichen könnten, daß Bobby nicht in einer geschlossenen Einrichtung landet.«

»Meinen Sie denn wirklich, daß eine Woche ausreicht, um zwölf Jahre der Deprivation ungeschehen zu machen?« fragte Dr. B. im gleichen Ton. »In einer Woche können Sie nicht mehr erwarten. Es ist realistisch, davon auszugehen, daß es genauso lange dauert, den Schaden wiedergutzumachen, wie es dauerte, ihn anzurichten. Wenn es schneller geht, dann werden alle Beteiligten sehr erfreut sein, aber mir scheint meine Schätzung realistisch.«

Saul sah zuerst Dr. B. an, blickte dann in die Runde und sagte mit großem Ernst: »Das CAPI ist nicht die *Orthogenic School*. Wir können uns diesen zeitlichen Luxus nicht erlauben. In ein bis zwei Monaten wird Bobby in eine Art Langzeiteinrichtung für Jungen überwechseln. Ich möchte nicht, daß er seine Situation als hoffnungslos betrachtet, wenn er dorthin geht. Mir wäre wohler, wenn ich demjenigen, der demnächst mit Bobby arbeiten wird, doch wenigstens ein paar nützliche Hinweise geben könnte.«

»Klar«, sagte Dr. B. »Wenn Sie mir die Frage beantworten, die ich Ihnen vorhin stellte, dann fällt Ihnen vielleicht etwas ein, was Sie weitergeben könnten. *Was empfinden Ihre Mitarbeiter bezüglich dieses Jungen?*«

Da Saul nicht gleich antwortete, erklärte Dr. B.: »Dieser Junge ist vom Augenblick seiner Geburt an extrem benachteiligt gewesen. Ihre Mitarbeiter konnten beobachten, daß Sie dem Mädchen Rettungsringe gaben und Geschenke machten. Wenn sie diesen Jungen mochten und der Meinung waren, die beiden Kinder seien sich ähnlich, warum kamen sie dann nicht auf die Idee, ihm auch einmal etwas zu schenken?«

»Es war ein Experiment, und deshalb kann ich es ihnen kaum ankreiden, daß sie die Idee nicht übernommen haben«, sagte Saul. »Einem delinquenten Kind ein Geschenk zu machen, das steht im Widerspruch zu den üblichen Praktiken und zu den Theorien, die im Schwange sind.«

»Ist das wirklich so, Dr. Wasserman? Es sind ja alle möglichen Ideen *im Schwange*. Die Feingold-Diät ist *im Schwange*. Ritalin und Dexedrine sind *im Schwange*. Der Behaviorismus ist *im Schwange*. Es sind viele Ideen *im Schwange*, die sich widersprechen. Aber aus diesen einander entgegenstehenden Vorstellungen und Ansätzen suchen die Leute sich doch aus, was ihnen einleuchtet, und sagen dann, diese Dinge seien *im Schwange*.

Ist es wirklich so eine fabelhafte neue Idee, daß man diese Kinder verwöhnen muß? Ich bin nicht der einzige, der über dieses Thema gesprochen und geschrieben hat. Diese Kinder muß man betun, und zwar einfach deshalb, weil das Umsorgt- und Verwöhntwerden ihnen Hoffnung macht, daß es auch noch eine andere Art zu leben gibt, die ihnen zumindest theoretisch zugänglich ist.

Sie sagen, daß Ihre Mitarbeiter Bobby mochten und daß sie versuchten zu verstehen, was in seinem Kopf vorging. Was ist daran so schwer zu begreifen? Eben dies geht in seinem Kopf vor: ›Ich will nicht so miserabel behandelt werden. Ich möchte gut behandelt werden.‹«

»Wir haben auf unserer Station viele Kinder, die schlecht behandelt wurden, und die meisten reagieren nicht so wie Bobby.«

»Gott sei Dank!« sagte Dr. B. »Sonst würde ja an allen Ecken und Enden gezündelt. Aber Sie müssen nicht einmal unbedingt wissen, was im Kopf dieses Jungen vorgeht. Der älteste Grundsatz lautet doch: ›Füttere die Tiere.‹ Das ist nun wirklich keine neue Idee, und ich habe sie nicht aus Büchern. Als ich im Konzentrationslager war, wurde ein weltberühmter Dompteur in meine Baracke gesteckt. Wir freundeten uns an, und irgendwann fragte ich ihn, wie er sich eigentlich die Herrschaft über die Tiere verschaffte. Er erzählte mir, daß er, wenn er einen neuen Löwen oder Tiger oder Panther bekommen hatte, immer lange Zeit außerhalb des Käfigs geblieben war, um die Gewohnheiten des Tieres – zum Beispiel das Schreiten des Tigers – zu studieren. Am allerwichtigsten war allerdings immer herauszufinden, was das Tier besonders gern fraß. Dann beschaffte er sich dieses Futter, fütterte den Tiger von nun an immer selbst und machte ihn sich eben damit gefügig.

Was der Dompteur erzählte, leuchtete mir ein. Wir wissen ja alle aus eigener Erfahrung, daß wir verwöhnt werden wollen. Also, was glauben Sie, warum manche Ihrer Mitarbeiter der Meinung sind, Kinder sollten *nicht* verwöhnt werden?«

Es kam die Seminarteilnehmer oftmals hart an, das zu akzeptieren, was Dr. B. vertrat. Auch in diesem Fall hätte Saul vielleicht gerne Widerworte gegeben und seine Mitarbeiter verteidigt, aber vermutlich sagte er sich, daß Dr. B. wohl wie gewöhnlich versuchte, ihm etwas Wichtiges nahezubringen. Oft genug hatte Dr. B. gesagt: »Sehen Sie sich die Details an. Beobachten Sie den Prozeß mit größter Genauigkeit. Die Realität steckt im Detail, weshalb die Psychoanalyse ja auch die Kunst des Offensichtlichen ist.« Jetzt erkannte Saul von einem Augenblick zum anderen, worauf Dr. B. hinauswollte; es war in der Tat offensichtlich: »Sie meinen, da steckt unbewußte Feindseligkeit gegenüber den Kindern dahinter?«

»Genau! Sie sagen, Ihre Mitarbeiter mochten Bobby recht gern? Wie kam denn aber diese Sympathie zum Ausdruck? Ich bin sehr mißtrauisch, wenn jemand sagt: ›Ich liebe dieses Mädchen sehr‹, es dann aber niemals schafft, ihr Blumen zu kaufen.«

»Oh, sie haben sich wirklich sehr um den Jungen bemüht«, antwortete Saul. »Bobby macht zum Beispiel gerne Schnitzarbeiten, und einer von ihnen hat sich oft hingesetzt und mit ihm zusammen etwas geschnitzt. Aber Bobby hat sich benommen, als wäre das keine Verwöhnung gewesen.«

»Natürlich nicht!« sagte Dr. B. und sorgte damit bei Saul erneut für Verblüffung.

Diesmal ging Saul allerdings in die Offensive: »Also, das dächte ich aber doch! Ich weiß nicht, worauf Sie jetzt wieder hinaus wollen, und ich bezweifle auch, daß irgend jemand von den Anwesenden es weiß!«

»Schauen Sie, Dr. Wasserman. Schnitzen heißt nicht wirklich ›Gernhaben‹, denn Schnitzen ist ja *Arbeit*. Das heißt, es wird etwas hergestellt. Auch wenn Ihr Mitarbeiter glaubt, damit jemanden zu verwöhnen, und auch wenn es Spaß macht, etwas herzustellen, wird hier doch eine nicht eindeutige Botschaft ausgesandt. Ich sehe durchaus, daß es vielleicht nicht so gemeint ist. Aber der Empfänger kann nicht wissen, welche Botschaft ihm mit diesem gemeinsamen Tun gegeben werden soll. Beim Schnitzen gibt es doch gewisse Dinge, die man beachten muß – Regeln, die gelernt werden müssen. Deshalb bezweifle ich, daß man diesen Jungen wirklich verwöhnen kann, indem man mit ihm schnitzt.«

»Da ist vielleicht was dran«, sagte Saul. »Denn Bobby hat selbst gesagt, daß er sich die Dinge nicht gerne verdient.«

»Haha, den habe ich geschmiert, damit meine Vorhersagen auch zutreffen«, scherzte Dr. B. »Wo bliebe sonst meine Reputation? Denken Sie immer an Ihre Reputation. Sorgen Sie dafür, daß Ihre Vorhersagen zutreffen, auch wenn es Sie einiges kostet. Wahrsager arbeiten seit Urzeiten nach dieser Methode.«

Wieder ernst, wandte Dr. B. sich an Saul: »Was können Sie Bobby, der jetzt dreizehn ist, wirklich geben? Vergessen Sie nicht, daß seine Mutter ihn nicht wollte. Sie wissen vielleicht, daß Freud einiges über

die Bedeutung der Mutter als das erste Liebesobjekt – zumal des erst-
geborenen Sohnes – geschrieben hat. Vielleicht hat Freud diese
Bedeutung aus persönlichen Gründen überschätzt, aber schließlich
war der alte Herr ja kein Narr. Können Sie sich vorstellen, daß Freud
ganz bewußt von seiner Mutter aufgegeben worden wäre?«

»Das hätte er wahrscheinlich nicht hingenommen«, scherzte Saul.

»Er hätte keine Wahl gehabt«, sagte Dr. B. »Das ist der Punkt. Von
der eigenen Mutter freiwillig aufgegeben werden – das muß doch
jedes Kind davon überzeugen, daß es nichts wert ist. Also, wollen Sie
wissen, was im Kopf dieses Jungen vorgeht? Er ist überzeugt, daß das
Leben eine hundsmiserable Sache ist. Und dieser Überzeugung müssen Ihre Mitarbeiter entgegenwirken. Möglicherweise tut es auch das
Schnitzen, aber erst *nachdem* sie eine gute Beziehung zu ihm hergestellt haben. Bis dahin sind allerdings noch einige Schritte zu tun. Für
ein so benachteiligtes Kind heißt ›verwöhnen‹, daß man sich für
etwas Gutes nicht eigens anzustrengen braucht. Es kommt einfach.
Und deshalb bin ich sogar ein bißchen unschlüssig, wenn ich daran
denke, daß Sie dem Mädchen sagten: ›Wenn du wütend oder
unglücklich bist, nimm einen ›Rettungsring‹.‹ Ich würde lieber sagen:
›Wenn du unglücklich oder wütend bist, sag es mir.‹ Denn dann sind
Sie es, der den ›Rettungsring‹ verabreicht, und das ist ein großer
Unterschied.«

»Mit dem Mädchen mache ich das auch so, und inzwischen vertraut sie mir«, sagte Saul. »Aber Bobby traut keinem Erwachsenen,
auch mir nicht, und Sie werden wohl angesichts seiner Erfahrungen
auch nichts anderes erwarten. Aber seine Reaktionen können
erschreckend sein. Als meine Mitarbeiter versuchten, ihn zu stutzen,
wurde er wütend. Ich befragte ihn dazu, und wissen Sie, was er
sagte? Er sagte, er wolle sich rächen.«

»Ein durchaus verständlicher Wunsch«, sagte Dr. B. ruhig.

»Was meinen Sie damit?«

»Wenn man sich schlecht behandelt fühlt, dann will man Rache.
Vielleicht kommt man zu dem Schluß, daß sie sich nicht durchführen
läßt oder zu gefährlich ist, aber ich meine doch, daß es in der Natur
des Menschen liegt, sich rächen zu wollen.«

»Wenn das so ist«, sagte Saul, »dann muß man sich doch fragen:

Wie kann man mit einem Kind leben, das überall Feinde sieht und wild entschlossen ist, sich zu rächen?«

»Indem man sich klarmacht, daß man selbst ebenfalls den Wunsch hätte, sich zu rächen«, antwortete Dr. B. »Alles Weitere ist einfach. Ihre Leute haben Schwierigkeiten, mit diesem Jungen zu leben, weil sie ein durch und durch asoziales Monster in ihm sehen, das sich niemals an die Gemeinschaft anpassen wird. Es fällt ihnen schwer zu sehen, daß alle Menschen, sie selbst eingeschlossen, die gleichen Gefühle und Reaktionen haben. Wenn sie erst einmal sagen können: ›Der ist genau wie ich, und auch ich würde mich rächen wollen, wenn ich in der gleichen üblen Lage wäre‹, dann sind sie auch imstande, mit ihm zu leben.«

»Da ist aber immer noch ein großes Problem. Wie können Sie unbesorgt mit jemandem leben, der auf Rache aus ist?«

»Das ist kein Problem«, sagte Dr. B. mit Emphase. »Ich sehe Ihnen Ihre Skepsis an, Dr. Wasserman. Aber es stimmt. Sie werden es sehen, wenn Sie sich immer wieder in seine Lage versetzen. Wenn Sie sagen: ›Du *darfst* nichts in Brand stecken!‹, dann ist das natürlich genau das Falsche. Wenn Sie aber sagen: ›Ja, selbstverständlich! Es ist ganz natürlich, daß du etwas anzünden möchtest‹, dann nimmt ihm das den Wind aus den Segeln. Natürlich wollen Sie nicht wirklich, daß er es tut. Es wäre schwachsinnig, ihn dazu zu ermutigen. Das heißt aber nicht, daß Sie nicht sagen könnten: ›Wenn ich in deiner Situation wäre, würde ich mir auch wünschen, etwas anzustecken. Ich weiß aber, daß es mir nichts bringen würde, wenn ich es wirklich täte.‹«

»Ein konkretes Beispiel würde mir jetzt wirklich helfen zu verstehen, was Sie meinen«, sagte Saul. »Nehmen wir einmal an, Bobby ist mit zwei oder drei anderen Kindern zusammen, und ich komme dazu. Er möchte mir etwas sagen, aber ein anderes Kind, das sich auch schon darauf freut, mir etwas zu erzählen, kommt ihm in die Quere, und sofort gibt Bobby ihm eins auf die Pfoten. Ein Mitarbeiter, der das beobachtet, nimmt Bobby ein bißchen auf die Seite, damit er das andere Kind nicht gleich zu Boden schlägt...«

»Ich möchte Sie etwas fragen,« sagte Dr. B. Er nahm die Brille ab und dachte nach. Das war eine Eigenart, die ich häufig an ihm beobachtete: Er nahm die Brille ab, versank in Nachdenken und setzte die

Brille anschließend wieder auf. Eines Tages erzählte er mir, warum er das so machte: »Sie wissen ja, bei Sophokles sticht Ödipus sich die Augen auch deshalb aus, weil er dem Seher Teiresias gleichen möchte. Dahinter steht der Gedanke, daß man Einsicht nur gewinnen kann, wenn man auf das Sehen verzichtet. Es ist sehr seltsam, wenn ich das auf mich anwende. Obwohl ich sehr kurzsichtig bin, nehme ich die Brille ab und sehe nur noch sehr wenig. Vor ein paar Jahren ist mir klargeworden, warum ich das tue: Wenn ich nichts sehen kann, achte ich sehr viel stärker auf mein Gehör und auf das, was in meinem Innern vorgeht – wie Ödipus, der sich die Gabe des Teiresias wünscht.«

Jetzt trommelte er mit den Fingelknöcheln auf den Tisch, als hätte er die Antwort soeben gefunden. »Stellen Sie sich ein Flaschenkind vor, Dr. Wasserman, das anfängt zu schreien. Die Mutter glaubt, daß die Kleine hungrig ist. Was tut eine sogenannte ›gute Mutter‹ also?«

»Sie geht mit dem Kind auf dem Arm an den Kühlschrank, öffnet ihn und sagt: ›Hier ist ja dein Fläschchen.‹«

»Richtig«, sagte Dr. B. und setzte die Brille wieder auf. »Und es dauert nicht lange, dann weiß das schreiende Kind in dem Augenblick, in dem die Mutter sich in Richtung Kühlschrank bewegt, daß sein Fläschchen kommt, und lernt auf diese Weise, mit seinem lauten Geschrei auch wieder aufzuhören. Mit anderen Worten, eine ›gute Mutter‹ weiß, daß Warten sehr frustrierend ist und sie ihr Bestes tun muß, um dem Frust ein Ende zu machen. Wenn Sie das wissen, was können Sie dann diesem Jungen sagen, wenn er die Faust hebt?«

Allmählich dämmerte es Saul, worauf Dr. B. hinauswollte. »›Oh, das ist aber schön, daß ich dich treffe, Bobby. In zwei Minuten unterhalten wir uns miteinander.‹«

»Sie sind auf dem richtigen Gleis«, sagte Dr. B. »Aber für Bobby sind selbst zwei Minuten eine zu lange Wartezeit. Warum ihn frustrieren, wenn ihn das Warten bisher schon so aufgeregt hat? Warum nicht lieber sagen: ›Ich bin im Augenblick da. Gib mir eine Sekunde.‹ Physisch würde ich mich mit ihm nur einlassen, wenn ich denken müßte, er ist ein wildes Tier und wird gleich um sich schlagen, egal was ich zu seiner Beruhigung sagen oder tun könnte. Wenn ich das Gefühl habe, daß er ein vernünftiges Wesen und Argumenten zugänglich ist, dann verhalte ich mich anders. Er weiß das beinahe instinktiv.

Wenn der Junge also in der Situation, die Sie beschreiben, zuschlägt, dann entspricht er damit tatsächlich der geringen Meinung, die Ihr Mitarbeiter von ihm hat, und sei es auch nur implizit. Denken Sie an das Beispiel mit der Mutter und der Flasche. Würde das hungrige Kind auch dann so schnell aufhören zu schreien, wenn die Mutter nervös würde und herumbrüllte: ›Was schreist du denn so? Ich renne ja schon so schnell ich kann!‹?«

An diesem Punkt fing Dr. B. einen Blick von Saul auf und fragte: »Was ist denn los?«

»Ich versuche mir gerade vorzustellen, wie die Station funktionieren würde, wenn wir so mit Bobby umgingen«, antwortete Saul.

»Das kann ich Ihnen nicht sagen. Aber unabhängig davon, wie es ausgeht – Sie haben ein sehr viel besseres Gefühl, wenn Sie das tun, was Sie für richtig halten. Und das allein ist das Risiko wert.

Es ist unmöglich, sich vorzustellen, wie Sie unter diesen Umständen zurechtkämen, denn es ist ähnlich wie bei einer guten Partie Schach. Das Spiel läßt unbegrenzte Variationen zu, aber jeder einzelne Zug gestattet tatsächlich nur einen intelligenten Gegenzug. So ist es auch bei der Behandlung dieses Jungen – Sie können immer nur den nächsten Gegenzug planen. Aber viele Therapeuten glauben, daß man gleich zu Beginn einen Behandlungsplan aufstellen kann, und jede Versicherungsgesellschaft, die überhaupt Kinder versichert, die sich in stationärer psychiatrischer Behandlung befinden, verlangt dies heutzutage. Dabei weiß jeder gute Schachspieler, daß nur ein Narr oder ein Größenwahnsinniger meint, das ganze Spiel im voraus planen zu können. Warum? Weil jeder Zug wieder eine ganz neue Situation herbeiführt.«

»Es gibt keine Möglichkeit, ihm wirklich jeden Frust zu ersparen«, sagte Saul.

»Natürlich nicht. Nichts funktioniert perfekt. Und diese Kinder haben ein unheimliches Talent, Feindseligkeit bei ihrem Gegenüber zu wecken. Aber da wir ja wissen, daß es sozusagen zu ihrem Repertoire gehört, unsere Feindseligkeit zu wecken, brauchen wir diese Feindseligkeit gar nicht mehr so dringend aufkommen zu lassen. Dieser Junge läßt sich nun einmal nicht über Nacht heilen. Wir können seinen Zustand nur bessern. Wenn Ihr Mitarbeiter sieht, daß Bobby eine Faust macht, dann kann er annehmen, daß er das andere Kind verprügeln will, er kann aber auch annehmen, daß er das nicht tun will. Wenn er das erstere annimmt, dann gibt er dem Jungen sozusagen einen Impuls, das Kind zu schlagen. Wenn er glaubt, daß Bobby das andere Kind nicht schlagen wird, dann gibt er ihm sozusagen ein entsprechendes Hemmnis in die Hand. Das ist alles, was er überhaupt tun kann. Und trotzdem könnte der Junge das andere Kind schlagen.«

»Einen Augenblick, bitte«, sagte Gina. »Da komme ich nicht mehr mit.«

»Unser Unbewußtes spricht viel rascher und unmittelbarer auf das Unterbewußtsein der anderen Person an als auf ihr rationales System. Um die Wahrscheinlichkeit zu reduzieren, daß dieser Junge zuschlägt, kann ich nicht mehr tun, als meinerseits davon überzeugt sein, daß, wenn *ich* das Richtige tue, *er* positiv reagieren wird. Und trotzdem schlägt er vielleicht zu. Unglücklicherweise haben wir es mit Wahrscheinlichkeiten zu tun, nicht mit Gewißheiten. Die Gewißheit überlassen wir denen, die mit der Feingold-Diät arbeiten. Das sind die hundertprozentig Überzeugten.«

»Was haben Sie gegen die hundertprozentig Überzeugten?« fragte Gina.

»Sie machen mir Sorgen. Leute, die *die* richtige Antwort wissen, lassen nach meiner Erfahrung die anderen irgendwann auf dem Scheiterhaufen brennen.

Dabei geht es auf unserem Gebiet ja gar nicht darum, *die* richtige Antwort zu kennen. Antworten sind Dutzendware. Die Bücherregale sind voll von Büchern mit Antworten. Auf unserem Gebiet geht es darum, die richtigen Fragen zu stellen. Und das ist viel schwieriger.«

»Nun geht man heute allerdings an das Problem der Kindesmißhandlung vielfach sehr anders heran, als wir das eben im Gespräch getan haben«, sagte ich. »Man geht legalistisch vor; man fragt explizit oder implizit danach, wer für welchen Schaden bestraft werden muß. Das Psychologische kommt häufig nicht zur Sprache. Es wird häufig nicht danach gefragt, wie die Erfahrungen, die das mißhandelte Kind in seiner Familie gemacht hat, seine Weltsicht prägen, warum manche mißhandelten Kinder später geradezu um Mißhandlung bitten, und warum manche sich sicherer fühlen, wenn sie die Schuld bei sich selbst suchen. Weil alle Blicke sich auf dieses fürchterliche Geschehen richten, interessiert sich kaum jemand für die Frage, was man tun kann, damit so ein Kind auf eine andere und bessere Weise interagiert. Saul und ich haben viel über diese Dinge nachgedacht. Ich würde gern mehr über Bobbys Persönlichkeit und über sein Verhalten hören, damit wir uns auf diese psychologischen Phänomene konzentrieren und uns überlegen können, wie wir sie als Therapeuten angehen können.«

Saul fing an: »Interessant an Bobby ist zum Beispiel, daß er sich seine eigenen Ansichten zurechtlegt…«

»Tun wir das nicht alle?« fragte Dr. B.

»Bobby ist da autonomer als andere Kinder.«

»Schauen Sie.« Dr. B. nahm die Brille ab, legte sie auf den Tisch und rieb sich die Augen. »Es ist einerseits schwierig, mit einem sehr benachteiligten Kind zu arbeiten; was die Art der Therapie angeht, ist so ein Kind aber ein leichter Fall und kein besonderes Risiko. Bezüglich der Medikation kann es nämlich gar keinen Zweifel geben: Man muß nur wissen, daß man es verwöhnen muß. Die Schwierigkeit liegt darin, daß man niemals sicher sein kann, wieviel von dieser Medikation notwendig sein wird. In manchen Fällen muß dieses Verwöhnen jahrelang betrieben werden.«

»Wenn Sie von Benachteiligung sprechen, schließen Sie ja wohl die schwere physische Mißhandlung ein«, sagte ich. »Der Umgang mit einem physisch mißhandelten Kind ist in vieler Hinsicht einfacher als der mit einem psychisch mißhandelten, weil die psychische Mißhandlung die Persönlichkeit auf viel subtilere Weise schädigt. Wenn Sie ein Kind davon überzeugen wollen, daß weitere physische Mißhandlungen nicht mehr stattfinden werden, brauchen Sie bloß dafür zu sorgen, daß Ihre Mitarbeiter es nicht zusammenschlagen. Ein Kind davon zu überzeugen, daß keine psychische Mißhandlung mehr stattfinden wird, ist weit schwieriger. Wenn Sauls Mitarbeiter – möglicherweise zu Unrecht – annimmt, daß Bobby im nächsten Augenblick auf das andere Kind losschlagen wird, dann ist das ein Fall von psychischer Mißhandlung. Und die läßt sich sehr schwer vermeiden.«

»Was ich jetzt sage, gebe ich nicht gerne zu«, sagte Saul. »Ich hatte es einmal mit einem Kind zu tun, dessen Eltern ihm mehrere Knochen gebrochen hatten. Der Junge tat mir sehr leid, und ich war wütend auf die Eltern. Aber dann, als Patient auf meiner Station, brachte er mich derart in Rage, daß mir der Gedanke durch den Kopf ging: ›Diesem kleinen Teufelsbraten würde ich auch gerne den Arm brechen!‹ Im Laufe der Jahre habe ich mir so meine Gedanken darüber gemacht, woher dieser Wunsch eigentlich kam. Aber jetzt möchte ich doch gerne hören, was Sie meinen, Dr. B., warum diese Kerle so feindselige Gefühle in uns wecken.«

»Weil sie von vornherein eine denkbar schlechte Meinung von uns haben«, antwortete Dr. B. »Sie sagen sich: ›Du bist ein Unmensch und wirst mich schlecht behandeln.‹ Und das ist eine solche Attacke auf unseren Narzißmus, daß wir feindselige Gefühle entwickeln, ohne zu merken oder zu wissen, warum.«

»Ich hatte einmal einen Fall, der etwas anders gelagert war«, sagte Jason. »Ein Mann, der als Kind mißhandelt worden war, geriet so in Rage, wenn sein kleiner Sohn schrie, daß er das Kind ins Bett packen und die Tür hinter sich schließen mußte. Andernfalls, so fürchtete er, würde er den Sohn womöglich schlagen und damit genau das tun, was ihm selbst passiert war. Er mußte gegen diese Versuchung ankämpfen.«

»Daß dieser Mann Selbstbeherrschung üben muß – daß er mit sich kämpft und nicht zuschlägt –, ist wahrscheinlich besser für ihn und für seinen Sohn als alles andere«, sagte ich. »Denn so, in Kampf und Selbstbeherrschung, überzeugt er sich selbst und demonstriert seinem Sohn, daß man machtvolle destruktive Impulse daran hindern kann, die Oberhand zu gewinnen und das Leben der betroffenen Personen zu ruinieren. Seine Anstrengung zahlt sich aus und macht es ihm möglich, gelassener mit den Menschen zu leben, die er liebt.«

Endlich fanden wir uns alle sozusagen auf der gleichen Wellenlänge. Nach einem kurzen Schweigen fuhr ich fort: »Wir sind der Meinung, daß physisch mißhandelte Kinder leichter zu behandeln sind als schwer vernachlässigte. Ich habe das damit erklärt, daß wir ja alle soziale Wesen sind. Physisch mißhandelte Kinder haben zumindest eine Beziehung zu ihren Eltern, so katastrophal sie auch sein mag. Vernachlässigten Kindern dagegen fehlt jedwede persönliche Beziehung, und das bedeutet, daß sie entsetzlich allein und verlassen sind. Man kann es auch so ausdrücken: Das physisch mißhandelte Kind hat immerhin einen gewissen Wert, es ist nämlich das Objekt der Aggression. Totale Vernachlässigung bedeutet dagegen, daß das Kind für niemanden von irgendeinem Wert ist.«

»Es ist interessant, daß wir diese Dinge mühsam lernen müssen«, sagte Dr. B. »Es gibt im psychologischen Sinne primitive Menschen, die das instinktiv wissen. Zu den besonders beliebten Formen der Degradierung bei der SS gehörte der Spruch: »Dich erschieße ich nicht. Du bist ja die Kugel nicht wert.« Irgendwie wußten diese sehr primitiven und sehr ungebildeten Leute, daß die schlimmste und zerstörerischste Art der psychischen Mißhandlung eines Menschen dies ist: ›Du bist es nicht wert, daß ich etwas von irgendeinem Wert dazu verwende, dich umzubringen.‹«

Die Erwähnung von Konzentrationslagern drückte auf die Stimmung der Gruppe und schuf Unbehagen. Die Stille war mit Händen zu greifen. Dann kam Saul auf seine frühere Frage zurück: »Wie würden Sie also mit dem Wunsch nach Rache umgehen?«

»Sie meinen, Ihre gute Erziehung hindert Sie zu denken: ›Mensch, wie gerne würde ich es diesem Kerl heimzahlen!‹« sagte Dr. B.

Saul mußte lachen. »Nein«, sagte er, »in meiner Phantasie habe ich ›Bösewichte‹ erschossen, verhauen, in Stücke geschnitten und überrannt. Ich kann Bobbys Rachegelüste akzeptieren und verstehen, aber ich möchte nicht seine Zielscheibe sein. Und sollte ich etwa zu seiner Zielscheibe werden, dann würde ich die Situation doch zumindest therapeutisch gestalten wollen. Wenn Bobby gräßlich wird, fängt es immer damit an, daß jemand nein zu ihm sagt.«

Dr. B. nickte. »Die Betreuer sollten es vermeiden, zu diesen Kindern nein zu sagen, so schwer das auch sein mag. Und warum sollen sie nicht nein sagen, wenn der Junge ihnen doch jeden Grund dazu gegeben hat? Weil *ein* Tropfen das Faß zum Überlaufen bringen kann. Im Grunde ist nichts dabei, wenn man nein sagt; es ist nicht so schlimm. Aber für *dieses* Kind kann es einfach zuviel sein; es kann tatsächlich der letzte, der entscheidende Tropfen sein.«

»Mein Problem ist nicht so sehr, was ich meinen Mitarbeitern sagen muß. Das Problem ist: Was sage ich den anderen Kindern?«

»Ja! Das ist weit schwieriger. Das einzige, was Sie sagen können – und das werden die Kinder lange Zeit nicht gerne akzeptieren –, ist: ›Wir geben jedem von euch das, was er unserer Meinung nach am dringendsten braucht.‹ Und dann müssen Sie sich an dieses Versprechen halten.«

»Glauben Sie, daß Mittelschichtkinder, die mißhandelt worden sind, leichter zu behandeln sind, weil sie nicht so rundum benachteiligt waren?« fragte Michael.

»Keineswegs«, antwortete Dr. B. »Nach meiner Erfahrung ist es viel leichter, Unterschichtkindern zu helfen. Sie messen nämlich gewissen Dingen, die mit der stationären Behandlung nun einmal verbunden sind, einen ziemlichen Wert bei: dem guten Essen, der Regelmäßigkeit, den Spielsachen, der guten physischen Betreuung. Eben weil diese Kinder solche spürbaren Vorteile zu schätzen wissen, können sie sie sozusagen als Fundament benutzen, auf dem sich leichter eine positive Beziehung zu den Betreuern aufbauen läßt, die diese Guttaten liefern.

Mittelschichtkinder nehmen solche Annehmlichkeiten dagegen als selbstverständlich hin; deshalb sind sie auch viel schwerer davon zu überzeugen, daß die Betreuer es gut mit ihnen meinen. Unterschichtkinder sind oft schwer mißhandelte Kinder, während die Mißhandlungen, unter denen Mittelschichtkinder leiden, häufig eher subtile psychische Mißhandlungen sind. Und noch etwas: Unterschichtkinder begreifen rasch – wenn sie es nicht schon wissen –, daß ihre Eltern sie nicht zuletzt deshalb schlecht behandelt haben, weil auch sie ein so miserables Leben führen. Da die Kinder schmerzlich erfahren haben, was Armut ist, können sie ermessen, daß auch ihre Eltern darunter leiden. Mittelschichtkinder dagegen wissen, daß es eine derartige Entschuldigung für ihre Eltern nicht geben *kann*; wenn solche Eltern die realen und psychischen Bedürfnisse ihres Kindes nicht beachten, dann nicht deshalb, weil äußere Umstände sie bedrängen.

Aber – das möchte ich doch auch noch sagen – am schwersten sind die Kinder zu behandeln, deren Familien ein Lügengebäude um sich errichtet haben. In solchen Familien nämlich weiß ein Kind niemals, was es glauben und was es nicht glauben soll. Es ist leichter, mit einer Mutter auszukommen, die ihr Kind grundsätzlich zurückstößt, als mit einer, die inkonsequent ist. Denn wenn sie einen konsequent zurückstößt, dann weiß man, wenn man auch nur halbwegs intelligent ist, ziemlich bald, daß man sich am besten zum Teufel scheren sollte. Aber nehmen wir mal an, sie ist inkonsequent und dazu noch Alkoholikerin. Man weiß nicht, wie sie sich aufführen wird, wenn sie betrunken ist. Sie kann sehr weinerlich sein und eine Situation herbeiführen – oder provozieren –, in der Sie, das Kind, sie scharf angreifen. Und dann ist sie nicht die Angreiferin, sondern das arme Opfer.

Aber zurück zu Bobbys Situation. Sagen Sie mir eines, Herr Dr. Wasserman (hier lehnte Dr. B. sich in seinen Stuhl zurück): Mir erscheint dieser Fall doch sehr einfach. Warum haben Sie ihn vorgetragen?«

»Einfach?« Schon am Tonfall war Sauls Frustration zu spüren. »Sie halten das für einen einfachen Fall? Das sagen Sie so leichthin. Wenn so ein Kind ein Fenster zerschlägt, muß ich mich jedesmal mit dem Hausmeister auseinandersetzen, damit es wieder repariert wird, oder die Verwaltung ruft mich an. Glauben Sie wirklich, daß das einfach ist?«

»Theoretisch ja. Mit Bezug auf die Praxis habe ich das nicht gesagt.«

Dr. B. drängte Saul, seinen eigenen Instinkten zu vertrauen. Schließlich sagte Saul: »Ich glaube, in gewisser Weise haben Sie recht, und ich...«

»Das einzige, was mir an dieser Aussage nicht gefällt« – Dr. B. hob die Brauen –, »sind die Worte ›in gewisser Weise.‹«

Saul lachte und sagte: »Ja sicher, theoretisch ist meine Arbeit einfach. Aber versuchen Sie doch mal, 26 emotional ausgehungerten Kindern ein guter Vater zu sein. Diese Kinder identifizieren mich mit dem wohlwollenden Vater. Bobby traut zwar den Erwachsenen nicht, aber er hat gesagt, daß er seine Großmutter, die ihm immer mal etwas schenkte, sehr gern hatte. Heute hat er ›Großvater‹ zu mir gesagt. Es war natürlich ein Versprecher, aber ich dachte mir, vielleicht habe ich ihm doch zum ersten Mal die Erfahrung eines wohlwollenden Vaters verschafft. Wenn es nach den Leuten von MediCAL [Gesundheitsfürsorgeprogramm des Staates Kalifornien, Anm. d. Übers.] geht, darf Bobby nur noch einen Monat bleiben, vielleicht auch zwei, wenn ich es sehr dringend mache. Mir ist nicht wohl bei dem Gedanken, daß ich zuerst diese sehr delikate Beziehung aufbaue, um sie dann beenden zu müssen und zu sehen, daß Bobby wieder dahin zurückfällt, wo er schon einmal war.«

»Natürlich, Sie hätten es gerne länger«, sagte Dr. B., »und für Bobby wäre es das Beste, wenn es noch Jahre dauerte. Aber immerhin bewahren wir alle ja unsere positiven Erinnerungen. Was Sie in zwei oder drei Monaten tun können, ist, diesem Jungen eine Hoffnung einzuflößen, die er noch nie hatte: die Hoffnung, daß es irgendwo da draußen *selbst für ihn* etwas Besseres geben könnte, jemanden, der gut zu ihm ist. Sie könnten ihm sagen, daß Ihr Ziel darin besteht, ein Heim für ihn zu finden, wie er es verdient. Und dieses ›verdient‹ ist sehr wichtig, denn er glaubt ja nicht, daß er es verdient. Um diese Hoffnung in ihm zu wecken, sollten Sie Bobby verwöhnen.«

»Sonst würde man ja nie ›Hallo‹ sagen, weil man nämlich auch wieder ›Auf Wiedersehen‹ sagen muß«, meinte Saul. »Wenn man sich ansieht, was diese Kerle durchgemacht haben, dann wird ihr Verhalten sehr verständlich.«

»Sieh mal an!« Dr. B. nickte. »Natürlich ist ihr Verhalten verständlich. Wenn es das nicht wäre, könnten wir sie nicht behandeln.«

Nicht alle Anwesenden stimmten zu. Bill meldete sich: »Man könnte diesen Jungen verwöhnen oder aber ihm alles geben, was er braucht. Sehen Sie da einen Unterschied?«

»Ich persönlich werde lieber verwöhnt«, sagte Dr. B. »Ich habe nun mal die verrückte Idee, daß ich so bin wie andere Leute auch. Welchen Unterschied sehen *Sie* denn zwischen den beiden Möglichkeiten – den Leuten geben, was sie brauchen, und sie verwöhnen?«

»Keinen, außer dem semantischen«, sagte Bill grinsend.

»Aber hören Sie mal. Der Unterschied ist doch auffallend. Wenn Sie verwöhnt werden, dann spüren Sie: Sie haben etwas extra bekommen. Daß wir dieses kleine Extra nicht geben, genau das ist so übel an unserer Sorge für die Armen. Im besten Fall geben wir ihnen, was sie brauchen, um gerade so über die Runden zu kommen. Mit dem, was man wirklich braucht, kann man sehr wenig anfangen. Da wir die Armen nicht verwöhnen, verändern wir auch ihre Sicht der Welt nicht zum Besseren. Es sind die kleinen Extras, die das Leben lebenswert machen. Ist es nicht das, worüber wir gesprochen haben? Die kleinen Extras – zum Beispiel dieser Panzer in der Packung mit den Spielzeugsoldaten.

Diese spezielle Situation sollten wir uns noch einmal ansehen. Nehmen wir einmal an, es wäre kein Panzer dabeigewesen. Schließlich hat ja niemand garantiert, daß einer dabeisein würde. Was für Reaktionen sind denkbar, wenn das Kind darüber mault, daß kein Panzer dabei ist? Bei vielen Eltern heißt es doch dann: ›Sieh doch, was ich dir alles geschenkt habe, du undankbarer Patron!‹

Diese Bemerkung, ob sie nun bloß gedacht oder aber wirklich ausgesprochen wird, gibt dem Kind das Gefühl, der Vater (oder die Mutter) müsse doch eine sehr geringe Meinung von ihm haben und es ernsthaft ablehnen. Und das wiederum macht die gute Erfahrung des Beschenktwordenseins wieder zunichte.

Wenn der Vater aber sagt – und auch ehrlich denkt –: ›Oh, das tut mir leid, daß kein Panzer in der Schachtel war. Hätte ich gewußt, daß dir der Panzer so wichtig ist, dann hätte ich doch vorher nachgesehen‹, dann beweist er damit, daß er das Kind respektiert und sich seine Reaktion zu Herzen nimmt. Und dann ist es nicht einmal mehr so wichtig, daß er sagt, er werde den so dringend gewünschten Panzer das nächste Mal liefern. Warum? Weil das Kind unter diesen Umständen spürt: ›Mein Vater versteht meine Wünsche und mißbilligt sie nicht, er hält mich also für ein vernünftiges Kind.‹ Und damit ist das Kind zufrieden.

Ein schwer benachteiligtes Kind wie Bobby braucht mehr. Es kann durchaus sein, daß er das Versprechen braucht, den Panzer bald zu bekommen, einfach weil er angesichts der Fülle der bisher erlittenen Entbehrungen kaum noch an unseren guten Willen glauben kann, es sei denn, er bekommt einen spürbaren Beweis, etwas, an das er sich halten kann. Denken Sie nur an das unsichere Kind, das sich Tag und Nacht an seinem Teddy festhalten muß, während es dem Kind, das sich sicher fühlt, durchaus genügt zu wissen, daß sein Teddy schon irgendwo sein wird und daß es ihn jederzeit holen kann, wenn es ihn will und braucht.«

»Aber natürlich kann das Kind nicht alles bekommen, was es will«, warf Bill ein.

»Ich versuche gerade, anhand dieses einfachen und alltäglichen Beispiels zu zeigen, daß das, worauf es ankommt, unsere innere Einstellung ist«, sagte Dr. B.

»Sie haben gesagt, daß Sie immer noch etwas extra tun wollen«, insistierte Bill. »Und wenn das Kind nun Streichhölzer haben möchte?«

»Was sollte an Streichhölzern nicht in Ordnung sein? Die kriegt man doch überall nachgeworfen.«

»Oder wenn es gerne einen Flammenwerfer hätte?« provozierte Bill.

»Ja, wo man Flammenwerfer bekommt, das weiß ich nicht.«

»Im *Soldier of Fortune* wird für sie geworben«, sagte Bill.

»Dieses Magazin pflege ich nicht zu lesen«, antwortete Dr. B.

»Gibt es etwas, was Sie dem Kind im Rahmen ihrer Verwöhnaktion *nicht* geben würden?«

Dr. B. schmunzelte. »Also, Dynamit würde ich ihm zusammen mit den Streichhölzern nicht geben.«

Als Bill jetzt wieder das Wort nahm, war seine Stimme ernsthaft, so als stellte er endlich die Frage, um die es ihm die ganze Zeit gegangen war. »Muß das Verwöhnen nicht irgendwo eine Grenze haben?«

»Ich weiß nicht«, sagte Dr. B. sanftmütig und so, als sei es es eine traurige Sache, daß die Welt – und zumal jemand, der doch Kinderpsychotherapeut werden wollte – nicht so recht bereit war, Kinder zu verwöhnen, vor allem wenn sie so schwer traumatisiert waren wie Bobby. In seiner Dickfelligkeit schien Bill den Grundsatz, daß man benachteiligte Kinder verwöhnen müsse, ins Absurde dehnen und damit um jeden Preis außer Kraft setzen zu wollen.

Gina versuchte, die Diskussion am Leben zu erhalten, indem sie Bills Frage noch einmal anders formulierte. »Was Bill wissen möchte, ist doch dies: ›Wie weit geht denn dieses Verwöhnen?‹«

»Wenn man versucht, sich auf irgendwelche Limits zu konzentrieren, verliert man leicht das Verwöhnen selbst aus den Augen«, sagte ich. »Dynamit oder einen Flammenwerfer wird man dem Kind selbstverständlich nicht geben – weder mit Streichhölzern noch ohne. Aber warum wollen Sie sich gleich zu Beginn einer psychotherapeutischen Beziehung mit einem sehr benachteiligten Kind Sorgen darüber machen, was ›zu weit‹ bedeutet? Saul gibt einer Zwölfjährigen eine

Rolle ›Rettungsringe‹. Diesen Weg des Verwöhnens können Sie lange gehen, bis Sie an das Schild kommen, das Ihnen sagt: ›Bis hierher und nicht weiter!‹ Und diesen Weg müssen Sie auch gehen, wenn Sie eine Beziehung zu einem benachteiligten Kind aufbauen wollen. Wenn das Kind Sie schließlich um etwas bittet, was Sie ihm nicht geben können, dann müssen Sie so etwas sagen wie: ›Es ist ganz natürlich, daß du das möchtest. Aber ich kann es dir nicht geben‹, und dann abwarten, was passiert. Ein Kind, dem an der Beziehung zu Ihnen liegt und das sich diese Beziehung bewahren möchte, wird darauf vielleicht weniger heftig reagieren, als Sie zunächst befürchten.«

»Wenn man Sie hört, könnte man meinen, benachteiligte Kinder müßten nur immerzu beschenkt werden«, sagte Bill.

»Nein«, sagte ich. »Sie müssen die richtigen Geschenke bekommen. Sonst kann so ein Geschenk sehr beleidigend oder verletzend sein oder wie eine Bestechung aussehen. Es ist nicht verwunderlich, daß die besten Geschenke Dinge sind, die das Kind dringend will und braucht. Ich habe zwar viele Kinder behandelt, die sehr wütend waren und in ihrer Phantasie alle Leute, die sie enttäuscht hatten, mit der Panzerfaust oder dem Maschinengewehr töteten, aber nie hat ein Kind mich gebeten, ihm einen Flammenwerfer oder sonst eine tödliche Waffe zu schenken. Vielmehr bin ich um Spielzeug, um Süßigkeiten, Stofftiere, Platten und Kleidungsstücke gebeten worden. Und wenn ich hin und wieder sagte, das Gewünschte sei zu teuer, dann haben die Kinder zurückgesteckt. Jedes Geschenk wird innerhalb einer Beziehung gesehen. Wenn die Beziehung stimmt, dann sind Ihre Geschenke angemessen und werden das Kind erfreuen. Im Grunde versuchen Sie ja, die Beziehung aufzubauen und das Kind vom Wert solcher Beziehungen zu überzeugen. Die eigentlichen Geschenke sind nur ein kleiner Teil dieses ganzen Prozesses.«

»Und wie war es mit dem Mädchen, dem Saul die ›Rettungsringe‹ schenkte?« fragte Bill. »Die waren doch sehr bedeutsam?«

»Das waren sie zweifellos«, sagte Dr. B. »Es war sehr scharfsinnig von Dr. Wasserman, daß er sich unter allen Süßigkeiten ausgerechnet für ›Rettungsringe‹ entschied, also für etwas, dessen Bezeichnung und Form schon sagen, daß hier Lebensrettung gemeint ist. Natürlich wäre es noch besser, wenn er jedesmal, wenn das Mädchen einen ›Rettungsring‹ braucht, anwesend sein und mit ihr reden könnte. Aber wenn zwischen Dr. Wasserman und diesem Mädchen nicht eine positive Beziehung bestünde, dann hätte das Mädchen ihm die Bonbons doch ins Gesicht geschleudert. Die positive Beziehung kommt immer zuerst. Wenn es die richtige ist, wird der ›Rettungsring‹ zum Symbol dieser Beziehung.«

»Es ist gar nicht notwendig, daß alle Bedürfnisse und Wünsche eines Kindes erfüllt werden, damit es das Gefühl hat, wichtig zu sein und eine besondere Behandlung zu erfahren«, fügte ich hinzu. »Aber es ist nun mal ein weitverbreitetes Märchen, daß ein Kind, das man verwöhnt, keine Grenzen mehr kennt in dem, was es haben möchte. ›Gib ihm den kleinen Finger, und es wird die ganze Hand wollen. Verwöhne das Kind, und es wird dich verschlingen!‹«

»Ja und? Stimmt das vielleicht nicht?« platzte Bill heraus. »Verwöhnung verdirbt die Kinder. Ich habe Jugendliche gesehen, die alles bekamen, was sie wollten – Fahrräder, Autos, ja sogar Lehrer, Tutoren, Schulen.«

»Welches Kind wünscht sich einen Lehrer oder einen Tutor?« fragte Dr. B. rasch. »Da müßten die Eltern schon Gehirnwäsche betrieben haben, damit die Kinder meinen, sie müßten akademische Erfolge vorweisen. Die meisten Kinder, die ich kenne, denken doch: ›Zur Hölle mit Tutoren!‹«

»Ich kann Ihnen etwas von einer ganz bestimmten Familie erzählen«, fuhr Bill fort. »Als ich im College in Atlanta war, kannte ich eine Familie, die war...«

»Wir alle haben eine Menge verrückter Familien kennengelernt«, unterbrach Dr. B. »Was beweist das schon? Ich habe Kinder gekannt, deren Eltern ihnen alles gaben, was man mit Geld überhaupt kaufen kann, und die gleichen Kinder waren in emotionaler Hinsicht unter den am stärksten benachteiligten, die ich je gesehen habe.«

Ich nahm den Faden auf. »Es kommt darauf an, in welchem Geist das Geschenk gemacht wird, und darauf, daß es Teil einer stabilen und bedeutungsvollen Beziehung ist, nicht ein Bestechungsversuch, der das Gewissen der Eltern erleichtern soll, die so wenig von sich selbst geben. Man kann das Zusammensein von Kind und Eltern nicht mit Geschenken ersetzen. Und dann gehören zum Schenken auch die richtigen Symbole, wie Sauls ›Rettungsringe‹. Die Realität können wir häufig nur in geringem Umfang manipulieren, aber wir können doch immer die richtigen Symbole wählen.«

»Ich möchte sicher sein, ob ich eine Bemerkung, die Sie vorhin machten, richtig verstanden habe«, sagte Saul. »Es war ja die Rede von dem Jungen, der die Faust hob. Meinten Sie, daß hinter diesem aggressiven Akt eine gewisse Leere stand?«

»Wahrscheinlich«, antwortete Dr. B. »Die Menschen sind nicht ohne Grund aggressiv. Uns sind die Motive aggressiver Menschen vielleicht nicht verständlich, aber ihnen sind sie sehr wohl verständlich. Was ich tatsächlich meinte, ist folgendes: Wenn wir annehmen, daß der Junge gleich zuschlagen wird, und ihm folglich Einhalt tun, bevor er diese Handlung ausführt, dann signalisiert ihm das, daß wir ihn für einen abscheulichen Kerl halten. Wenn wir uns dagegen sagen, daß das Kind eben ungeduldig ist und einfach nicht warten kann, dann ist er für uns ein Mensch wie du und ich.«

»Aber er kann ja beides tun – zuschlagen oder nicht zuschlagen«, sagte Saul.

»Das stimmt. Es ist möglich, daß er wirklich zuschlägt. Aber wenn Sie *denken*: ›Er ist eben ein Kind und sehr angespannt, er kann nun mal nicht warten‹ und nicht glauben, daß er gleich zuschlagen wird, dann geben Sie ihm sozusagen den Bonus des Zweifels und sagen implizit: ›Ich glaube, du bist gerade so wie ich.‹ Es gibt keine Gewähr dafür, daß die Botschaft ankommt oder er sich der Botschaft entsprechend verhält. Aber wenigstens können Sie ihm die richtige Botschaft senden.« Dr. B. richtete den Blick auf Saul. »Sagen Sie, Dr. Wasserman, was hat Ihnen diese Diskussion nun gebracht?«

»Ich bin sehr gespannt zu sehen, ob das, was in der Theorie so einleuchtend scheint, in der Praxis dann auch wirklich funktioniert.«

»Aber ja!« Dr. B. schlug mit der Hand auf den Tisch und beugte sich zu Saul hinüber. »Nach all den Jahren bin ich immer noch überrascht zu sehen, wie zuverlässig es klappt. Das ist das Erstaunliche. Es erstaunt uns, weil wir von unserer Erziehung und Ausbildung her ja nur zu gerne an Komplikationen glauben. In unserem tiefsten Innern sind wir wirklich sehr primitive Individuen. Im Grunde haben wir nicht viel mehr gelernt als unsere Gratifikationen ein bißchen hinauszuschieben. Und Bobby mit seiner Lebensgeschichte kann nicht gelernt haben, solche Verzögerungen hinzunehmen; deshalb sollten wir es auch nicht von ihm erwarten. Seine erhobene Faust ist nichts als die handfeste Aussage: ›Ich kann nicht an mich halten, wenn du mich warten läßt.‹

Ich muß also sagen, meiner Meinung nach stehen die Chancen für die Behandlung dieses Jungen ausgezeichnet. Ich habe Kinder gekannt, die einen, wenn man ihnen sagte: ›Um zwei Uhr werde ich dir etwas schenken‹, von da an keinen Augenblick mehr in Ruhe ließen. Dagegen hat Bobby doch den größeren Teil des Tages auf sein Geschenk gewartet, ohne Sie verrückt zu machen.«

»Weshalb glauben Sie, daß unsere Erziehung und Ausbildung uns daran hindern zu sehen, was mit diesen Kindern wirklich los ist?« fragte Saul.

»Weil unser allzu rationales Denken mit dem interferiert, was uns unser Unbewußtes sagen möchte. Wir brauchen keine komplizierten Gedankengänge, um zu wissen: Hier ist ein Kind, das Aufschub nicht hinnehmen kann oder will. Unser rationaler Geist und unsere Ausbildung sagen uns, daß es Haß auf die anderen Kinder ist, Aggression, Vergeltungssucht, aus denen heraus der Junge zuschlagen möchte. Das mag in einem gewissen Umfang ebenfalls zutreffen. Aber wenn Sie sich, was die Absichten eines solchen Kindes angeht, auf Ihre Rationalität verlassen, dann hindert Sie das daran, das wesentliche Element zu erkennen, den Umstand nämlich, daß dieses Kind wie ein hungriges Tier den Aufschub nicht hinnehmen kann oder will.«

»Saul sagt im Grunde, daß ihm im Umgang mit Bobby seine Ängste in die Quere gekommen sind«, sagte ich. »Und da steht er ja keineswegs allein. Letzte Woche, als Renee Ihren Fall vortrug, haben wir darüber gesprochen, wie leicht man in Angst darüber geraten kann, was das Kind wohl tun wird. Wir alle sind schließlich Menschen. Über eines müssen wir uns im klaren sein: Wenn wir ein Kind wie Bobby vor uns haben, das so dringende Wünsche hat und zugleich überzeugt ist, daß es enttäuscht werden wird, dann ist es unsere Angst, die uns weit stärker beeinflußt als die Handlungen dieses Kindes. Und noch eines: Wenn ich ängstlich bin, holt meine Angst das Übelste nicht nur aus mir, sondern auch aus anderen Leuten heraus.«

»Sie sagen, wir sind alle nur Menschen«, sagte Renee. »Haben wir dann nicht auch das Recht, ängstlich zu sein?«

»Selbstverständlich haben Sie dieses Recht«, antwortete ich. »Wir würden auch niemals sagen: ›Seien Sie nicht ängstlich.‹ Was ich sagen will, ist dies: Bei unserer Arbeit sind unsere spontanen Reaktionen oft kontraproduktiv, und das trifft besonders für unsere Ängste zu, für die wir dann das Kind verantwortlich machen.«

Ich wandte mich Jason zu. »Das haben wir ja letzte Woche schon festgestellt, als wir über Margot sprachen: Wenn man sich auf die eigenen Ängste konzentriert, wird man leicht abgelenkt und überhört dann manches. Aber wenn wir schon angetreten sind, um anderen Menschen zu helfen, dann müssen wir uns auf *deren* Ängste konzentrieren und nicht auf unsere eigenen, so schwierig das manchmal auch sein mag.«

Dr. B. wandte sich an Saul. »Weshalb wollten Sie heute gerade Bobbys Fall vorstellen?«

»Ich dachte eigentlich, daß mein Ansatz richtig wäre. Ich glaube, ich brauchte ein bißchen Beruhigung und Bestätigung.«

»Überzeugung, mein Lieber. Überzeugung braucht man am dringendsten. Sie können Ihrem Patienten nur dann Vertrauen einflößen, wenn Sie von der Wirksamkeit Ihrer Künste selbst überzeugt sind.«

»Das klingt ja wie Voodoo«, sagte Bill.

»Oh, ein guter Medizinmann ist kein Scharlatan«, sagte Dr. B. »Er beherrscht seine Kunst, kennt seine Patienten und weiß, was sie von ihm erwarten. Kann jemand, der Leben wiederherstellt, wie es manche von diesen Medizinmännern ja tun, denn ein Scharlatan sein?«

Ein freundliches Schweigen erfüllte den Raum. Dann nahm Saul wieder das Wort: »Mir sind Hunderte von Kindern wie Bobby begegnet. In meinen Augen sind sie keineswegs das, was die Welt von ihnen denkt.«

Dr. B. nickte. »Haben Sie sich schon mal überlegt, warum die Welt sich in einer solchen Unordnung befindet? Wegen der Art und Weise, wie die Menschen denken. Und was denkt ›die Welt‹ nun über diese Kinder? Daß ›sie nicht so sein sollten, wie sie nun mal sind.‹ Erst sorgen wir dafür, daß sie so sind, und dann sagen wir ihnen, sie sollten nicht so sein.«

»Was Bobby angeht, würden die meisten Leute wohl sagen, daß sein Verhalten doch irgendwelche Konsequenzen nach sich ziehen sollte.«

»Ich gebe nicht allzuviel auf das, was die Leute über Kinder wie Bobby sagen«, antwortete Dr. B. »Ich sehe mir an, was diese Kinder tun und wer sie sind, und bilde mir dann meine eigene Meinung. Im großen und ganzen werden Sie eher Erfolg haben, wenn Sie Ihren eigenen Ansichten folgen, als wenn Sie sich an das halten, was andere sagen. Vertrauen Sie Ihrem Herzen! Ich habe zum Beispiel noch nie einen Artikel über solche Kinder gelesen, in dem ›Rettungsringe‹ erwähnt worden wären. Dafür sind ›Rettungsringe‹ etwas allzu Simples. Dinge, die man direkt in den Mund stecken kann, finden nicht direkt Eingang in die Lehrbücher; erst müssen sie in ein abstraktes Konzept umgewandelt werden. Da werden ›Rettungsringe‹ zu ›oralen Verstärkern‹, und so etwas kann man dann in einem psychologischen oder psychiatrischen Lehrbuch abdrucken.« Zu Bill gewendet, fuhr Dr. B. fort: »Es ist doch so – die Welt zerfällt in solche, die ›orale Verstärker‹ brauchen, und in solche, die ganz einfach Liebe wollen. Psychotherapeuten zerfallen meiner Meinung nach in drei sehr unterschiedliche Gruppen: Manche liefern dem Kind nicht einmal die ›oralen Verstärker‹, weil sie fürchten, diese Art der ›Verwöhnung‹ könnte es für das Leben in unserer Gesellschaft untauglich machen; andere geben ihm die ›oralen Verstärker‹ nur dann, wenn sie dies für angemessen halten. Und dann sind da noch diejenigen, denen es Freude macht, einem Kind Liebe, Fürsorge *und* etwas Gutes zu essen zu geben.

Jeder von Ihnen muß sich entscheiden, welcher dieser drei Gruppen er angehören will. Vergessen Sie aber nicht, daß Ihre Entscheidung dem Kind signalisiert, was Sie von der Gesellschaft denken, in die es hineinwachsen wird. Und wenn Sie davon überzeugt sind, daß es sich im Grunde um eine herzlose Gesellschaft handelt, eine Gesellschaft, die nicht gibt, sondern nimmt, dann sehe ich nicht, warum das Kind nicht zu dem Schluß kommen sollte, daß es nichts anderes tun kann, als mit Zähnen und Klauen zu kämpfen, so wie Bobby das tut.

Es war wirklich ein Geniestreich dieses Werbefachmanns oder Designers, der ja irgendwann auch einmal ein Kind war, Bonbons in die Form von Rettungsringen zu bringen. Wer immer es war, er hat damit eine unbewußte Botschaft erschaffen. Ich sage immer, daß wir im Grunde nur Symbole einsetzen müssen. Ist das nicht genau das, was Dr. Wasserman tut? Das Mädchen, dem Dr. Wasserman ›Rettungsringe‹ gibt, kann in den bewegten Gewässern des Lebens noch nicht schwimmen. Wenn sie viele Jahre im CAPI bliebe, dann könnten die Betreuer sie das Schwimmen vielleicht lehren. Natürlich will niemand, daß sie in ihrer Wut und Verzweiflung ertrinkt. Also wirft Dr. Wasserman ihr einen Rettungsring zu und gibt ihr damit den Gedanken ein: ›Es gibt Dinge, an denen man sich festhalten kann, um das kostbare Leben zu bewahren, sogar für mich!‹

Und was noch mehr ist – Dr. Wasserman kann diesem Mädchen und auch Bobby den Gedanken vermitteln: ›Es ist durchaus möglich, daß jemand nett zu mir ist. Und das nicht nur in meiner Phantasie – ich habe es tatsächlich erlebt!‹ Und dieser Gedanke kann seinerseits zum Rettungsring werden. Das ist alles, was Sie im Augenblick tun können. Um wirklich geheilt zu werden, müßten diese Kinder ihre Reaktionen auf ihre einmaligen persönlichen Erfahrungen durcharbeiten, auf all das Unglück, das es in ihrem Leben gegeben hat und auf das Bobby in der Weise antwortet, daß er zündelt.«

»Würde man Bobby auch dann behandeln müssen, wenn Saul eine gute Familie fände, in der er leben könnte?« fragte Renee.

»Wahrscheinlich«, antwortete Dr. B. »Eine gute Lebenssituation ist eine Hilfe, aber sie kann die Therapie nicht ersetzen. Ohne Therapie sind Kinder wie Bobby unter Umständen nicht in der Lage, konstruktiven Gebrauch von einer real existierenden Familie zu machen. Die Therapie kann ihnen helfen, sich von ihrem chaotischen Innenleben nicht länger überwältigen zu lassen, und sie kann mit dafür sorgen, daß ihre übergroße Angst und Wut sich nicht ruinös auf eine im Grunde gute familiäre Situation auswirkt.

Wenn Bobby jemals wirkliche Befriedigung erfahren hätte, dann würde er anders handeln. Auch der böseste Hund entwickelt eine Anhänglichkeit an Sie und hört auf, Sie zu beißen, wenn Sie ihn regelmäßig füttern. Seine genetische Ausstattung bestimmt darüber, ob er ein bissiger Hund oder ein Schoßhund wird. Aber selbst ein bissiger Hund wird einen Menschen nicht angreifen, der ihn regelmäßig füttert und streichelt und freundlich mit ihm redet. Insofern sind diese Kinder wie die Tiere, und deshalb habe ich Ihnen auch von dem

Dompteur erzählt. So, ich glaube, unsere Zeit ist um. Gehen Sie also wieder zurück zu Ihren Kindern, Dr. Wasserman, und vergessen Sie auf keinen Fall, sie zu füttern!«

Epilog

Nach meinem Weggang von Stanford im Jahre 1983 wandte Saul sich mit der Bitte an Dr. B., in den nächsten Jahren beratend für das CAPI tätig zu werden. Dieser Kontakt erwies sich als sehr fruchtbar und ermöglichte es Saul, die Arbeit, wie sie auf seiner Station geleistet wurde, weiter zu überdenken und sein therapeutisches Vorgehen abzuwandeln. Er und ich hielten auch über die große Entfernung hinweg an unserer Freundschaft und Zusammenarbeit fest. Wir entwickkelten einen klinischen Ansatz, der unsere Erfahrungen mit schwer mißhandelten Kindern und unsere einschlägigen psychologischen Erkenntnisse mit den Vorgehensweisen verband, die Dr. B. uns gelehrt hatte. Schließlich gaben wir gemeinsam ein Buch heraus, das unter dem Titel *Healing the Heart: A Therapeutic Approach to Abused Children* 1990 als Veröffentlichung der *Child Welfare League of America* in Washington erschien.

Das letzte Wort steht Saul zu. Ich zitiere aus einem Brief, den er mir vor kurzem schrieb:

»Zu Beginn sagte Dr. B. ja, ich sei naiv, aber er sehe doch Hoffnung für mich. Wenn ich jetzt zurückdenke, muß ich sagen, er hatte recht. Ich habe unendlich viel von ihm gelernt. Aber anfangs tat ich mich doch recht schwer damit, mir über meine vorgefaßten Ideen über Kinder und die Welt klarzuwerden. Das Ganze hat sich als außerordentlich hilfreich sowohl für mich als auch für meine Patienten erwiesen.

Mir wurde klar, daß ich mich, um die Lebenswelt des vernachlässigten Kindes zu begreifen, den eigenen Ängsten stellen mußte, denn diese Ängste hinderten mich daran, die Erfahrungen des Kindes zu akzeptieren und zu verstehen. Ich mußte akzeptieren, daß in der Welt mehr Grausamkeit, Schmerz, Furcht und Gewalt zu finden sind, als ich je hatte sehen wollen. Das Verständnis dieser Welt hat bei mir ein Gefühl der Trauer darüber bewirkt, wie wir leben und wer wir als Spezies sind. Es hat mich auch zum besseren Kliniker und wahrscheinlich zum besseren Menschen gemacht.«

DRITTES KAPITEL

Die Trägheit des Herzens

Dan Berenson studierte mit mir zusammen Medizin und absolvierte dann ebenfalls eine kinderpsychiatrische Ausbildung. Später tat er sich mit einem anderen Psychiater zusammen, John Hammond. Beide favorisieren eine biologische Betrachtungsweise psychischer Störungen: Sie sind der Ansicht, daß die meisten dieser Störungen – wenn nicht überhaupt alle – durch einen biochemischen Defekt verursacht sind und deshalb auch in erster Linie auf biochemischem Wege behandelt werden müßten. Beide befassen sich mit dem Phänomen des Autismus. Dan ist für die klinische Seite der Forschung zuständig, während John den biochemischen Zusammenhängen nachspürt.

Um mögliche biochemische Defekte aufdecken und das autistische Syndrom eines Tages vielleicht auf pharmakologischem Wege behandeln zu können, bemühten sich Dan und John, autistische Kinder je nach ihren Symptomen in Gruppen einzuteilen. Kinder mit den gleichen Symptomen, so die Annahme, litten möglicherweise am gleichen biochemischen Defekt.

Mein Kontakt mit Dan war eingeschlafen, bis er mir eines Tages bei einem Besuch in Stanford wieder über den Weg lief. Er zeigte Interesse an dem Bettelheim-Seminar und ließ sich aus Neugier hin und wieder dort blicken. Mit der Zeit beschäftigte ihn die Frage, was Dr. B. wohl zu seinen Autismus-Forschungen sagen würde. In der Hoffnung, von Dr. B.s langer Erfahrung mit dem kindlichen Autismus profitieren zu können, beschloß er, im Seminar einen seiner Fälle vorzutragen. In der lebhaft und gelegentlich hart geführten Diskussion ging es im wesentlichen um die divergierenden Ziele einerseits der Forschung und andererseits der Psychotherapie. Den eigentlichen Kernpunkt der Diskussion aber bildeten die Schwierigkeiten, die wir alle haben, wenn es darum geht, uns in schwer gestörte Menschen wirklich einzufühlen. In der Folge tauschten Dan, Dr. B. und ich unsere Ansichten zum Thema des Seminars auch weiterhin aus. Dans Bemerkungen und Kommentare aus diesen späteren Gesprächen sind zum Teil in die hier folgende Diskussion eingearbeitet worden.

Dr. B. eröffnete die Diskussion, indem er sich an Dan wandte: »Was tun denn heutzutage die Kinderpsychiater, die sich für autistische Kinder interessieren?«

»Mein Partner John beschäftigt sich mit ihrer Biochemie«, antwortete Dan. »Ich sehe mir Videos autistischer Kinder an, um zu verstehen, was in ihrem Geist vorgeht.«

»Und was glauben Sie, Dr. Berenson, was im Geist eines autistischen Kindes vorgeht?«

»Ich glaube, daß diese Kinder sehr verschieden voneinander sind. Man kann also nicht sehr viel sagen, was für *alle* autistischen Kinder zutrifft.«

»Sehr wahr.« Dr. B. lächelte Dan zu, offensichtlich belustigt. »Das ist eine sehr geschickte Antwort, die Sie zu gar nichts verpflichtet.«

»Die Kinder, mit denen wir es im Rahmen unserer Studie zu tun haben, sind unfähig, sinnvolle Beziehungen zu anderen Menschen zu unterhalten.«

»Unter meinen Bekannten gibt es leider auch einige, die in diese Kategorie fallen, und dabei ist keiner von ihnen autistisch.« Dr. B. schmunzelte. »Sie müssen allerdings bedenken, daß ich mich in akademischen Kreisen bewege.« Alle brachen in ein entspanntes Gelächter aus. Dann wurde Dan wieder ernst. »Um mich präziser auszudrücken: Der Junge, dessen Fall ich hier vorstellen möchte, unterhält sehr, na ja, seltsame Beziehungen zu den Erwachsenen.«

»Ist das Wort ›Beziehungen‹ der richtige Ausdruck?« fragte Dr. B. »Eine vage oder sehr allgemeine Ausdrucksweise kann nur zu leicht die Beobachtungen verzerren, die Sie bezüglich dieser sehr abnormalen Kinder machen. Richtiger wäre es vielleicht, von der Reaktion des Jungen auf andere Personen oder vom Nichtvorhandensein irgendeiner sichtbaren Reaktion bei ihm zu sprechen.«

Dan nickte. »Da stimme ich Ihnen zu. ›Beziehung‹ hat die positive Bedeutung von Wechselseitigkeit.«

»Das Wort impliziert zumindest eine Verbindung«, sagte Dr. B., »während ich doch meine, daß eines der herausragenden Kennzeichen autistischer Kinder gerade in ihrer Nichtverbundenheit bzw. in ihren ganz und gar unangebrachten Reaktionen besteht, verglichen mit dem, was wir bei Kindern als normale Reaktion betrachten.«

»Nichtverbundenheit ist eine Untertreibung«, sagte Dan. »Es gibt verschiedene Kategorien emotional gestörter Kinder, die sich durch dieses Kennzeichen der ›Nichtverbundenheit‹ oder Beziehungslosigkeit auszeichnen, aber bisher habe ich nur eine kleine Untergruppe identifiziert, die ich als autistisch bezeichnen würde. Ich habe mich mit den Strategien beschäftigt, die autistische Kinder einsetzen, um sich ihre Isolation zu bewahren. Gerade in letzter Zeit hatte ich es mit einigen sehr gewalttätigen Kindern zu tun. Der Junge, über den ich heute sprechen möchte, versucht seine Umwelt zu demolieren.«

»Es ist ganz schön schwierig für ein Kind, die Umwelt im Alleingang zu demolieren«, sagte Dr. B. mit feinem Lächeln. »Der Mensch hat es zwar leider schon fertiggebracht, fürchterlichen Schaden darin anzurichten, aber nicht einmal die vereinten Anstrengungen der gesamten Menschheit haben sie bisher wirklich zerstören können. Ich sehe also nicht, wie ein einzelner autistischer Junge so destruktiv sein könnte.« Er machte eine Pause. »Aber seien wir präzise. Was genau hat der Junge getan?«

»Zunächst mal die Vorhänge heruntergerissen«, antwortete Dan.

»Na ja, die Vorhänge sind ja ein eher unbedeutender Teil der Umwelt.«

»In einer Forschungseinrichtung betrachten wir Vorhänge immerhin als einen Teil der unmittelbaren räumlichen Umwelt. Wenn ich vom ›Demolieren der Umwelt‹ gesprochen habe, dann habe ich zugegebenermaßen einen Jargon gebraucht, um sein Verhalten zu beschreiben und zu kategorisieren.«

»Ich bin durchaus vertraut damit, Umschreibungen zu gebrauchen, um nicht präzise zu sein«, sagte Dr. B. »Talleyrand hat das dramatischer ausgedrückt, als er sagte, die Sprache sei zu dem Zweck erfunden, die wahren Gedanken eines Menschen zu verbergen.«

»Das stimmt«, sagte Dan, »aber jedenfalls gibt es unter diesen Kindern tatsächlich solche, die ihr Gegenüber attackieren. Nehmen Sie zum Beispiel diesen Jungen. Er hält sich bei uns in einem Raum auf, in dem es Spielzeug gibt, und zwar zusammen mit seiner Mutter und einer Assistentin. Eine Assistentin ist immer dabei, die beobachtet und sich Notizen macht, nicht aber in Kontakt mit dem Kind tritt. Wir wollen nur sehen, wie das jeweilige Kind auf die Spielsachen reagiert und wie es mit seiner Mutter interagiert. Der betreffende Junge sah zunächst überhaupt nicht zu der Assistentin hin. Dann, ohne Vorwarnung, zwickte er sie. Einen Grund dafür hatte er ja nicht, denn die Assistentin hat nichts getan als still dazusitzen. Unsere Beobachter sollen nicht reagieren und nicht etwa Vergeltung üben, ja sie haben die Anweisung, die Handlungen des Kindes zu ignorieren, und trotzdem können manche dieser Kinder sie einfach nicht in Ruhe lassen. Dieser Junge zwickte also die Assistentin, riß die Vorhänge herunter, wobei er immer zu ihr hinsah, und versuchte dann aus dem Zimmer zu rennen. Ich kann sein Verhalten nicht verstehen. Wollte er wirklich fortlaufen, oder hat er nur auf eine bizarre Weise versucht, Kontakt herzustellen?«

»Ich habe ähnliche Verhaltensweisen immer wieder beobachtet«, sagte Dr. B. »Sie tauchen auf, wenn die Erwachsenen sich benehmen wie Reklamepuppen. Die meisten Kinder unternehmen etwas, wenn ein Mensch eher wie eine Statue als wie ein Wesen aus Fleisch und Blut handelt. So eine Statue sieht nichts, reagiert auf nichts und wundert sich über nichts. Und sie ist uns gegenüber sehr im Vorteil. Sie kann nicht fühlen und von Anfang an nicht sprechen.«

»Also genau so, wie viele autistische Kinder uns erscheinen!« sagte Dan lebhaft und verstummte gleich darauf.

»Da kann ich Ihnen nicht zustimmen«, sagte Dr. B. »Wir sollten diese Diskussion nicht weiterführen, wenn Sie nicht wirklich den Wunsch haben, dieser Sache im einzelnen nachzugehen. Sie müssen bedenken, daß ich mehr als dreißig Jahre lang mit solchen Kindern gearbeitet habe. Ich habe Bücher über meine Erfahrungen veröffentlicht, und das Thema ist mir außerordentlich wichtig.«

»Tatsächlich ist es so, daß ich sogar sehr gerne über diesen Jungen sprechen möchte, eben weil ich mir sein Verhalten nicht erklären kann«, meinte Dan.

»Ich glaube, daß Ihnen Ihre eigenen Annahmen über diesen Jungen im Weg stehen«, sagte Dr. B. »Denken Sie mal daran, daß Sie sagten, er habe Ihre Assistentin ›ohne Grund‹ gezwickt. Wir können das Verhalten eines anderen Menschen nur dann allmählich verstehen, wenn wir von der Annahme ausgehen, daß hinter seinen Handlungen Gründe oder Motive liegen, Gründe, die uns zwar rätselhaft sein mögen, ihm aber gut erscheinen. Damit ein Verhalten uns verständlich wird, müssen wir aufmerksam auf jedes Detail achten und jeden Aspekt dieses Verhaltens ernst nehmen. Wenn es uns also darum geht, uns das Verhalten dieses Jungen zu erklären, dann hilft uns eine allgemeine Bemerkung wie die vom ›Demolieren der Umwelt‹ nicht sehr viel weiter. Lieber sollten wir fragen: ›Was wollte er damit wohl erreichen?‹ und ›Gegen wen oder was hat sich diese Reaktion wohl gerichtet?‹

Sie wissen ja, man sagt, daß die Wahrheit im Detail steckt. Wenn Sie uns das Verhalten dieses Jungen und seine Umstände so detailliert wie möglich beschreiben, dann setzen Sie uns instand, darüber zu spekulieren, warum er sich gerade so benommen hat, und zwar an diesem bestimmten Ort, in diesem bestimmten Augenblick und gegen diese bestimmte Assistentin. Wenn Sie aber sagen, ›der Junge demoliert die Umwelt‹, dann habe ich nicht die leiseste Ahnung, was er wirklich tut. Wenn ich es nicht besser wüßte, dann wäre diese Ausdrucksweise natürlich geeignet, eine Aversion gegen ihn in mir hochkommen zu lassen.

Es ist übrigens egal, ob wir uns über Forschung oder über Psychotherapie unterhalten. In jedem Fall ist das wichtig, was die betreffende Person *tut*. Wenn der Junge die Assistentin zwickt oder die Vorhänge herunterreißt, dann sind das Bewegungen im Rahmen einer Art von Interaktion. Wenn wir nicht wissen, was diesen Bewegungen vorausging, sind wir schlecht darauf vorbereitet, ihre Bedeutung zu verstehen. Möglicherweise haben die Handlungen des Jungen ihren Ursprung in einem Geschehen, das lange zurückliegt – es könnte zum Beispiel etwas sein, was ihn mit tiefem Mißtrauen gegenüber anderen Menschen oder auch mit Feindseligkeit erfüllt hat. Aber da er ja nicht die ganze Zeit im Einklang mit einer solchen ursprünglichen Ursache handelt, muß irgend etwas an der augenblicklichen Situation sein Verhalten ausgelöst haben.

Eine Schwierigkeit in diesem Zusammenhang besteht darin, daß wir nicht wissen, wie er selbst die Situation interpretierte, in der er sich befand.« Dr. B. schwieg einen Augenblick. »Wie heißt der Junge?«

»Luke«, antwortete Dan.

»Ich bezweifle, daß Luke verstand, was Sie vorhatten. Sinnvolle Interaktionen setzen in der Regel voraus, daß die beteiligten Personen eine Vorstellung davon haben, worum es eigentlich geht: welche Zwecke hier verfolgt werden, welches Endergebnis erwartet wird. Aber wenn Psychiater und Patient oder Forscher und Proband miteinander zu tun haben, dann weiß doch nur der eine von ihnen wirklich über seine Zwecke Bescheid. Je ernsthafter die Störung, desto weniger ist der Patient imstande, sich eine zutreffende Vorstellung von solchen Interaktionen zu machen.«

Ich führte Dr. B.s Argument noch etwas weiter aus: »Denken wir zum Beispiel an die Schwierigkeiten der Arbeit mit paranoiden Patienten. Ich bin überzeugt, daß Menschen eine Paranoia aus allen möglichen Gründen – biologischen und psychologischen – entwickeln können. Im Laufe der Zeit haben sich die Bilder gewandelt, die paranoide Menschen gebrauchen, um ihren Standpunkt klarzumachen: Früher war es der Teufel, der hinter ihnen her war; heute setzt ihnen der Computer zu, oder Eindringlinge aus dem Weltraum üben einen Einfluß auf ihr Hirn aus. Die spezifischen Bilder haben sich verändert, aber eines ist geblieben: Der Paranoiker ist in der Regel überzeugt, daß die meisten Interaktionen, vor allem mit Autoritätsfiguren, den Zweck haben, ihn niederzumachen. Und für den Psychiater wiederum ist es gar keine Frage, daß er seinem Patienten helfen will.

Häufig ist die Interaktion des Psychiaters mit einem paranoiden Patienten aber nicht nur von seinem bewußten Ziel bestimmt, diesem Patienten zu helfen. Allen guten Vorsätzen zum Trotz ist der Psychiater manchmal auch ängstlich, weil er weiß, daß manche paranoiden Patienten gefährlich sein können. Zudem kann das Verhalten des Paranoikers auch irgendwelche Überreste paranoider Tendenzen hochkommen lassen, die wir Kliniker tief in unserem Innern verborgen halten. Wir müssen also nach Möglichkeit versuchen, uns auch über unsere unbewußten Reaktionen auf die Situation klarzuwerden, denn der paranoide Patient erspürt solche Reaktionen und wird höchstwahrscheinlich darauf reagieren.«

»Ja«, bestätigte Dr. B. »Der Paranoiker nimmt *a priori* an, daß wir böse Absichten hegen. Wenn wir nicht alles daran setzen, ihn davon zu überzeugen, daß wir ihm wirklich und wahrhaftig helfen möchten, dann wird er glauben, daß wir ihm Böses wollen, und entsprechend dieser Überzeugung reagieren.

Viele von Ihnen wissen das alles sehr wohl, weil Sie ja selbst Erfahrungen mit paranoiden Patienten haben. Den meisten Klinikern fällt es aber schwer, diese Zusammenhänge auf das autistische Kind zu extrapolieren, das noch weniger als der Paranoiker imstande ist, unsere Absichten zu erkennen. Selbst emotional gesunden Kindern sind die Absichten der Erwachsenen oftmals unverständlich. Während aber normale Kinder dieses Alters ziemlich sicher wissen, daß Ärzte dazu da sind, den Patienten zu helfen, hat das sehr gestörte Kind keine konkrete Vorstellung davon, wozu ein Arzt gut ist oder welchem Zweck die Sitzung beim Psychiater dient.

Kommen wir nochmal auf die Situation zurück, wie Sie sie im Zusammenhang mit Ihren Forschungen geschildert haben. Was das autistische Kind sieht, ist Folgendes: Da sitzt im Beisein seiner Mutter eine schweigende und in keiner Weise reagierende Person im gleichen Raum, die das Kind mit voller Absicht ignoriert. Kann es sich darauf vielleicht einen Reim machen? Wenn nichts unternommen wird, um ihm die Dinge zu erklären, wird jedes Kind sich in dieser Situation unbehaglich fühlen. Sie reicht nämlich aus, um jene kleinen paranoiden Reaktionen auf den Plan zu rufen, die in vielen von uns stecken, auch in mir.

Da autistische Kinder nun einmal nicht normal *reagieren*, wird anscheinend angenommen, daß es ihnen egal ist oder sie überhaupt nicht darüber nachdenken, was um sie herum vorgeht. Wenn ihnen nichts so erklärt wird, daß sie es unter Umständen verstehen können oder zumindest das Gefühl haben, daß ihre Umgebung ernsthafte Anstrengungen unternimmt, um ihnen die Chance des Verstehens zu geben, dann müssen sie das Gefühl haben, wie Idioten behandelt zu werden. Und das ist eine Beleidigung, die jeden Menschen wütend machen würde.

Nach meiner Erfahrung sind viele autistische Kinder potentiell von guter, ja sogar von hoher Intelligenz. Ob Sie mir zustimmen oder nicht, und ob Luke nun intelligent ist oder nicht: Ich bin auf jeden Fall der Meinung, daß Sie gut daran täten, diesen Jungen in der Annahme zu behandeln, daß er intelligent ist. Aber das sind sehr allgemeine Bemerkungen. Kommen wir zurück auf Ihren Fall und seine Besonderheiten. Bisher weiß ich nämlich noch sehr wenig über diesen Jungen. Erzählen Sie uns doch mehr über ihn.«

»Er kommt aus einer Familie, von der wir annehmen, daß sie ziemlich chaotisch ist«, sagte Dan. »Sein Vater gehört den *Devil's Disciples* an, die an der Ostküste etwa das sind, was die *Hell's Angels* in Kalifornien darstellen. Bei einem Elternabend erschien er ganz in Leder und mit Ketten behängt; tätowiert war er auch; seine schwarzen Hosen waren mit Nieten besetzt. Er schreitet aus wie ein Macho, und unter seinem schmutzigen T-Shirt kommt ein Bierbauch zum Vorschein. Dazu trägt er eine Ledermütze und eine schwarze Lederjacke mit einem Schädel und gekreuzten Knochen auf dem Rücken. Ich brauche wohl nicht zu sagen, daß er im Umkreis einer medizinischen Hochschule eine ziemlich exotische Gestalt war. Übrigens trug er auch ein Futteral mit einem Messer am Gürtel, wahrscheinlich für den Fall, daß er Schutz brauchen würde.«

»Sie müssen zugeben, daß Lukes Vater mit dieser Kleidung ganz deutlich verkündet, was er von der Welt und vom Leben hält«, sagte ich. »Das aufsässige Verhalten und Auftreten vieler Mitglieder solcher Motorrad-Banden ist eine Folge ihrer Erfahrungen mit anderen Autoritätsfiguren aus ihrer Vergangenheit, Erfahrungen, die sie uns gegenüber mißtrauisch gemacht haben. Viele von ihnen sind zum Beispiel von ihren Eltern mißhandelt worden.«

»Das trifft wahrscheinlich auch in diesem Fall zu«, meinte Dan, »und in mancher Hinsicht ähnelt der Junge seinem Vater sehr. Er nimmt an einem schulischen Programm für gestörte und zurückgebliebene Kinder teil. Weder der Vater noch die Mutter äußerten sich wirklich umfassend über ihr Kind, aber immerhin habe ich herausgefunden, daß Luke, wenn er zu Hause ist, gern auf Bäume klettert und mit Seilen und Ketten spielt. Wenn kein Schnee liegt, schaukelt und dreht er sich stundenlang zwischen den Ästen wie Tarzan. Ich nehme an, daß sein Vater im Hof und in der Garage Ketten herumliegen hat, mit denen er sein Motorrad aufputzt. Die Mutter sagt vom Vater, er sei eher streng. Soweit wir feststellen konnten, scheint die Mutter dem Jungen keine Begrenzungen aufzuerlegen.«

»Sie wissen sicher, daß diese raschen Drehbewegungen ein typisches Kennzeichen des Autismus sind«, sagte Dr. B.

»Ja«, sagte Dan. »Aber was mich an diesem Jungen und an ein paar anderen Kindern, die ihm sehr ähnlich sind, wirklich interessiert, das ist diese ganz besondere Art der Nichtverbundenheit. Mit Erwachsenen – bekannten oder unbekannten – können sie anscheinend nichts anderes anfangen, als daß sie sie Dinge für sich tun lassen. Bei uns gehört es zum Beispiel zum normalen Ablauf, daß die Assistentin mit einem Glas voll Bonbons kommt, zu dem ein kleines Schloß gehört. Den Schlüssel dazu legen wir auf den Tisch. Das Kind kann unternehmen, was es will, um das Glas zu öffnen. Die meisten Kinder in dieser Gruppe fassen die Hand ihrer Mutter, so als wäre sie ein Werkzeug, legen sie auf das Glas und deuten auf diese Weise an, daß sie es gerne geöffnet hätten. Sie wissen, daß die Hand, die sie ergriffen haben, solche Gläser öffnen kann, und setzen sie zu diesem Zweck ein. Aber weiter geht ihre Verbundenheit nicht. Dieser Junge sieht seine Mutter nicht einmal an. Andere Menschen sind für dieses Kind nur nützlich, wenn es etwas will.«

Dr. B. schüttelte den Kopf. »Warum stellen Sie einem Kind ein verschlossenes Bonbonglas hin, noch dazu einem emotional schwer gestörten Kind?«

»Mir ist nicht wohl dabei«, sagte Dan. »Aber als Forscher müssen wir uns an strenge Bedingungen halten, wenn unsere Experimente wissenschaftlichen Anforderungen genügen sollen, auch wenn das für das Kind mit einem gewissen Unbehagen verbunden ist. Verstehen Sie bitte – es macht mir wirklich keine Freude, dieses Unbehagen zu verursachen.«

»Ich bin trotzdem perplex«, antwortete Dr. B. »Warum verlangen Ihre Bedingungen, daß einem autistischen Kind und seiner Mutter ein verschlossenes Bonbonglas vor die Nase gesetzt wird? Wie ist es möglich, daß es sozusagen zum Programm gehört, das Kind in dieser Weise vor den Kopf zu stoßen?«

»Unsere Absicht ist zu verfolgen, was das Kind unternimmt, um zu bekommen, was es will. Wir fragen die Mutter vorher, welche Süßigkeiten das Kind am liebsten ißt, und füllen die dann in das Glas.«

»Einen Augenblick!« sagte Dr. B. »Sie sagen, daß dieses Kind andere Personen dazu benutzt, Dinge zu tun. Machen Sie nicht genau dasselbe? Benutzen Sie nicht auch eine andere Person, nämlich das Kind, dazu, Dinge für Sie zu tun?«

»Da kann ich eigentlich keinen Zusammenhang sehen«, sagte Dan.

»Benutzen Sie nicht dieses Instrument – das verschlossene Glas und übrigens auch die Mutter –, um zu bekommen, was Sie wollen – nämlich Ihre Forschungsergebnisse? Wenn Luke die Hand seiner Mutter für seine Zwecke einsetzt, das heißt sie auf das Glas legt, dann sagen Sie, er sei ›unverbunden‹, was er mit Sicherheit ist. Aber *Sie* benutzen das Kind und seine Mutter für *Ihre* Zwecke, nämlich für Ihre Forschungen, und Sie tun das, ohne es dafür um Erlaubnis zu bitten. Wenn Sie also mal Ihre eigenen Kriterien zugrunde legen – handeln Sie nicht ebenso unverbunden wie dieses Kind auch?«

»Mir ist die Analogie nicht verständlich«, sagte Dan.

»Für Sie sieht die Sache doch so aus, daß Sie eine signifikante Beobachtung machen, nämlich daß dieses Kind eine andere Person zu seinem Werkzeug macht. Aber benutzen Sie denn nicht auch dieses Kind als Werkzeug, um Ihre Zwecke zu erreichen, nämlich Forschungsdaten zu gewinnen?«

Jetzt endlich nickte Dan. »Ja, da dürfte eine Übereinstimmung bestehen, insofern als ich ihn nicht um Erlaubnis bitte, um meine Studien zu betreiben, und er seine Mutter nicht um Hilfe bittet, um an die Bonbons zu kommen.«

»Genau. Wenn Sie jemandem ganz bewußt ein verschlossenes Glas vor die Nase setzen, in dem sich etwas befindet, das diese Person, wie Sie wissen, gerne ißt, und sich dann hinsetzen und abwarten, was passiert, dann kann man kaum davon sprechen, daß Sie etwa Verbindung mit dieser Person aufnähmen oder sie wissen ließen, daß Ihre Absichten freundlich sind. In diesem Seminar sprechen wir oft darüber, wie man in eine Beziehung zu einem anderen Menschen tritt, daß man einem neuen Patienten gegenüber etwa so auftritt wie einem neuen Gast gegenüber, mit dem man in Kontakt kommen möchte. Ist Ihre

Handlungsweise im Rahmen dieses Forschungsprojekts eine Aufforderung, so etwas wie ›Verbundenheit‹ herzustellen? Wenn Ihre Absichten gut sind, dann ist es doch das Mindeste, daß Sie den Verschluß für das Kind öffnen. Was Sie interessiert, ist ja die vorhandene oder nicht vorhandene Verbundenheit, und deshalb sollten Sie nicht von vornherein in einer unverbundenen, ja feindseligen Weise handeln. Wenn Sie das aber doch tun, dann steht es Ihnen nicht an zu behaupten, daß es die andere Person sei, die in unverbundener oder aggressiver Weise handelt.«

Eine Weile herrschte Schweigen, dann nahm Dr. B. von neuem das Wort. »Im Zusammenhang mit der Frage der Verbundenheit fällt mir noch etwas anderes ein. Sie haben es bei dieser Beziehung ja mit zwei Seiten zu tun. Wenn Ihre Assistentin, wie Sie sagen, auf das Gezwicktwerden überhaupt nicht reagiert hat, dann heißt das ja wohl, daß sie sich ebenso autistisch und ›unverbunden‹ gegeben hat wie das autistische Kind.«

»Es ist eben so, wie ich schon sagte – das Projekt ist so angelegt, daß die Assistentin einfach dasitzt und nicht reagiert«, sagte Dan.

»Aber Sie bedenken nicht, daß das, was Sie als ›Demolieren der Umwelt‹ bezeichnen, in gewisser Weise die Reaktion dieses Jungen auf Ihre Bedingungen ist. Geht es bei Ihrem Experiment um die Frage, wie ein autistisches Kind auf einen Erwachsenen reagiert, der sich seinerseits autistisch verhält? Mir ist klar, daß Ihre Assistentin Autismus gewissermaßen nur vorführt, aber glauben Sie denn wirklich, daß man dem Autismus mit Autismus begegnen sollte?«

Zu diesem Gedanken hatte ich etwas beizutragen. »Leo Kanner schreibt in seinen klassischen Veröffentlichungen zum Problem des Autismus, daß diese Kinder mit lebenden Personen so umgehen, als wären es unbelebte Objekte. Am Strand treten sie zum Beispiel auf Sand, Felsstücke oder Menschen, als wäre das alles dasselbe. Sie, Dan, fordern im Rahmen Ihrer Studie eine lebende Person auf, sich bewußt wie ein Stein zu verhalten, und dabei wissen wir seit langem, daß autistische Kinder andere Leute ganz genau in dieser Weise behandeln – als wären sie Steine. Ich weiß natürlich, daß es Ihnen bei Ihren Forschungen um eine neutrale Situation geht, in der Ihre Assistentin die Daten nicht beeinflußt. Aber irgendwie erinnert mich Ihre Strategie an eine absurde Neuauflage dessen, was Kanners autistische Kinder mit anderen Menschen machten. Dem autistischen Kind, das Sie beobachten, wird diese Situation wohl keineswegs neutral erscheinen.«

Dan antwortete nicht, sondern schien nachzudenken. Jahre später befaßte er sich erneut mit dem Material aus diesem Seminar und meinte, Dr. B.s ausgesprochen therapeutische Orientierung habe wohl seiner Wertschätzung einer sorgfältigen empirischen Studie im Weg gestanden, und ich meinerseits habe diese Position schlicht reflektiert. Und auch wenn Dr. B. und ich recht hätten – wenn das autistische Kind den Erwachsenen tatsächlich als autistisch wahrnähme –, sei er doch der Meinung, daß 18 Minuten einer derartigen Erfahrung ihm keinen Schaden zufügen würden. Schließlich verbringe dieses Kind wie die meisten autistischen Kinder jeden Tag viele Stunden in der Gesellschaft anderer autistischer Kinder. Bei seiner Studie sei es darum gegangen, die Kinder dazu zu bringen, sich so autistisch wie nur möglich zu verhalten, so daß Dan und John zu einem Urteil darüber gelangen konnten, ob das jeweilige Kind wirklich autistisch war und wenn ja, welche autistischen Symptome es zur Schau stellte. Tatsächlich habe er darauf gezielt, abnormes Verhalten auf den Plan zu rufen, um sich über das Vorhandensein oder Nichtvorhandensein eines Merkmals klarzuwerden.

Es war also ganz folgerichtig, daß Dan jetzt sagte: »Es wäre bestimmt nicht der richtige Weg, wollten wir uns dem autistischen Kind in *therapeutischer* Weise nähern. In unseren Augen ist gerade unsere Strategie geeignet, die Krankheit zu studieren.«

»Das mag schon sein«, sagte Dr. B., »aber mich stört, daß Sie sich nicht überlegen, ob das Verhalten Ihrer Assistentin nicht vielleicht von Einfluß auf Ihre Beobachtungen ist. Haben wir denn nicht gelernt, daß die Methoden, die wir zur Beobachtung eines Phänomens anwenden, das, was wir beobachten, verändern können?

Lassen Sie mich dazu ein Beispiel anführen. Als Freud *Totem und Tabu* schrieb, entwickelte er seine Vorstellungen von den Anfängen der menschlichen Gesellschaft auf der Grundlage der Beobachtungen des Primatenverhaltens, wie sie im Londoner Zoo vorgenommen worden waren. Dabei hatte man festgestellt, daß das dominante männliche Tier in der Gruppe allen übrigen Männchen den Zugang zu den weiblichen Tieren versagte. Diese Feststellung führte Freud zu der Annahme, daß der Urmensch sich ähnlich verhalten habe, und zu dem Schluß, daß die menschliche Gesellschaft ihren Anfang in der Gruppe der Brüder genommen habe, die sich zusammentaten und die dominante männliche Figur – den Vater – töteten, um sich den sexuellen Zugang zu den Frauen zu verschaffen.

Später, als die eher naturwissenschaftlich orientierten Forscher wie Lorenz, Tinbergen und andere anfingen, Tiere in ihrer natürlichen Umgebung zu beobachten, stellte sich heraus, daß bei den gleichen Primatenarten unter den Bedingungen der Wildnis alle männlichen Tiere relativ freien Zugang zu allen weiblichen Tieren hatten. Das heißt, die nichtdominanten männlichen Tiere erlebten nicht diese totale Frustration und hatten daher kaum einen Grund, das dominante Tier zu töten. Für mich ist damit eindeutig demonstriert, daß künstlich geschaffene Situationen wie diejenige im Zoo, wo Primaten auf kleinem Areal zusammengesperrt sind, übertriebene und ebenfalls künstliche Reaktionen hervorrufen. Schlüsse, die auf diesen künstlichen Reaktionen aufbauen, sind irrig; sie beziehen sich nämlich in Wahrheit nur auf diese ganz bestimmten und außergewöhnlichen Umstände.

Aus diesem Grunde meine ich, daß wir Kinder in ihrer natürlichen Umgebung beobachten müssen, wenn wir ihr Verhalten verstehen wollen. Künstlich geschaffene Situationen rufen beim allernormalsten Menschen abnormes Verhalten auf den Plan, gar nicht zu reden von autistischen Kindern, die so viel weniger imstande sind, sich an eine ungewohnte Umgebung anzupassen. Wenn Sie solche Kinder in eine Situation bringen, die ihnen verrückt und vielleicht auch feindselig erscheint – da hat man ihnen nun Bonbons von der Sorte, die sie besonders gerne mögen, in einem festverschlossenen Gefäß vor die Nase gestellt –, dann können diese Kinder auf eine derartige Situation nicht anders als verrückt reagieren. Wollen Sie diese armen Kinder denn absichtlich dazu bringen, daß sie sich noch abnormer verhalten als gewöhnlich?«

»Natürlich nicht«, sagte Dan, »nicht in dem Sinne, daß so eine Sitzung, wenn sie länger dauert, ihnen etwa Schaden zufügt. Allerdings wollen wir ganz bewußt alles autistische Verhalten auf den Plan rufen.«

»Ich will Sie nicht anklagen«, sagte Dr. B. »Viele Forscher betreiben ähnliche Studien. Aber es wäre mir lieb, wenn Sie einmal genauer darüber nachdächten. Hippokrates hat, wie Sie alle wissen, schon vor Jahrtausenden gefordert, daß der Arzt dem Kranken zumindest keinen zusätzlichen Schaden zufügen dürfe. Ich frage mich, warum diese angeblich wissenschaftlich solide Forschungsmethode in der Hand einer so freundlichen und wohlmeinenden Person, wie Sie es sind, so angelegt ist, daß sie einen zusätzlichen Schaden anrichten kann, so klein er auch sein mag.«

Da alle Anwesenden schwiegen, nahm ich die Diskussion von neuem auf. »Alle Eltern, die damit einverstanden sind, daß ihre gestörten Kinder an einem solchen Forschungsprojekt teilnehmen, erwarten sich davon Hilfe – oder erhoffen sie zumindest –, ob sie es nun deutlich aussprechen oder nicht. Die Eltern autistischer Kinder sind verzweifelt. Es ist eine schreckliche Diagnose, und es ist sehr schwer, mit einem autistischen Kind zu leben – es kann einem das Herz brechen. So tun die Eltern natürlich alles, von dem sie auch nur entfernt hoffen, daß es ihrem Kind helfen wird. Ich bin allerdings sicher, Sie sagen solchen Eltern, daß Ihr Forschungsprojekt dem Kind nicht unmittelbar nützen wird. Und wahrscheinlich geben Sie sich große Mühe, um den Unterschied zwischen Forschung und Behandlung deutlich zu machen.«

Dan nickte.

»Aber können die Eltern eines autistischen Kindes wirklich verstehen, was Sie ihnen da sagen? Was fangen Eltern, die verzweifelt nach Hilfe für ihr Kind suchen, mit der detaillierten Erklärung eines Forschungsvorhabens an, das mit aller Sorgfalt auf die Kriterien des *National Institute of Mental Health* oder der *Archives of General Psychiatry* zugeschnitten ist?«

»Vielleicht hat dieser Vater das Gefühl, daß die Lehrerin seinem Kind hilft, und die Lehrerin hat sich positiv über unser Projekt geäußert«, antwortete Dan. »Also läßt er das Kind teilnehmen, um der Lehrerin zu Gefallen zu sein.«

»Vielleicht«, meinte Dr. B. »Nun ist eine medizinische Fakultät ja nicht gerade die Umgebung, die den *Devil's Disciples* zusagen könnte. An einen solchen Ort kommen sie nur, wenn sie glauben, dort Hilfe für etwas zu bekommen, das weh tut – Hilfe, die sie anderswo nicht bekommen können.

Wie viele Probanden würden Sie wohl zusammenbekommen, wenn Sie den Eltern sagten, daß nicht nur nichts Positives für ihr Kind dabei herausspringen wird, sondern daß seine Teilnahme an Ihrem Projekt die Störung vorübergehend verstärken könnte? Dann würden Sie wahrscheinlich überhaupt keine Probanden bekommen. Aber Sie wären den Eltern gegenüber zumindest ehrlich.«

»Wir sagen den Eltern nicht, daß wir den Kindern helfen«, antwortete Dan. »Wir sagen ihnen aber auch nicht, daß unsere Methoden die Störung verschlimmern könnten. Manchmal geraten die Kinder tatsächlich in Aufregung, aber diese Beunruhigung hält nicht über das Ende der Sitzung hinaus an. Ich halte unsere Methoden für solide, weil wir ja nur nach dem Vorhandensein oder Nichtvorhandensein bestimmter devianter Verhaltensweisen suchen. Aber ich gebe Ihnen zu, daß die eigentliche Herausforderung, unabhängig davon, wonach man sucht, darin besteht, daß man auf irgendeine Weise dahinterkommt, was diese Kinder denken, ohne ihnen auch nur momentan zu nahe zu treten.« Dan sah Dr. B. an. »Welche Strategie würden Sie denn für ethisch gerechtfertigt halten? Würden Sie empfehlen, daß die beteiligten Erwachsenen sich dem Kind gegenüber so natürlich wie möglich geben?«

»Nicht notwendig *natürlich*«, antwortete Dr. B., »denn ich kenne Leute, die leider von Natur aus feindselig oder unbarmherzig sind. Aber für mich gibt es doch gar keinen Zweifel, daß wir uns im Umgang mit unglücklichen Menschen, die uns um Hilfe bitten oder überzeugt sind, daß das Helfen in unserer Absicht liegt, so *konstruktiv* wie nur irgend möglich verhalten müssen.

Jede Interaktion zwischen Menschen erfordert, daß diese Menschen aufeinander eingehen. Wenn eine Person dazu nicht bereit ist, dann ist es mit der Interaktion vorbei. Wenn Sie eine Assistentin in die Situation hineinbringen, dann ist sie für den Jungen Teil des Szenarios, in das Sie ihn gebeten haben; er kann sich nicht vorstellen, daß sie mit Rücksicht auf die Qualität des Forschungsvorhabens nicht reagieren kann. Sie ist Teil der Interaktion, auf die das Kind reagiert. Wenn die Assistentin getreu Ihren Anweisungen auf das Gezwicktwerden nicht reagiert, dann ist das Kind, das sich ja eine Reaktion von seiner Handlung erwartet, zutiefst frustriert.

Jeder von uns, die wir hier miteinander am Tisch sitzen, wäre frustriert und verwirrt, wenn er etwas unternähme, das dazu angetan wäre, eine starke Reaktion auszulösen, und daraufhin rein gar nichts passierte.«

»Vielleicht würde er dann sogar etwas noch Schlimmeres oder Destruktiveres tun, um nicht das Gefühl der totalen Ineffizienz zu haben«, sagte ich.

»Ja«, sagte Dr. B, »so geht es diesem Jungen auch. Die Situation ist ihm wahrscheinlich von vornherein unverständlich, denn Ihre erste Handlung bestand ja darin, ihm das Glas mit den schönen Bonbons vor die Nase zu stellen und dann den Deckel geschlossen zu halten. Natürlich hätte seine Mutter ihm geholfen, wenn er darum gebeten hätte, aber können Sie von einem autistischen Jungen wirklich erwarten, daß er das tut? Wenn seine aggressive Handlung keine Reaktion hervorruft, wird die Situation ihm noch unverständlicher. Frustriert und unfähig, irgendein Echo hervorzurufen, hat der Junge auf die einzige Weise reagiert, die ihm einfiel: Er hat den Vorhang heruntergerissen und ist aus dem Zimmer gerannt. Warum er nun ausgerechnet den Vorhang heruntergerissen hat, kann ich nicht sagen, aber ich wette, er hatte Gründe dafür.«

»Sie sehen die Dinge von der Warte des Therapeuten«, sagte Dan, »und Therapie ist ein schrittweiser Prozeß. Wenn in der Therapie etwas ganz und gar Unerwartetes geschieht, muß der Therapeut die Sache eben anders angehen. Aber in der Forschung müssen wir in klaren und separierten Einheiten vorgehen, so daß neue Erkenntnisse auf dem aufbauen können, was wir bereits wissen.«

»Dieser Gedanke, daß jede neue Erkenntnis auf den vorangegangenen Erkenntnissen aufbaut, ist abhängig vom Forschungsziel«, sagte Dr. B. »Aber meine Kritik ist härter. Ist diese Untersuchung ethisch gerechtfertigt? Sie bringen ein Kind, das per definitionem in seiner Beziehungsfähigkeit gestört ist, in eine Situation, in der nach der Erwartung der Eltern – und vielleicht auch nach der Erwartung des Kindes – etwas geschehen wird, das ihm hilft. Dann, bevor noch irgend etwas geschieht, verkündet die Assistentin durch ihr Verhalten, daß sie, was immer passieren mag, in keinerlei Beziehung eintreten wird. Ich weiß, daß das der routinemäßige Rahmen ist, wenn Forscher mit gestörten Kindern arbeiten. Aber trotzdem schockiert es mich. Und deshalb möchte ich gerne wissen, was Sie davon halten. Habe ich mich klar ausgedrückt?«

Dan schien unglücklich. Er sah Dr. B. offen ins Gesicht: »Es ist mir völlig klar.«

»Was mich verblüfft, ist, daß Ihr Team anscheinend glaubt, daß man Verbundenheit, Beziehungswilligkeit – oder ihr Nichtvorhandensein – dadurch studieren kann, daß man in *keine* Beziehung zum Probanden eintritt«, fuhr Dr. B. fort. »Sie behaupten zudem, daß es sich dabei um eine harmlose, neutrale Sache handelt. Sie wissen ja, daß es Komitees gibt, die derartige Forschungsvorhaben unter die Lupe nehmen und die Gewähr dafür verlangen, daß wir vor Beginn unserer Forschungen sicherstellen, daß den beteiligten Menschen kein Schaden entsteht oder aber daß diese Menschen in aller Ausführlichkeit gewarnt werden. Dennoch sind viele Verhaltensforscher der irrigen Meinung, ihre Untersuchungen seien immer unschädlich. Und hier wird ein autistisches Kind einer frustrierenden Situation ausgesetzt, und den Eltern wird nicht gesagt, daß diese Situation Schaden anrichten kann, wenn auch nur vorübergehend.«

»Wie sollte ich denn erreichen, daß dieser Junge begreift, was ich vorhabe, und auf dieser Grundlage seine Zustimmung dazu gibt?« fragte Dan. »Er ist acht Jahre alt, aber von seiner geistigen Entwicklung her kaum ein Zweijähriger. Es ist üblich, und der Staat läßt es zu, daß in solchen Fällen die Eltern als die rechtlichen Vertreter des minderjährigen Kindes ihre Einwilligung geben.«

»Natürlich«, sagte Dr. B, »aber wenn ein Kind zur Psychotherapie kommt oder eine aufwendige ärztliche Behandlung braucht, dann *versuchen* Sie doch wenigstens zu erklären, was Sie tun wollen und warum Sie es tun wollen. Aber bei diesem Experiment habe ich den Eindruck, daß der Junge sich sagen mußte – natürlich nur so vage, wie ein autistisches Kind sich solche Dinge zu sagen vermag –, daß die Umgebung, in die man ihn gebracht hatte, ihn nur noch tiefer in seine emotionale Isolation zurückstoßen würde. Denn in dieser Umgebung handelten die Menschen in einer Weise, die ihn, wie sein Verhalten ja deutlich zeigt, noch stärker frustrierte.«

Gina meldete Bedenken an. »Sie glauben doch wohl nicht wirklich, daß autistische Kinder das wahrnehmen können?«

»Ich weiß nicht, was sie wahrnehmen, Dr. Andretti, und was im Kopf dieses Kindes vorging«, antwortete Dr. B., »aber ich bin verpflichtet, im Zweifel das für ihn Positive und Günstige anzunehmen. Und deshalb würde ich versuchen, wie ich schon sagte, ihm mein Vorgehen zu erklären.

Lionel Trilling lobt die Psychoanalyse, weil sie verlangt, daß wir unsere Zweifel über Bord werfen. Freud, so sagt er, habe uns gelehrt, uns von unserer Ungläubigkeit zu verabschieden – von unserer Weigerung zu glauben, daß unsere – neurotischen, psychotischen oder autistischen – Patienten intelligent bzw. absichtsvoll handeln. Ich glaube, wir müssen immer von der Annahme ausgehen, daß die Gedanken und Handlungen dieser anderen Person es wert sind, so positiv wie möglich betrachtet zu werden.

Und wenn das so ist, dann müssen wir doch zumindest die Möglichkeit in Betracht ziehen, daß das autistische Kind sehr wohl wahrnimmt, was um es herum vorgeht, sofern es sich um Dinge handelt, die es ganz direkt und hautnah betreffen. Deshalb habe ich ernsthafte Zweifel, was die Solidität und Moralität von Forschungsmethoden angeht, die davon ausgehen, daß das autistische Kind nicht absichtsvoll handelt und das, was man mit ihm macht, nicht sehr stark empfindet.«

»Glauben Sie wirklich, daß man die Gefühle eines Kindes verletzen kann, das so gestört ist?« fragte Jason.

In diesem Augenblick schien Dan zu begreifen, worauf Dr. B. hinauswollte. Er wandte sich nämlich an Jason und sagte: »Es wird das, was da vorgeht, mit Sicherheit als frustrierend empfinden.«

»Ich bin froh, daß Sie das sagen«, sagte Dr. B., »denn wenn wir uns auch bei einem Kind wie Luke niemals absolut sicher sein können, ist es doch sehr gut möglich, daß er jetzt, nach dieser Erfahrung mit Ihnen – also nach einer Situation, von der er sich möglicherweise nur Positives erhofft und versprochen hat und in der er im Gegenteil derartig vor den Kopf gestoßen worden ist –, zu dem Schluß kommt, daß die Welt noch schlimmer ist, als er gedacht und gefürchtet hat.«

»Dem kann ich nicht zustimmen«, sagte Dan. »Ich glaube nicht, daß dieser Junge auch nur die geringste Vorstellung davon hat, daß er sich unter Umständen in einer therapeutischen Situation befindet oder als Forschungsgegenstand fungiert. Ich tue nichts, was das Kind oder seine Eltern auf diesen Gedanken bringen könnte. Und ich kann auch Ihren Gedanken nicht akzeptieren, daß dieser Junge, obwohl er von seinem geistigen Entwicklungsstand her eine Erklärung gar nicht verstehen würde, gespürt haben könnte – wenn auch nur sehr vage –, daß hinter diesen Bemühungen, ihm die Dinge zu erklären, so etwas wie die Achtung vor ihm als Person stand. Tatsächlich hoffen alle Mitglieder unseres Teams, daß wir mit dem, was wir tun, autistischen Kindern und ihren Eltern helfen werden. So interessiert sich das Team zum Beispiel auch für die Frage, wie sich autistische von retardierten Kindern unterscheiden...«

Hier unterbrach Dr. B.: »Solche Vergleiche interessieren mich nicht, solange ich nicht weiß, zu welchem Zweck sie angestellt werden.«

»Wir erhoffen uns davon Hinweise darauf, wie man diese Kinder in der Schule erziehen und behandeln könnte.«

Dr. B.s Antwort überraschte uns alle. »Niemand weiß, wie diese Kinder zu behandeln sind.«

»Aber Sie selbst haben autistische Kinder doch durchaus mit Erfolg behandelt«, sagte Dan, und seiner Stimme war seine Verwunderung anzumerken.

»Wir haben getan, was wir konnten, Dr. Berenson«, antwortete Dr. B. »In einigen Fällen leider nur mit begrenztem Erfolg. Aber was die Therapeuten und Kliniker heute mit autistischen Kindern oder für diese Kinder tun, sollte doch auf dem wenigen aufbauen, was wir tatsächlich über sie wissen. Kanner hat in der allerersten Beschreibung des frühkindlichen Autismus darauf aufmerksam gemacht, daß diese Kinder an einer primären Störung ihrer Beziehungsfähigkeit leiden. Ist es nicht sinnvoll, sich diesen Kindern mit dem Gedanken zu nähern, daß unsere allererste Aufgabe darin besteht, diese Störung zu reduzieren? Das können wir, indem wir alle nur denkbaren Anstrengungen unternehmen, in Kontakt mit ihnen zu kommen, so daß sie, auch wenn es seine Zeit dauert, irgendwann vielleicht imstande sind, ihrerseits den Kontakt zu uns zu suchen. Eben das haben wir mit den autistischen Kindern an der *Orthogenic School* versucht, und in einem gewissen Umfang haben wir damit in allen Fällen Erfolg gehabt. Aber wie gesagt – in manchen Fällen war es nur ein sehr begrenzter Erfolg.«

»Für mich ist das, was Professor Bettelheim über die Störung der Beziehungsfähigkeit sagt, so etwas wie ein Sichverstecken hinter der Sprache«, sagte Dan. »Die ›Störung der Beziehungsfähigkeit‹ – das ist doch ein sehr abstraktes Konzept. Was ich versuche, ist eine Beschreibung und Kategorisierung dessen, was diese Kinder tun. Sie tun Dinge auf sehr spezifische und sehr unterschiedliche Weise. Ich möchte in einer großen Gruppe von Kindern mit vielen verschiedenen Formen manifester Störungen – also nicht nur Kindern, die an Autismus oder, wie wir das breite Spektrum dieser Störungen heute nennen, an einer ›pervasiven Entwicklungsverzögerung‹ leiden – eine Untergruppe identifizieren, deren gemeinsames Kennzeichen möglicherweise ein bestimmter biochemischer Defekt ist.«

»Was mich stört, ist nicht, daß Sie letzten Endes auf der Suche nach einem biochemischen Defekt sind«, sagte Dr. B. »Selbstverständlich müssen wir jeden nur denkbaren Weg verfolgen, an dessen Ende sich die Möglichkeit bieten könnte, diese Kinder erfolgreicher zu behandeln. Aber ich habe etwas gegen die Art und Weise, wie Sie mit Luke als Ihrem Forschungsgegenstand umgegangen sind.« Dr. B. nahm die Brille ab, rieb sich die Augen und sagte nichts weiter.

Einen Augenblick lang herrschte Schweigen; dann sagte Dan: »Sie bringen immer wieder das therapeutische Anliegen zur Sprache. Wir beide verfolgen eben verschiedene Dinge. Ich versuche ganz einfach, ihn in bestimmten Aspekten zu verstehen, ohne ihn zu verletzen – und ich glaube wirklich nicht, daß das, was ich tue, ihn verletzt. Ich habe das Gefühl, Sie wollen auf etwas anderes hinaus.«

»Dr. Berenson, ich glaube, Sie geraten in diese Situation, weil Sie sich nicht gestatten zu fragen, was diese Untersuchungen dem Patienten zufügen«, antwortete Dr. B. »Dieses Abblocken Ihrer Wahrnehmung ist die Folge Ihrer eigenen Angst. Damit müssen sich alle Therapeuten herumschlagen. Die Angst setzt schon bei der Geburt ein, denn keine Mutter bringt es fertig, sich die Qualen wirklich vorzustellen, die ihr Kind erleidet – sie muß sich davon distanzieren. Deshalb wachsen wir alle in der Überzeugung auf, daß die Welt für unsere wirklichen Bedürfnisse keine Antenne hat. Die Welt zeigt ein Echo, wenn es um oberflächliche Dinge geht, aber was unsere wahren und tiefinnerlichsten Bedürfnisse angeht, sind wir ganz und gar allein. Nennen Sie es ›existentielle Verzweiflung‹ oder erfinden Sie eine andere schöne Bezeichnung dafür. Es nimmt seinen Anfang tatsächlich mit dem Beginn unseres Lebens, und von da an erfahren wir immer wieder, daß die Welt und die Menschen kein Echo für uns haben. Sie haben ein Echo nur für die eigenen Ängste. Da haben Sie die ›autistische Position‹.

Sehen Sie«, fuhr Dr. B. fort, »wir könnten unsere Auseinandersetzung noch lange fortführen, ohne daß viel dabei herauskäme. Die Zeit wird knapp; ich möchte deshalb lieber auf etwas zu sprechen kommen, was ich innerhalb dieses ganzen Themas für besonders wichtig halte. Nach meinem Gefühl spiegeln sich in diesen Experimenten unsere Reaktionen, unser inneres Echo auf die schreckliche Ablehnung, die diese Kinder der Welt und uns entgegensetzen. Und weiter spiegelt sich darin die schreckliche Angst, die hinter allem liegt, was diese Kinder tun oder sich verbieten. Ich spreche über Reaktionen, die ich an mir selbst erfahren habe, als ich in den dreißiger Jahren in Wien ein autistisches Kind, eine Amerikanerin, bei mir aufnahm. Ich konnte diese Reaktionen erst nach vielen Monaten des vertrauten Zusammenlebens mit diesem Mädchen überwinden, dann nämlich, als ich mich endlich wirklich in sie einfühlen konnte.

Die Mutter hatte das Mädchen zu Jean Piaget gebracht, der allerdings nicht mit gestörten Kindern arbeitete und sie daher nach Wien zu Sigmund Freud schickte. Freud wiederum verwies sie an seine Tochter Anna, die damals gerade angefangen hatte, psychoanalytisch mit Kindern zu arbeiten. Anna Freud sagte der Mutter nach einem Gespräch mit dem kleinen Mädchen, eine Analyse in der Form, wie sie sie soeben entwickele, sei nicht geeignet, dem Kind zu helfen. Besser wäre es, wenn das Kind tagein tagaus, jahrein jahraus in einer nach psychoanalytischen Grundsätzen organisierten Umgebung leben könnte. Nach einigem Zögern ließ ich mich zusammen mit meiner ersten Frau, die an Anna Freuds Arbeit beteiligt war, auf das Unternehmen ein. Es war in vieler Hinsicht ein Erfolg, wenn das Kind zunächst auch viele Monate lang auf nichts ansprach. Ich habe eine

Menge über die Störung dieses Mädchens auch dadurch gelernt, daß ich auf meine eigenen inneren Reaktionen achtete.

Meine ersten Reaktionen waren die gleichen, die ich Jahre später auch bei meinen Mitarbeitern an der *Orthogenic School* beobachtete, wenn sie anfingen, mit autistischen Kindern zu arbeiten. Zur Empathie mit dem jeweiligen Kind waren sie erst nach einer längeren Phase des Zusammenlebens imstande. Dann allerdings verschwand die Angst, und an ihre Stelle trat das einfühlsame Verständnis für die schreckliche Situation dieser Kinder.«

Dr. B. schwieg einen Augenblick, sah in die Runde und fuhr dann fort: »Ich glaube, ich darf Ihre Zeit ruhig dafür in Anspruch nehmen, über diese Dinge zu sprechen. Es sind ja unsere inneren Reaktionen auf schwer gestörte Patienten, die uns und die ganze Welt so vollkommen ablehnen, die unser Verhalten ihnen gegenüber prägen, ob wir ihnen nun im Rahmen eines Forschungsprojekts oder als Therapeuten gegenübertreten. Wenn sie nicht diese tief unbewußte Angst und Ablehnung in uns wachriefen, könnten wir ihnen viel besser helfen, als uns das bisher gelungen ist. Aber wir machen uns nur selten klar, was da in unserem Unbewußten vor sich geht, denn auf der bewußten Ebene müssen und wollen wir diese Kinder ja akzeptieren, gleichgültig, was sie tun.

Andererseits haben wir auch den Wunsch, uns zu distanzieren und uns gerade nicht unmittelbar in das autistische Kind einzufühlen. Wir möchten diese Kinder als eine andere Spezies ansehen, zum Beispiel eher äffisch als menschlich reagierend. Wenn wir autistische Kinder als Menschen wie du und ich betrachten, dann erkennen wir die potentielle Gefahr, daß wir auch unsererseits in den Autismus fallen oder doch ein autistisches Element in unserer Ausstattung tragen könnten. Diese Gefahr erschreckt uns so sehr, daß wir sie unbedingt leugnen möchten. In dieser Absicht verhalten wir uns so, als gehörten diese Kinder einer anderen Spezies an. Wir gestatten uns nicht, das bewußt zu denken, aber in der Art unseres Umgangs mit ihnen kommt unsere Überzeugung zum Ausdruck, daß uns doch ein generischer Unterschied von ihnen trennt.

Freud war überzeugt, daß alle Menschen einander in den wirklich wichtigen Aspekten glichen und sich nur graduell voneinander unterschieden. Seine Sicht der Geisteskrankheit war eine radikal neue, denn im Verlauf der ganzen Geschichte und bis in seine Zeit hinein waren geisteskranke Menschen als grundsätzlich verschieden von den sogenannten normalen Menschen betrachtet worden. Wir verdanken es Freud, daß wir insoweit einen großen Schritt vorwärts getan haben. Heute wird der Gedanke weithin akzeptiert, daß uns mit geisteskranken und emotional gestörten Menschen vieles verbindet. Aber wenn die Störung so schwerwiegend ist wie im Fall autistischer Kinder, dann verbindet sich die verbreitete Überzeugung, daß Kinder generell nicht allzuviel verstehen, mit unserem Wunsch, uns vor der Erkenntnis zu schützen, wieviel wir doch mit ihnen gemeinsam haben. Eben deshalb gehen viele Forscher und Kliniker davon aus, daß diese Kinder nicht in der gleichen Weise wie wir auf die Vorgänge in ihrem Umfeld reagieren können.

Geistesgestörten Menschen gerecht zu werden, menschliche Wesen in ihnen zu sehen, gelingt uns am besten, wenn wir uns eingestehen: Es hätte ebensogut auch mich treffen können. Wir müssen uns sagen, daß uns ja durchaus ein böses Geschick hätte ereilen können, so daß wir ›geworden wären wie sie‹.

Wir können nur dann allmählich begreifen, was im Kopf eines autistischen Kindes vorgeht, wenn es uns gelingt, uns in einem gewissen Umfang in dieses Kind einzufühlen. Die Frage muß lauten: ›Wie wäre mir zumute und wie würde ich reagieren, wenn ich in seiner Situation wäre?‹ Wenn Sie sich im Geist einmal selbst in die beschriebene Situation projizieren, auf die dieser autistische Junge reagierte, dann, glaube ich, werden auch Sie sich schrecklich verwirrt und ausgenutzt fühlen.

In diesem Zusammenhang ist es vielleicht nützlich, sich daran zu erinnern, wie die Psychoanalyse überhaupt entstanden ist. Freud wußte schon einiges über Neurosen und hysterische Symptome, bevor er die psychoanalytische Behandlungsmethode erfand. Aber was die *Behandlung* neurotischer und hysterischer Patienten anging, so kam Freud trotz seines Genies nicht recht voran. Erst nachdem er sich selbst einer Analyse unterzogen und über einen längeren Zeitraum hinweg die eigenen Träume analysiert hatte, wurde ihm klar, was ein Patient in der Psychoanalyse erleben konnte. Erst nachdem er gelernt hatte, die eigenen Träume zu analysieren, gelang ihm auch die befriedigende Analyse der Träume seiner Patienten. Seine persönlichen Erfahrungen mit den Phänomenen von Widerstand und Abwehr machten es ihm möglich, sich in die Patienten, die er später analysierte, wirklich einzufühlen, und das machte die Psychoanalyse so erfolgreich. Auf der Basis seiner eigenen Erfahrung beharrte Freud darauf, daß, wer Psychoanalytiker werden wolle, sich zunächst einer Selbstanalyse unterziehen müsse.

Sie haben mich oft sagen hören, daß sich der Ausgang des Behandlungsprozesses in vielen Fällen durch das bestimmt, was bei unserer ersten Begegnung mit dem Patienten geschieht. Deshalb ist mir so deutlich im Gedächtnis geblieben, was Dan Berenson uns als erstes über den Jungen erzählt hat, nämlich daß er ›seine ganze Umgebung demoliert‹. Diese übertriebene Schilderung dessen, was der Junge wirklich getan hat – er hat den Vorhang heruntergerissen –, läßt sich nur mit der unbewußten Angst erklären, die uns alle verleitet, gelegentlich die Fakten übertrieben darzustellen, um uns eben diese Angst gerechtfertigt erscheinen zu lassen. Mit dieser Ausdrucksweise bietet sich zugleich eine Form der intellektuellen Kategorisierung an, die es den Forschern möglich macht, ihre Reaktionen auf das aggressive Verhalten des Jungen in Schach zu halten. Natürlich ist ihnen nicht bewußt, daß sie die beobachteten Daten in dieser Weise übertreiben.

All das hat nicht allein mit der Hilflosigkeit und der Angst zu tun, die wir alle in Gegenwart solcher schwer gestörter Kinder empfinden, sondern auch mit der abgrundtiefen Verzweiflung, die, wie wir spüren, aus dem Unbewußten dieser Kinder spricht und die wir als ihre potentiell extreme Destruktivität erfahren. Die Zurückweisung der Welt ist für diese Kinder gleichbedeutend mit ihrer Zerstörung. Wir erleben ihre Zurückweisung und ihre destruktiven Phantasien in der Tat als Destruktivität. Das alles hat nichts oder doch nur sehr wenig mit der Realität zu tun; es hat vielmehr mit den unbewußten Prozessen des Kindes und unserer unbewußten Reaktion darauf zu tun. Wir sind zwar überzeugt, das Kind ganz unvoreingenommen zu beobachten, tatsächlich wird aber unser Bild dessen, was vorgeht, durch unsere inneren Reaktionen verzerrt. Das ist der Punkt, der mich in diesem ganzen Zusammenhang am stärksten beschäftigt und auf den ich Sie aufmerksam machen möchte.«

»Da fällt mir etwas ein, was vor ein paar Monaten bei einem unserer Seminare herauskam«, sagte ich. »Eine Schule klagte über einen neunjährigen Schüler, der schwere Steine auf den Schulhof geworfen und andere Kinder damit in Lebensgefahr gebracht hatte. Seine Mutter, die verständlicherweise sehr erbost darüber war, brachte ihn zu uns in die Ambulanz.

Bevor wir im Seminar über diesen Fall sprachen, hatte sich offensichtlich niemand Gedanken darüber gemacht, ob die Lehrer nicht aus Angst das Verhalten dieses Jungen stark übertrieben hatten, etwa so wie Dan, dessen Patient ›die ganze Umgebung demoliert‹ hat. Erst als wir uns fragten, was denn diese angeblich so schweren Steine auf einem Schulhof verloren hätten und wie es möglich sei, daß ein so kleiner Junge sie überhaupt heben könnte, vom Werfen über große Entfernungen gar nicht zu reden – erst dann stellte sich heraus, daß er gar nicht mit schweren Brocken, sondern mit Kieselsteinen um sich geworfen hatte.

Nun können zwar auch Kiesel großen Schaden anrichten, sie können einen Menschen sogar das Augenlicht kosten. Aber das kommt selten vor. Interessant an diesem Fall war aber, daß wir, nachdem uns die angebliche ›extreme Gewalttätigkeit‹ dieses Jungen nicht länger beunruhigte, unsere Empathie ungehindert zum Zuge kommen lassen konnten, was unsere Vorstellung von diesem Jungen und seinen Untaten radikal veränderte. Jetzt erschien er uns nicht länger als ein Monster, das seine nichtsahnenden Kameraden womöglich ermorden würde.

Wenn ich mir überlege, was wir über dieses Kind erfuhren, dann nehme ich an, daß er wahrscheinlich wirklich Mordabsichten hatte, als er mit den Steinen warf, und daß wir unbewußt auf seine Phantasien reagierten und sie in unserer Vorstellung zur Realität transformierten. Darüber versäumten wir es, der Frage nachzugehen, was sich auf dem Schulhof wirklich ereignet hatte und wodurch die heftige Wut dieses Jungen ausgelöst worden war. Ich glaube, zu den größten Problemen, mit denen Patienten zur Psychotherapie kommen, gehört die Rage. Es ist nicht nur unsere Angst, die unsere Sicht der Gegebenheiten verzerrt. Es sind auch weit subtilere unbewußte Prozesse, die uns in die Irre führen, Prozesse, die nach meiner Überzeugung mit unserem Engagement für die Psychotherapie verflochten sind. Unser Beruf erfordert es, daß wir Menschen in schwerer innerer Not zu Hilfe kommen, sei es in der Forschung oder in der Therapie. Als Forschern geht es uns darum, zukünftigen Patienten mit unseren Erkenntnissen zu helfen. Als Therapeuten versuchen wir dem Patienten zu helfen, der zur Behandlung kommt oder gebracht worden ist. Wir fühlen uns unserer Arbeit zutiefst verpflichtet, und es war in der Regel ja auch diese Verpflichtung, die uns dieses Gebiet hat wählen lassen. Wenn wir feststellen, daß wir einem schwer gestörten Patienten, zum Beispiel einem autistischen Kind, nicht helfen können, dann sehen wir uns in unserem Können in Frage gestellt und müssen erkennen, wie rasch wir angesichts schwerer psychisch-geistiger Erkrankung an Grenzen stoßen. Diese frustrierende Erfahrung kann feindselige Gefühle wecken, und dann erscheint uns der Patient, der uns dieses Unbehagen eingetragen hat, unter Umständen schlimmer, als er wirklich ist.«

An diesem Punkt schaltete sich Dr. B. wieder ein. »Freud hatte seine Zweifel, ob die Ausbildung zum Mediziner für den zukünftigen Psychoanalytiker überhaupt von Vorteil sei. Auf *einen* großen Vorzug, den der Mediziner genießt, hat er allerdings aufmerksam gemacht: Trotz allem, was er weiß und tut, trotz allem Engagement und aller ehrlichen Hoffnung muß der Mediziner immer wieder die Erfahrung machen, daß ihm ein Patient stirbt. Das heißt, Ärzte müssen lernen, daß sie bei aller Anstrengung nicht immer Erfolg haben. Diese wiederholte Lektion sorgt dafür, daß sie sich nicht von Selbstzweifeln überwältigen lassen.

Unsere spontane und oft unbewußte Verärgerung darüber, daß autistische Kinder uns als Therapeuten so außer Gefecht setzen können, ist schwer zu verkraften. Das heißt, es fordert uns einiges ab, diese Kinder nicht als schlimmer anzusehen, als sie sind – etwas, was ja immerhin unsere Hilflosigkeit im Umgang mit ihnen rechtfertigen könnte.

Aber lassen Sie mich noch einmal die Fakten wiederholen, damit uns wieder präsent wird, was Dan Berenson zu der Aussage verleitete, der Junge habe ›die Umgebung demoliert‹: Tatsächlich hat er nichts anderes getan, als jemanden zu zwicken, dessen Nichtreaktion er vermutlich als Gleichgültigkeit gegenüber seinem Elend oder vielleicht sogar als Gegnerschaft oder Feindseligkeit erfuhr. Dann hat er den Vorhang von der Stange gerissen und versucht wegzulaufen.

Wir können nicht annehmen, daß ein autistisches Kind das, was in seiner Umgebung vorgeht, zutreffend und vernünftig einordnet. Vielmehr müssen wir davon ausgehen, daß es in erster Linie oder sogar ausschließlich auf das reagiert, was in seinem Unbewußten vorgeht, und auf dieser Ebene heftig auf die unbewußten Botschaften von seiten anderer Menschen eingeht. Eben deshalb ist es so wichtig, daß wir als Therapeuten sorgfältig auf unsere Reaktionen und unser Verhalten solchen Kindern gegenüber achten.«

Dan und die übrigen Anwesenden hingen diesen Bemerkungen eine Weile nach, ohne daß ein Wort fiel. Schließlich war es Gina, die das Schweigen brach. »Was Sie da verlangen, ist doch fast unmöglich – daß jeder sich seiner eigenen Haltung so deutlich bewußt ist, daß er nicht einmal ein autistisches Kind vor den Kopf stößt.«

»Nicht unbedingt«, antwortete Dr. B., »und bestimmt erwarte ich dieses feine Gespür nicht von jedem, Dr. Andretti. Aber immerhin steht es für mich doch fest, daß diejenigen, die sich nun einmal entschlossen haben, mit solchen Kindern zu arbeiten, sich ihrer eigenen Reaktionen bewußt sein müssen. Das ist ja auch der Grund, weshalb Freud verlangte, daß jeder zukünftige Analytiker sich zunächst einmal selbst einer ausführlichen und intensiven Analyse unterziehen müsse. Der Analytiker muß sich mit seinen bewußten Einstellungen *und* mit seinen unbewußten Prozessen vertraut machen.«

»Ich bitte um Entschuldigung, wenn ich auf den Dingen herumreite«, sagte ich, »aber dieser Punkt ist nun einmal wichtig, egal ob Sie der Meinung sind, daß es frühe persönliche Erfahrungen sind, die Autismus verursachen, ob Sie ein genetisches und biochemisches Modell im Auge haben oder ob Sie – wie ich – der Meinung sind, daß beide Einflüsse zusammenkommen, daß es aber die biologischen Faktoren sind, die den eigentlichen Nährboden des Autismus bilden. Ich glaube, daß in den fünfziger, sechziger und siebziger Jahren viele Psychiater und Psychoanalytiker die Rolle der organischen Faktoren im Rahmen schwerer seelisch-geistiger Störungen unterschätzten. Die biologischen Ansätze wurden schließlich begrüßt, weil sie ein Gegengewicht zur Überbetonung der Rolle von Umwelt, Mitmenschen und Erfahrungen darstellten. Und die Psychopharmakologie hat uns neue und konstruktive Möglichkeiten der Intervention eröffnet. Ich fürchte, inzwischen schwingt das Pendel schon wieder zu stark in diese Richtung. Heute sehen viele namhafte Psychiater in jedem emotionalen Mißbehagen einen biologischen Zustand oder ein chemisches Ungleichgewicht. Sie unterschätzen die Rolle der Umgebung, der sozialen Faktoren und der persönlichen Erfahrungen im psychopathologischen Spektrum.

Aber unabhängig davon, an welcher psychischen oder emotionalen Störung unser Patient leidet – wenn wir es zulassen, daß unsere Angst ins Spiel kommt und uns überwältigt, dann werden alle unsere Reaktionen verzerrt ausfallen. Was der Patient dann tut oder nicht tut, ist sehr weitgehend in seiner Reaktion auf unsere Angst begründet. Und eben diese Angst weckt leider unweigerlich die unangenehmsten Seiten solcher Patienten. Bei fast allen menschlichen Interaktionen holt Angst immer das Negative heraus.

Überlegen Sie zum Beispiel einmal, warum ein Patient gefährlich wird. In vielen Fällen liegt der Grund darin, daß er spürt: ›Meine Betreuer haben Angst vor mir.‹ Unsere unbewußte Angst erreicht den Patienten als die Botschaft, daß wir ihn für ein Monster halten. Seine Reaktion ist folgerichtig: Aus Verärgerung darüber, daß wir so beleidigend und schlecht von ihm denken, gibt er unserem Unbewußten sozusagen recht und entspricht unseren Erwartungen. Seine Handlungen überzeugen wiederum uns davon, daß unsere Angst durchaus berechtigt war, und dabei merken wir überhaupt nicht, daß es ja eben diese unsere uneingestandene Angst war, die ihm die Botschaft vermittelte: ›Unserer Meinung nach bist du jemand, der imstande ist, sich scheußlich zu benehmen.‹ Das hat seine Reaktion provoziert, die ihm als Potential eindeutig zu Gebote stand. Das ist es, worüber wir letzte Woche im Zusammenhang mit Bobbys Fall sprachen, den Saul uns vorgestellt hat.

Wenn wir uns andererseits wirklich in sein Elend einfühlen und mitempfinden können, was ihn motiviert, dann werden unsere Augen und unsere Miene ihm eine völlig andere Reaktion und Einstellung ihm gegenüber zeigen. Aber dieses Mitempfinden aufzubringen kann schwierig sein.«

»Das autistische Kind hat große Angst vor der Zurückweisung, die es in unserem Gesicht entdecken könnte«, sagte Dr. B. »Deshalb dürfen wir nicht tun, was Dan Berensons Assistentin, wie wir hören, zu tun angewiesen war – wir dürfen uns nicht aktiv einer Reaktion enthalten, wenn wir spüren, daß da etwas von ihm kommt – sei es Feindseligkeit, sei es Zurückweisung oder sei es, daß das Kind uns zwickt. Das autistische Kind kann diese totale Nichtreaktion nur als Zurückweisung seiner Person oder als einen Hinweis darauf deuten, daß die Assistentin ein Monster in ihm sieht.«

»Da fällt mir ein«, sagte Dan, »ich habe vergessen zu sagen, daß meine Assistentin in diesem speziellen Fall schließlich doch reagierte. Als der Junge sie zum zweitenmal zwickte, sagte sie: ›Hör auf! Das tut mir weh!‹ und schob ihn von sich weg. Damit setzte sie der Interaktion ein Ende.«

»Ich will nicht bestreiten, daß das eine ganz natürliche Reaktion war«, sagte Dr. B. »Aber war diese Reaktion angemessen, wenn man an Ihre Zwecke und an die Situation denkt, in der sich die beiden befanden?«

»Nein, das war sie nicht, und das sollte sie auch nicht sein. Sie zeigte dem Kind, das hier ja schließlich der Forschungsgegenstand ist, daß wir Gefühle haben, ebenso wie dieses Kind vielleicht auch Gefühle hat. Es war eine ehrliche menschliche Reaktion auf das Gezwicktwerden. Man sagt nicht, daß man so etwas mag, wenn es nicht stimmt.«

»Es mag sehr wohl eine ehrliche Reaktion gewesen sein, Herr Berenson. Aber ich bezweifle doch, daß wir sie als angemessen bezeichnen können. Schließlich waren Sie es, der das Kind in eine Situation brachte, die es dazu anstachelte, Ihre Assistentin zu zwicken. Daraufhin sagte sie: ›Hör auf!‹ So weit, so gut. Aber was hätten Sie denn getan, wenn der Junge imstande gewesen wäre zu sagen: ›Jetzt machen Sie doch mal Schluß mit dieser Prozedur! Das geht mir auf die Nerven!‹ Hätten Sie dann aufgehört?

Hatte dieser Junge denn nicht zumindest ein Anrecht auf die Feststellung, daß es die frustrierende Situation war, in die Sie ihn brachten, die ihn zu dem Versuch provozierte, es Ihnen heimzuzahlen? Sie sagen, daß Sie es durchaus in Ordnung finden, daß die Assistentin menschliche Gefühle hat und sie äußert. Warum wollen Sie das gleiche Recht nicht auch diesem Jungen zugestehen? Hat er nicht Gefühle, die er zum Ausdruck gebracht hat?«

Weder Dan noch einer der übrigen Anwesenden antwortete. So fuhr Dr. B. fort: »Ich will Ihnen etwas erzählen, was ich mit einem psychotischen Jungen erlebt habe. Er hatte mein Sprechzimmer kaum betreten, da öffnete er als erstes die Tür zu einem Nebenraum und ging hinein. Da ich nicht reagierte, sondern stillschweigend akzeptierte, was er tat, näherte er sich schließlich meinem Schreibtisch, zog schweigend eine Schublade nach der anderen auf und sah hinein. Was würden Sie sagen oder tun, wenn Ihnen so etwas passierte?

Die meisten Psychiater würden sagen: ›Setz dich doch hin, wir wollen uns unterhalten‹, oder so ähnlich, und das würde nicht viel bewirken. Wenn Sie zufällig wüßten, was der Junge sucht, könnten Sie ihm eine Interpretation liefern, die ihm zeigt, daß Sie seine Motive verstehen und anerkennen. Aber dazu bedarf es eines Maßes an Intuition, wie es die meisten Psychiater nicht aufbringen und wie auch ich es damals nicht aufbrachte.

Ich wußte also nicht, warum der Junge so handelte, aber ich war doch überzeugt, daß er gute Gründe dafür haben müsse. Ich beschloß, den Kontakt mit ihm in einer Weise zu begründen, die meinen Zwecken dienlich wäre, und ihm zu zeigen, daß ich das, was er tat, durchaus positiv betrachtete. Also sagte ich: ›Du hast vollkommen recht. Hier muß man ja nach versteckten Sachen suchen.‹ Das zu sagen, fiel mir nicht weiter schwer, denn ich bin überzeugt, daß es das ist, worauf es in der Psychotherapie ankommt – daß man die Gründe herausfinden muß, die hinter den Handlungen liegen. Im Licht der Gründe nämlich leuchten einem die Handlungen, die zuvor so merkwürdig anmuteten, dann in der Regel durchaus ein. Jedenfalls – nachdem ich das gesagt hatte, setzte der Junge sich hin und begann zu reden.

Welches magische Geschehen hatte dieses erwünschte Resultat herbeigeführt? Es war die Konsequenz meiner Bemerkung und meiner inneren Einstellung, die ihm zeigte, daß ich überzeugt war, daß sein Verhalten zielgerichtet war und unter der Oberfläche durchaus einen Sinn hatte. Was ich gesagt hatte, war sozusagen ein Kompliment an den Jungen, der so intelligent gewesen war zu verstehen, daß es in der Psychotherapie darum geht, verborgene Dinge aufzudecken.

Wenn Sie von Anfang an davon ausgehen, daß das Verhalten des autistischen Kindes einem Zweck dient, auch wenn dieser Zweck nicht zu erkennen ist, dann werden Sie nicht einfach sagen: ›Hör auf! Das tut weh!‹ und das Kind wegschubsen. Sie werden ihm vielmehr zu verstehen geben, daß Sie überzeugt sind, daß es gute Gründe hat, sich so zu verhalten. Braucht es wirklich so viel Phantasie, um zu erkennen, was ein Kind dazu motivieren kann, eine andere Person zu zwicken?«

Dr. B. sah die Teilnehmer der Reihe nach an. »Aus welchen Gründen könnte jeder von Ihnen ebenso handeln wie dieser Junge? Für mich liegt das auf der Hand. Aber Sie, Dr. Berenson, sind immer noch überzeugt, daß autistische Kinder ohne vernünftige Gründe handeln, und so brauchen Sie sich auch nicht zu fragen, was Ihre Untersuchungen für den, der ihnen ausgesetzt ist, bedeuten.«

»Und was glauben Sie, weshalb ich diese Schwierigkeiten habe?« fragte Dan.

»Aus dem gleichen Grund wie die meisten Leute, die ich kenne. Wenn wir es mit Menschen zu tun haben, deren extrem mißliche Lage wir schon in Gedanken einfach nicht ertragen können, bekommen wir es mit der Angst zu tun. Wenn Sie sich einmal gestatten würden, am eigenen Leib zu spüren, was diese unmenschlichen Sitzungen einem autistischen Kind antun, das doch schon schwer genug leidet, dann könnten Sie, eben weil Sie ja ein warmherziger und fühlender Mensch sind, mit dieser Art Forschung nicht weitermachen. So aber müssen Sie glauben, daß Ihre Probanden nichts spüren und nicht reagieren.«

»Aber es gibt auch autistische Kinder, die so massiv reagieren, daß ich denke, da müssen auch noch andere Faktoren im Spiel sein. Glauben Sie nicht, daß es auch biologische Ursachen dafür gibt, daß diese Kinder autistisch reagieren?«

»Ich weiß, daß Sybil Escalona sich mit Säuglingen befaßt hat und zu dem Schluß gekommen ist, daß manche von ihnen ganz ungewöhnlich sensibel sind«, sagte Dr. B. »Die meisten Säuglinge sind sehr ruhig und gehen erst dann allmählich auf ihre Umgebung ein, wenn sie wenigstens gewisse mentale Fähigkeiten entwickelt haben, diese Umgebung zu verstehen. Verglichen damit gibt es aber auch welche, die überreagieren. Sie zeigen schon ein Echo auf die Umgebung, bevor sie noch die intellektuelle Kapazität erworben haben, sie zu verstehen, wenigstens in gewissen Grenzen. Wenn Sie wollen, dann haben Sie hier eine genetische oder konstitutionelle Erklärung für den Autismus.«

»Bei manchen meiner Forschungskinder finde ich das, was Escalona beschreibt«, sagte Dan, »bei anderen scheint die mangelnde Verarbeitung perzeptueller Stimuli aber eher organisch begründet zu sein. Es sind zwei sehr verschiedene Typen von Kindern, die als psychotisch oder autistisch beschrieben werden. Die eine Gruppe ist retardiert. Diese Kinder ziehen sich einfach zurück, weil sie Stimuli, die sie wahrnehmen, nicht organisieren können. Eine andere Gruppe ist im hohen Maße hypersensibel und möglicherweise intelligent.«

»Ich glaube, daß viele autistische Kinder, wenn nicht sogar die meisten, potentiell recht intelligent sind«, sagte Dr. B. »Bedauerlicherweise verwenden sie ihre Intelligenz auf verrückte Zwecke.«

»Manche von meinen Kindern reagieren sehr sensibel auf winzige Stimuli, aber ziehen sich zurück, wohl weil es zu schmerzlich wäre, das zu organisieren, was sie fühlen«, antwortete Dan. »Wenn ich mit solchen Kindern spiele und mal einen Klotz etwas zu laut fallen lasse, reagieren sie geradezu dramatisch. Wenn im Nebenraum ein Ventilator angeht, schrecken sie zusammen. Irgendwie ist ihr sensorischer Apparat zu stark aufgedreht. Ich glaube, daß sie die Dinge nicht abstellen und sich auch nicht an sie gewöhnen können.«

»Meine Schwierigkeit besteht darin, daß ich so daran gewöhnt bin, immer nur mit *einem* Kind zu arbeiten, daß der Gedanke an eine Gruppe mir nicht weiterhilft«, sagte Dr. B.

»Und bei mir ist es gerade andersherum«, antwortete Dan. »Grundsätzlich bin ich der gleichen Meinung wie Sie, was die Arbeit mit einzelnen Kindern betrifft, aber bei meinen Forschungen geht es mir ja darum, Verhaltensgrundsätze aufzudecken, die für mehr als nur eben ein einzelnes Kind gelten.«

»Wer von Ihnen möchte, daß man mit ihm eher wie mit einem Gruppenmitglied als wie mit einem Individuum umgeht?« fragte Dr. B.

»Niemand«, antwortete Gina prompt.

Dr. B. fuhr fort: »Wenn das so ist – und auf mich trifft es unbedingt zu –, warum wollen Sie dann autistische Kinder so behandeln, wie Sie selbst nicht behandelt werden möchten? Lautet das oberste Gebot der abendländischen Philosophie etwa nicht ›Tu anderen, wie du möchtest, daß andere dir tun‹?«

Dan runzelte die Stirn, sichtlich verärgert. »Sie wollen mir die ganze Zeit sagen, daß es vom ethischen Standpunkt her nicht richtig ist, was ich mache. Und damit bin ich einfach nicht einverstanden. Es ist leider sehr wenig, was diesen Kindern hilft. Daß ich es für richtig halte, autistische Kinder zu Gruppen zusammenzufassen und dann mit diesen Gruppen zu arbeiten, hat seinen Grund nicht zuletzt darin, daß man ihnen – und zumal den retardierten Kindern – sowieso nicht sehr weit helfen kann.«

»Wer versucht hat, mit retardierten Kindern zu arbeiten, der weiß, daß man eine Menge tun kann, um ihnen das Leben zu verschönern, selbst wenn es sich um sehr geistesschwache Kinder handelt.«

Dan nickte. »Dem stimme ich unbedingt zu. Manche retardierten Kinder können dennoch glücklich sein.«

»Das habe ich noch nicht erlebt.« Dr. B. sah in die Runde. »Der glückliche Schwachsinnige ist eine Fiktion. Ein geistesschwacher Mensch fühlt sich ständig frustriert, denn die Welt, in der wir leben, ist sehr kompliziert, und um gut darin zu leben, braucht man mehr Intelligenz, als er hat. Die Intelligenten haben das Bild des glücklichen Idioten in defensiver Absicht erschaffen – so müssen sie nicht wahrhaben, wie schrecklich schwierig das Leben für diese Menschen ist.

Die gleiche Reaktion hat übrigens auch zu der verbreiteten Auffassung geführt, daß blinde Menschen ein feineres Gespür für Klänge haben. Das stimmt nicht. Blinde Menschen sind stärker abhängig von ihrem Gehör und entwickeln und verfeinern es deshalb. Wir möchten gerne glauben, daß sie uns sehenden Menschen etwas voraus haben, damit das Elend des blinden Menschen uns nicht so belastet. Die weltweite Bewunderung für Helen Keller hat ihren Grund nicht zuletzt darin, daß uns ihre Anmut und ihr Mut glauben machten, ihre Behinderung sei ja gar nicht so schwer. So konnten wir darüber hinwegsehen, wie schrecklich behindert sie tatsächlich war und wie sehr sie unter ihrer Behinderung litt.«

»Es wird ja versucht, den Retardierten zu helfen, indem man ihnen eine Umgebung schafft, in der das Maß an Stressoren, also an Frustrationsmöglichkeiten, so gering wie möglich ist, damit sie glücklicher sind«, sagte Dan.

»Nein«, sagte Dr. B. »Weniger unglücklich. Zwischen ›glücklicher‹ und ›weniger unglücklich‹ besteht ein großer Unterschied. Ich kenne Leute, die es wunderbar verstehen, mit geistesschwachen Menschen zu arbeiten. Dabei bemühen sie sich eigentlich nur, Frustrationen so weit wie möglich von diesen Menschen fernzuhalten. Die Idee, daß wir diese zutiefst unglücklichen Wesen glücklich machen könnten, hat mit dem Wunsch zu tun, ihr Unglück vor uns selbst zu verleugnen. Es wäre einfach zu schmerzlich, uns das Ausmaß dieses Unglücks klarzumachen.«

»Können Sie einer Anfängerin etwas darüber sagen, wie mit dieser Dynamik umzugehen ist, mit diesem Nichtwahrhabenwollen der Tatsache, daß andere zutiefst unglücklich sind, und der Furcht, von diesen Dingen überwältigt zu werden?« fragte Renee.

»Um mit diesen sehr gestörten Kindern erfolgreich arbeiten zu können«, antwortete Dr. B., »müssen wir uns von unseren Ängsten und auch von dem Wunsch befreien, diese Kinder mögen doch bitte nicht so leiden, wie sie es nun einmal tun. Das heißt, wir müssen uns ausschließlich mit ihren Schwierigkeiten beschäftigen, ohne daß uns unser Drang in die Quere kommt, uns gleichzeitig auch noch mit den Problemen zu befassen, die sie bei uns hervorrufen. Ich weiß selbstverständlich genau, daß das viel leichter gesagt als getan ist.«

Michael sagte: »Sie haben das in all den Jahren, in denen ich an diesen Zusammenkünften teilgenommen habe, immer wieder gesagt: ›Wie machen Sie sich die Erfahrung eines anderen Menschen klar?‹ Das ist es doch, worum es in diesem Seminar immer wieder geht.«

»Das ist so ungefähr die netteste Art, mir zu sagen, daß ich mich wiederhole«, sagte Dr. B., »aber Sie haben vollkommen recht. Und noch auf etwas anderes habe ich unzählige Male aufmerksam gemacht. Wir kreisen alle sehr stark um die eigene Person, wir sind sehr ichbezogen. Wenn wir gute Therapeuten sein wollen, müssen wir hart an uns arbeiten, um diese egotistischen Neigungen zu überwinden.«

»Das wirklich Schwierige ist, sich in Kopf und Herz eines anderen zu versetzen«, fuhr Renee fort. »Wie machen Sie das?«

»Das ist eine lange und mühsame Sache«, antwortete Dr. B. »Aber so schwierig es auch ist, Sie müssen sich immer weiter darum bemühen. Wenn Sie es lange genug versuchen und wenn es Ihnen etwas bringt, daß Ihre Patienten Ihnen zeigen, wo Sie in Ihren Bemühungen zu lasch waren, dann wird es Ihnen allmählich immer besser gelingen. Aber wenn wir nun wieder an diesen Fall denken, den Dan Berenson uns vorgetragen hat: Es ist zwar ein ›Forschungskind‹, aber ist es denn wirklich so schwierig zu verstehen, wie ein Kind sich fühlen muß, wenn es den Vorhang herunterreißt und die Person, die es schweigend beobachtet, wiederholt zwickt? Was müßte ein anderer denn anstellen, damit Sie einen Vorhang von der Stange reißen oder zumindest den dringenden Wunsch haben, das zu tun? Das ist alles, was Sie mir sagen müssen.«

Dan hatte aufmerksam zugehört. Was er jetzt sagte, überraschte uns alle. »Also, erstens waren die Vorhänge die einzige ›erwachsene‹ Sache in diesem Raum. Ansonsten befanden sich nur Spielsachen darin. Und zweitens war der Vorhang zwar fast ganz zugezogen, aber er verbarg einen Spiegel, hinter dem Leute saßen, die das Kind und seine Interaktionen beobachteten.«

Einen Augenblick lang schwiegen wir alle. In einigen Gesichtern malte sich Überraschung. Dann sagte Dr. B.: »Ich wußte oder fühlte zumindest instinktiv, daß dieser Vorhang dem Kind außerordentlich zuwider gewesen sein muß. Allerdings wußte ich nicht, warum. Ich nehme nicht an, daß der Junge intelligent und aufmerksam genug war, um sich zu sagen, daß man ihn möglicherweise durch diesen Spiegel beobachtete – obwohl Kinder mit solchen Dingen oft vertraut sind, weil man sie ihnen gezeigt hat. Dazu müßte ich aber die speziellen räumlichen Gegebenheiten kennen und mehr von dem Jungen wissen. Von all diesen Dingen wußte ich also nichts, aber es hätte mich auch nichts von meiner Überzeugung abbringen können, daß wir, wenn ein autistisches Kind anfängt, Leute zu zwicken und Vorhänge herunterzureißen, ihm einen Grund dafür gegeben haben müssen.«

»In meinen Augen gibt es mindestens zwei Gründe, weshalb er es getan haben könnte«, sagte Bill. »Man kann den Vorhang herunterreißen, weil man wütend ist und das eine Reaktion bei den im Raum anwesenden Erwachsenen auslöst; man kann ihn aber auch herunterreißen, weil man wissen möchte, was auf der anderen Seite ist.«

»Wenn man wissen möchte, was auf der anderen Seite ist«, sagte Dr. B., »dann reißt man den Vorhang nicht herunter, sondern zieht ihn zur Seite.«

Dan schüttelte den Kopf. »Da bin ich nicht so sicher. Was genau das Kind tut, das hängt sehr weitgehend davon ab, wie es Menschen und räumliche Beziehungen begreift.«

Dr. B. nahm schweigend seine Brille ab und schloß die Augen. Nach einer Weile setzte er die Brille wieder auf und sagte: »So wie Sie reden, habe ich den Eindruck, daß Sie dieses Kind noch immer so betrachten, als gehörte es einer anderen Spezies an. Wichtig ist hier nicht die spezifische Ursache seines Verhaltens. Wichtig ist vielmehr, daß das Kind, wie ich sicher meine, auf etwas reagierte, das ihm sehr zuwider war. Warum bin ich davon so überzeugt? Weil es für mich keinen Zweifel daran gibt, daß diese Kinder keineswegs anders sind als Sie und ich.«

»Die meisten Kliniker erklären diese Art von Verhalten mit einem biologischen Defekt, der seinerseits zu einer Art abnormer Verdrahtung des Gehirns führt«, sagte Dan. »Deshalb reagiert die betreffende Person in einer Weise, die uns allen sehr fremd ist. Heute würden die meisten Forscher und Kliniker in dieser Frage mit mir übereinstimmen.«

»Das stimmt«, sagte Renee mit einem gequälten Gesichtsausdruck. »Aber mich würde etwas anderes interessieren. Sie kennen sich selbst sehr gut, Herr Dr. Bettelheim. Wenn ich mich selbst nun aber nicht so gut kenne, dann muß ich autistische Kinder als ›anders‹ betrachten.«

»Nicht unbedingt«, sagte Dr. B. »Wenn Sie zu sich selbst sagen: ›Ich würde niemals einen Vorhang herunterreißen oder auch nur das Bedürfnis haben, das zu tun. Dazu bin ich viel zu gut erzogen‹, dann können Sie aus dem, was der Junge getan hat, nichts lernen. Wenn man andere Menschen verstehen möchte, muß man bei sich selbst anfangen. Man muß sich fragen: ›Was würde mir denn den Wunsch eingeben, den Vorhang herunterzureißen?‹ Dann ist die Antwort doch offensichtlich: ›Wenn ich wegen irgendeiner Sache in Rage bin, die in irgendeiner Weise mit diesem Vorhang zusammenhängt.‹«

»Dieses Gespräch stört mich«, sagte ich. »Ich weiß nicht sicher, was Autismus hervorruft, aber ich bin überzeugt, daß die biologische Komponente eine sehr wichtige Rolle dabei spielt. Und die gegenwärtige Diskussion bedient sich insgesamt einer völlig anderen Terminologie. Was wir heute als ›Autismus‹ bezeichnen, ist etwas ganz anderes als das von Kanner beschriebene Phänomen – es ist eine Störung, zu der in vielen Fällen auch erhebliche neurologische Defizite gehören. Außerdem bezieht sich der Ausdruck heute auf ein ganzes Spektrum von Störungen und nicht nur auf einen einzigen spezifischen Zustand. Das heißt, wir reden gelegentlich, ohne es zu merken, über Äpfel und Birnen.

Ich selbst sehe die Ätiologie des Autismus eher so, wie Dan sie sieht. Aber auch wenn wir annehmen, daß diese unsere Sicht zutrifft – viel wichtiger und viel beunruhigender an der ganzen Diskussion ist doch die Einstellung, mit der wir uns einem anderen Menschen nähern. Was Dr. B. insoweit vertritt, leuchtet ohne weiteres ein, aber es steht in einem krassen Gegensatz zu der Auffassung, wie sie soeben dabei ist, sich durchzusetzen. Dr. B. sucht nach der Bedeutung hinter dem Verhalten dieses Kindes, während heutzutage in der Ausbildung häufig die Auffassung vertreten wird, daß der Kliniker das Verhalten beobachten und beschreiben soll, ohne ihm irgendeine Bedeutung beizulegen. Angeblich ist das der objektivere, der wissenschaftliche Standpunkt, unverfälscht von jener Subjektivität, wie sie ins Spiel kommt, wenn man davon ausgeht, daß hinter dem Verhalten dieses unbekannten Menschen eine Bedeutung steht, und versucht, diese Bedeutung zu ergründen. Dieser Standpunkt hat einiges für sich, aber er hat auch erhebliche Beschränkungen.

In meiner Generation haben viele Ärzte zusätzlich eine psychiatrische Ausbildung absolviert, weil sie in der Psychiatrie ein humanes Element entdeckten, sozusagen den letzten Rest der Medizin als einer Wissenschaft *und* einer Kunst. Die Psychiater haben von jeher versucht, eine organische Ursache psychischer Zustände auszuschließen. Aber was meine psychiatrischen Lehrer in Harvard von der Mehrzahl der Mediziner unterschied, das war ihre Fähigkeit und ihr Bestreben, mit den Patienten als Menschen umzugehen; sie haben Erfolge vielfach dadurch erzielt, daß sie sich nach Kräften bemühten, das Innenleben ihrer Patienten zu verstehen, und nicht in erster Linie dadurch, daß sie ihnen mit allen möglichen Prozeduren und chemischen Manipulationen auf den Leib rückten.

Es stimmt, daß man damals den biologischen Faktoren zuwenig Aufmerksamkeit schenkte und mancherorts auch die Möglichkeiten der Psychopharmakologie übersah. Ich glaube aber, daß Gesetze, die in der Chemie gelten, sich nur in begrenztem Umfang auf die Probleme der Kinderpsychiatrie anwenden lassen. Bei dem einen autistischen Kind, das auf zehntausend Kinder kommt, spielt die Biologie wahrscheinlich wirklich eine große Rolle. Wenn ich mir überlege, wie relativ viel Zeit wir auf die Erforschung autistischer Verhaltensweisen verwenden, dann frage ich mich allerdings, ob wir das allein deshalb tun, weil diese Kinder und ihre Familien schwer leiden und weil das biologische Modell gerade in Mode ist. Tun wir es nicht vielleicht auch deshalb, weil wir, wenn wir eine Ursache wie zum Beispiel ein defektes Gen finden könnten, uns nicht mit den weiter verbreiteten Ursachen psychopathologischer Erscheinungen beschäftigen müßten, die viel vertrackter sind und uns ein ganz anderes Vorgehen und ein ganz anderes Engagement für die Kinder abverlangen würden? Ich will die Rolle altersspezifischer – z. B. ödipaler – Phantasien gar nicht leugnen. Aber ich glaube wirklich, daß im Fall der meisten gestörten und störenden Kinder – und da kommen in Amerika mehrere hundert auf ein einziges autistisches – die Lebenserfahrungen – also Scheidung oder Trennung der Eltern, physische und sexuelle Mißhandlung, Vernachlässigung, jahrelanges Hin- und Hergeschobenwerden von einer Pflegefamilie zur anderen, ohne daß man irgendwo hingehört – und die subjektive Bedeutung, die das einzelne Kind diesen Erfahrungen beimißt, eine größere Rolle spielen. Das können wirklich vertrackte Probleme sein, mit denen fertig zu werden noch viel schwieriger ist. Letzte Woche, als Saul uns von Bobby berichtete, haben wir ja gesagt, daß wir sehr wohl Ideen haben, wie wir – zum Beispiel mit mißhandelten Kindern – Erfolge erzielen können. Aber diese Ansätze sind nicht von mathematischer Präzision, sie helfen nur in einem gewissen Umfang und nur in einigen Fällen, und sie verlangen dem Kliniker ein großes Maß an persönlicher Hingabe sowie die Bereitschaft ab, mit sehr gestörten und sehr störenden Kindern zu leben. Für diese Art des sozialen Aktivismus, der Hingabe und Selbstaufopferung hat man heutzutage wenig übrig.

Die Zeiten haben sich geändert; wir sehen unsere Patienten und unsere Aufgabe heute anders. Als wir anfingen, standen noch die Erfahrungen unserer Patienten im Mittelpunkt des Interesses. Diese Betrachtung der Dinge ist mehr oder weniger verschwunden; eine andere Spezies von Psychiatern ist auf den Plan getreten, Leute, die die Dinge eher aus der Distanz betrachten, denen nicht mehr an einem so differenzierten Verständnis anderer Menschen und der Probleme gelegen ist, auf die vor allem gestörte Menschen treffen, wenn sie versuchen, ihr Leben in einiger Würde und zu ihrer emotionalen Zufriedenheit zu führen. Dafür verspricht uns diese neue Generation von Psychiatern goldene Zeiten für den Fall, daß wir das vermutete chemische Ungleichgewicht korrigieren – besser leben durch Biochemie! Ich weiß nicht: Ist die Psychiatrie verbessert und modernisiert worden, oder legen wir in der psychiatrischen Ausbildung keinen Wert mehr darauf, dem Nachwuchs zu zeigen, wie der Psychiater mit seinem Patienten sprechen oder wie er eine therapeutische Beziehung begründen sollte?«

Ich spann meine Gedanken weiter: »Ich glaube, daß das Dilemma, über das wir heute gesprochen haben, mehr oder weniger alle standardisierten Methoden kennzeichnet, die wir gegenwärtig zur Evaluation psychisch gestörter Menschen einsetzen. Die standardisierten Gespräche ignorieren – ebenso wie dieses Forschungsprojekt, in das Luke einbezogen ist – den gewaltigen Einfluß, den der Interviewer als Person und der Umstand, daß er in seiner Spontaneität so stark eingeschränkt ist, auf die angeblich neutralen Beobachtungen haben. In gewisser Weise ist es dieses Dilemma, das die verschiedenen therapeutischen Ansätze trennt. Die Empathie, von der wir hier im Seminar sagten, daß sie so wichtig ist – als ein Band zwischen dem Patienten und dem Therapeuten und als ein wertvolles diagnostisches Werkzeug –, wird in unserem neuen diagnostischen Handbuch mehr oder weniger ignoriert. Es kommt sogar vor, daß Empathie als der Objektivität hinderlich angesehen wird. Heute sollen die Psychiater ihre Patienten sozusagen von oben her betrachten, wie aufgespießte Schmetterlinge, sie sollen sie nach ihren Symptomen in die entsprechende diagnostische Kategorie einordnen.

Die Biochemiker suchen nach Unregelmäßigkeiten auf der molekularen Ebene, die ganze Klassen mentaler Störungen erklären sollen. Ich habe den dringenden Verdacht, daß sie welche finden werden, und das wird konstruktiv sein. Aber wenn man diesen Ansatz auf die tägliche Praxis anwendet, wird man großen Schaden anrichten. Als Kliniker müssen wir auch an der Einmaligkeit unseres Patienten interessiert sein. Nach dem diagnostischen Handbuch soll der Psychiater sich allein auf die Frage konzentrieren, in welche Gruppe der jeweilige Patient hineingehört. In gewisser Weise kehren wir wieder zu einer Feststellung zurück, die der bekannte deutsche Psychiater Griesinger um die Mitte des 19. Jahrhunderts traf: ›Psychische Erkrankungen sind Erkrankungen des Gehirns.‹«

»Da besteht wohl ein Zyklus. Die neue Generation der Kliniker, von der Sie sprechen, wendet sich sogar wieder gewissen Einstellungen zu, wie sie noch vor dem 19. Jahrhundert herrschten«, sagte Dr. B. »Wenn ein Mensch geisteskrank war, dann glaubte man damals, Gott habe das so gewollt, oder der Teufel wohne in diesem Menschen, der damit allen anderen als ›Alien‹, als fremd erschien. Die Ärzte, die sich mit diesen Menschen befaßten, wurden als ›Alienisten‹ bezeichnet. Erst Philippe Pinel, William Tuke und die anderen großen Pioniere einer humanen Behandlung von Geisteskranken verkündeten dann, daß diese Patienten nicht ›fremd und anders‹ waren, sondern Menschen wie alle anderen auch.

Diese Kinder sind im ganzen Verlauf der Geschichte als fremde und untermenschliche Spezies angesehen worden. In der Weltliteratur gibt es einige Kinder mit deutlich autistischen Symptomen, die als ›Wolfskinder‹ beschrieben werden. An dieser Bezeichnung wird deutlich, daß die Menschen am liebsten glauben möchten, daß diese Kinder einer untermenschlichen Spezies angehören. So wie Jean-Marc Itard seinen Wilden von Aveyron beschreibt, bin ich überzeugt, daß dieser Junge autistisch war. Er ist vielleicht das erste autistische Kind, das so genau beschrieben worden ist. Was mich davon überzeugt, daß er autistisch war, ist Itards Beschreibung, wie er in der Nähe des Jungen zwei Pistolenschüsse abfeuert und das Kind absolut keine Reaktion zeigt, obwohl sein Hörvermögen intakt ist. Eine solche totale Inhibition automatischer Reaktionen ist ein deutliches Zeichen des infantilen Autismus.

In den letzten Jahrzehnten sind wir anscheinend zu der alten Vorstellung zurückgekehrt, derzufolge psychiatrische Patienten grundsätzlich anders sind als die übrigen Vertreter der menschlichen Rasse, und dies wohl, um uns von ihnen zu distanzieren. Allerdings sprechen wir nicht mehr davon, daß diese Patienten vom Teufel besessen seien. Heute sehen wir den Grund für ihr Anderssein in verhaltensmäßigen oder molekularen Abweichungen. Sie sind ›anders‹, weil etwas in ihrer Symptomatik oder in ihrer Biochmie, das ihrem Verhalten zugrunde liegt, sie den sogenannten normalen Menschen entfremdet. Das ist eine Zurückweisung, ja eine Attacke auf Freuds Ansicht, daß alle Menschen sich auf einem Kontinuum zusammenfinden, auf dem es keine scharfen Trennungslinien gibt. Unterschiede, soweit sie zwischen den Menschen bestehen, sind immer nur graduelle Unterschiede.«

»Heute scheint man sich zu sagen: ›Verbogene Moleküle, verbogenes Gehirn‹«, warf ich ein.

»Was meinen Sie, weshalb der Trend im Augenblick weggeht von dem Gedanken: ›Wir sind doch alle Menschen‹?« fragte Jason.

»Ich weiß nicht«, sagte Dr. B. »Man muß sich schon anstrengen, um die elementare Menschlichkeit zu erkennen, die uns mit unserem Nächsten verbindet, egal was uns voneinander unterscheidet. Möglicherweise sind die Menschen diese Anstrengung nach einer Weile leid. Vor langer Zeit, ich glaube in den dreißiger Jahren des letzten Jahrhunderts, entdeckte man auf den Straßen einer deutschen Stadt einen jungen Mann, der stumm war. Man gab ihm den Namen Caspar Hauser. Es ging das Gerücht, daß er der Erbe eines deutschen Kleinfürsten sei, den man als Kind in ein Verlies gesperrt und aller zwischenmenschlichen Kontakte beraubt hatte, damit ein anderer den Fürstentitel erbte, der von Rechts wegen ihm zustand. Gerade als Caspar Hauser das Sprechen erlernt hatte, wurde er ermordet – vermutlich, damit er das Verbrechen, das an ihm begangen worden war, nicht aufdecken und das Fürstentum, dessen rechtmäßiger Erbe er war, nicht für sich beanspruchen konnte.

Der Schriftsteller Jakob Wassermann schrieb zu Beginn unseres Jahrhunderts einen einfühlsamen Roman mit dem Titel ›Caspar Hauser oder die Trägheit des Herzens‹, und nach dem Zweiten Weltkrieg wurde in Deutschland ein sehr interessanter Film über Caspar Hauser gedreht. Der zweite Teil von Wassermanns Buchtitel hat mich schon immer fasziniert. Deshalb auch heißt das Buch, das ich über meine Arbeit an der *Orthogenic School* geschrieben habe, ›A Home for the Heart‹.* Ist es denn nicht ›Trägheit des Herzens‹, wenn die meisten Menschen versuchen, sich vor der Last zu schützen, die diese Kinder nun einmal bedeuten? Ist nicht Trägheit der Grund, daß die Menschen sich nicht in das schreckliche Leiden dieser Kinder einfühlen?«

»Es ist mehr als das«, sagte Dan. »Ich meine, wir alle müssen doch irgendwie einen Mittelweg finden: Wir müssen einerseits das Elend dieser Kinder wirklich sehen, und wir dürfen es andererseits nicht zulassen, daß der Schreck und die Angst des Patienten uns lähmen, weil wir uns zu stark damit identifizieren.«

»Überidentifikation ist ein theoretisches Konzept«, sagte Dr. B. »Leider habe ich, wenn es um solche Kinder ging, dieses Konzept sehr viel häufiger erwähnen hören, als daß ich es in Aktion angetroffen habe. Dagegen habe ich die Trägheit des Herzens nahezu überall angetroffen. Ich habe mit autistischen Kindern zusammengelebt, in meiner eigenen Familie und an der *Orthogenic School*, und ich weiß, wie sehr wir dazu tendieren, uns gegen die Angst und die Abneigung zur Wehr zu setzen, die diese Kinder in uns wachrufen. Mir geht es hier allein darum, diejenigen unter Ihnen, die mit autistischen Kindern arbeiten wollen, zu bitten: Machen Sie sich Ihre – durchaus verständlichen – defensiven Reaktionen klar, und ersetzen Sie sie durch den Wunsch, diesen Kindern Gerechtigkeit widerfahren zu lassen.

Denken Sie daran, wie lange wir heute dazu gebraucht haben, nur ein Detail des Verhaltens dieses Kindes zu verstehen. Es ist schwer, nicht träge zu sein, wenn das Bemühen um Verständnis zu solcher Schwerarbeit gerät. Inzwischen begreifen wir recht gut, was Dan Berenson meinte, als er von der ›Demolierung der Umwelt‹ sprach.

---

* dt. Ausgabe: »Der Weg aus dem Labyrinth«, Stuttgart (Deutsche Verlags-Anstalt), 1975

Auch wenn man in der Forschung und in der Fachliteratur heute nicht viel davon wissen will – das autistische Kind hat wie wir alle ein großes Bedürfnis, geliebt und akzeptiert zu werden.«

Bill machte ein skeptisches Gesicht, was Dr. B. nicht entging. »Doch, doch. Tatsächlich ist das Bedürfnis eines solchen Kindes nach Liebe und Anerkennung sogar sehr viel größer als unseres, aber das autistische Kind ist erstaunlich wenig effizient, soweit es darum geht, dieses Ziel zu erreichen. In unserem Bestreben, uns zu schützen, sehen wir diese Ineffizienz nicht und gehen nicht auf sein dringendes Verlangen ein, geliebt, akzeptiert und in seinem Unglück verstanden zu werden.«

»Wenn wir von Ineffizienz sprechen, dann in der Regel in dem Sinn, daß jemand oder etwas wenig effektiv ist, also wenig Wirkung hat. Diese Kinder haben aber eine ganz schöne Wirkung«, sagte Dan.

»Aber diese Wirkung kommt ja doch von Ihnen, Dr. Berenson! Das ist es, was ich Ihnen zu sagen versucht habe. Die größte Wirkung kommt von Ihrer eigenen Angst, nicht von dem Kind. Wir machen diese Kinder zu Monstern, indem wir sagen: ›Nur ein Monster kann eine so starke Wirkung auf mich ausüben.‹ Und das stimmt nicht. Es stimmt ganz und gar nicht. *Sie* entscheiden, was ein Monster ist – nämlich jeder, der eine monströse Wirkung auf Sie ausübt.«

Seine nächsten Worte richtete Dr. B. an die ganze Runde. »Ich will Dan Berenson hier weder abschießen noch ihm seine Arbeit madig machen. Wenn ich ihn nicht schätzte und nach unseren früheren Gesprächen nicht so gut von ihm dächte, dann würde ich mir nicht die Mühe machen, diese Prozesse zu entwirren, die so wichtig sind, und zwar nicht in diesem speziellen Fall oder bei diesem speziellen Forschungsprojekt. Daß er es als Wissenschaftler ernst meint, das ist ja an seiner Bereitschaft deutlich geworden, sich der Kritik von einem Standpunkt her zu öffnen, von dem er weiß, daß er sich radikal vom theoretischen Kontext seiner eigenen Forschung unterscheidet.

Herr Berenson, ich kenne Sie als einen intelligenten und einfühlsamen Menschen, als jemanden, der von den besten Absichten geleitet ist. Aber in diesem Fall haben Sie im Versuch, wissenschaftlich solide Daten zusammenzutragen, es den Erfordernissen der Forschung gestattet, Ihrer Sensibilität in die Quere zu kommen.« Dr. B. machte eine

Pause und schloß dann eine letzte Bemerkung an: »Ich kann mir nicht helfen – ich bin der Meinung, Sie könnten Ihre beträchtlichen Gaben besser einsetzen.«

»Danke«, sagte Dan. »Ich werde darüber nachdenken.«

Im Anschluß an dieses Seminar setzte Dan seine Forschungen fort. Er und John Hammond haben ihre Erkenntnisse inzwischen publiziert. Dan sagt, Dr. B. habe immerhin erreicht, daß er jetzt anders mit autistischen Kindern umgehe; nicht überzeugt habe Dr. B. ihn dagegen von der Notwendigkeit, seine Forschungen anders aufzuziehen. Trotz ihrer Differenzen hielten Dr. B. und Dan an ihrer gegenseitigen Wertschätzung als Kollegen und an ihrem freundschaftlichen Verhältnis zueinander fest.

Die Suche nach einer biochemischen Erklärung des kindlichen Autismus hält an, und das ist gut so. Ich bin überzeugt, daß fehlgeleitete biologische Prozesse eine fundamentale Rolle bei der Entstehung des Autismus spielen, und ich nehme an, daß die biochemische Forschung eines Tages einen großen Durchbruch erleben wird. Im Augenblick ist die Situation allerdings so, daß regelmäßig neue Aufsätze erscheinen, in denen davon die Rede ist, daß irgendein biochemischer Defekt, etwa ein ungewöhnlicher Serotoninspiegel, eine Rolle spielen könnte oder daß irgendwelche Medikamente, zum Beispiel Phenfluoramine, die Symptome bessern könnten; in Folgeuntersuchungen lassen sich diese Erkenntnisse dann aber nicht replizieren. Bis zum gegenwärtigen Augenblick, da ich diese Zeilen niederschreibe, sind uns die Ursachen des Autismus noch immer ein Rätsel. Die betroffenen Kinder und ihre Familien leiden weiter. Und was immer die Forschung am Ende als die wahren Ursachen des Autismus zutage fördern wird bzw. wie auch immer die jeweilige Rolle der biochemischen Faktoren einerseits und der Erfahrungen des Individuums andererseits aussehen wird, *ein* Problem wird sich unter Umständen nicht befriedigend lösen lassen: die Trägheit des menschlichen Herzens, unsere Unfähigkeit, uns in diese schwer gestörten Kinder einzufühlen, uns ihnen verwandt zu fühlen – der Grund also, weshalb wir dazu neigen, sie zu dämonisieren –, diese Trägheit des Herzens gab und gibt es, und es wird sie vermutlich noch weit über den Tag hinaus geben, an dem die Ursache des Autismus erhellt sein wird.

VIERTES KAPITEL

Übertragung und Gegenübertragung

Sandy Salauri ist Sozialarbeiterin in der Psychiatrie, eine sehr intelligente Frau, die mit ihrem ungezwungenen Lächeln und ihrer freundlichen Art auch scheue Kinder rasch dazu bringt, mit ihr zu spielen. Sie hatte schon immer gern mit Kindern zu tun und arbeitete als Erzieherin, bevor sie beschloß, Sozialarbeiterin zu werden.

Im zweiten Jahr ihres Studiums kam Sandy an das Kinderkrankenhaus in Stanford, wo sie sich große Sympathien erwarb und so geschätzt war, daß man ihr nach Abschluß ihrer Ausbildung eine Stelle in der kinderpsychiatrischen Ambulanz anbot. Gewissenhaft, wie sie war, wollte sie sich psychotherapeutisch fortbilden und mehr über die Probleme gestörter Kinder erfahren, bevor sie eine eigene Praxis eröffnete. In dieser Absicht nahm sie an unserem Seminar teil.

Sandy hatte uns schon mehrere Fälle vorgestellt, bevor sie von Eduardo berichtete, einem neunjährigen Jungen, den sie behandelte. Allein der Gedanke, diesen Fall zu präsentieren, machte sie nervös, denn Eduardo hatte sie, wie sie uns erzählte, »in der letzten Sitzung ohne jeden Grund angegriffen«.

»Was genau hat er denn getan?« fragte ich.

»Er hat mir aus heiterem Himmel die Kette vom Hals gerissen.«

»Ich nehme an, das hat Sie erschreckt.«

»Oh ja, sehr«, antwortete Sandy.

»Erzählen Sie uns etwas über Eduardo und darüber, wie sich die Arbeit mit ihm vor diesem Zwischenfall angelassen hat«, sagte ich.

»Gern«, meinte Sandy. »Seine Mutter ist Amerikanerin und kommt aus Indiana; der Vater stammt aus einer wohlhabenden costaricanischen Familie. Sie lebten zunächst in Boston. Eduardo war gerade drei Jahre alt, als seine Eltern sich scheiden ließen. Seine Mutter zog hierher, weil eine ihrer Schwestern und mehrere Cousins und Cousinen von ihr hier leben. Auch der Vater ist hergezogen, und vor etwa zwei Jahren haben sich die Eltern des Vaters in Portola Valley niedergelassen. Eduardo hat also eine Menge Verwandte hier in der Gegend.

Eduardo war zwar kein glückliches Kind, aber er wäre vermutlich niemals in einer psychiatrischen Ambulanz gelandet, und schon gar nicht mit achteinhalb Jahren, wenn seine Lehrer nicht auf einer Behandlung bestanden hätten. Nach den Tests, die man mit ihm gemacht hat, ist er hochintelligent, aber er hat bisher nicht lesen gelernt. Der Lehrer, der speziell für das Lesen zuständig ist, konnte ihm nicht helfen, und das Team, das ihn bei uns beurteilt hat, diagnostizierte eine Lesestörung und war im übrigen der Meinung, daß er auch ernsthafte emotionale Probleme hat, die zu seinen Lernschwierigkeiten beitragen. Also empfahlen sie eine psychotherapeutische Behandlung. Es ist ungefähr ein halbes Jahr her, daß ich mit dem Fall betraut wurde.

In diesen ersten sechs Monaten haben wir, wie ich fand, eine gute Beziehung zueinander aufgebaut. Ich hatte von Anfang an das Gefühl, daß er gern zu den Sitzungen kam. Sicher, am Anfang war er bedenklich und zögerte noch, spontan irgend etwas zu machen. Er wollte wohl erst mal sehen, woran er mit mir war. Aber jeder intelligente Mensch taxiert ja zunächst eine neue Situation, bevor er sich ganz unbefangen gibt, wie er ist. Nach ein oder zwei Monaten muß er dann zu dem Schluß gekommen sein, daß ich in Ordnung sei, denn er fing an, unbekümmert zu spielen. In den letzten Monaten sah er immer hocherfreut aus, kaum daß ich ins Wartezimmer kam, um ihn abzuholen, und bis auf das letzte Mal war er auf dem Weg ins Spielzimmer immer schon ganz aufgedreht.

Deshalb dachte ich auch, daß die Behandlung sich doch recht gut anließe. Aber letzte Woche hat er mir ganz plötzlich die Kette vom Hals gerissen, ohne daß irgendeine Provokation vorausgegangen wäre. Ich weiß immer noch nicht, was ich hätte tun sollen. Ich war schockiert und sehr erschrocken. Wenn er so aggressiv ist, was wird er dann das nächste Mal tun?«

»Solange Sie nicht verstehen, warum Eduardo so aggressiv geworden ist, werden Sie keine wirksame Strategie entwickeln können, um damit umzugehen«, sagte ich und ließ den Blick in die Runde gehen. »Denken wir einmal nach. Wie oft waren wir schon versucht zu sagen, daß dieser oder jener Patient grundlos gehandelt hat? Können Sie sich an einen einzigen Fall erinnern, in dem das wirklich zutraf? Wenn wir sagen, daß das aggressive Verhalten dieses Jungen ohne jeden Sinn war, dann müssen wir sagen, daß er ein tollwütiges Tier ist. Ich bin nicht sicher, ob ihm sein Motiv verborgen oder bewußt war, aber ich habe doch den starken Verdacht, daß er mit seiner aggressiven Handlung einen Zweck verfolgte.«

»Ja, aber bei den Fällen, an die ich mich erinnere, waren es immer erwachsene Patienten«, sagte Bill. »Ich möchte eigentlich nicht annehmen, daß Kinder ebenso rational vorgehen. Manche Kinder schlagen einfach zu, weil ihnen danach zumute ist.«

»Das ist einfach nicht wahr!« protestierte Dr. B. »Wenn Sie Ihrem Patienten, sei es ein Erwachsener oder ein Kind, gerecht werden wollen, dann müssen Sie verstehen, wie *er* die Situation und sein Verhalten sieht und bewertet. Das gilt für jeden, auch für Kriminelle. Es gibt kaum einen Dieb, der sich als Dieb betrachtet: Er sieht nur, daß er irgend etwas ganz dringend haben wollte. Und die einleuchtendste Art, sich seinen Wunsch zu erfüllen, bestand eben darin, sich die gewünschte Sache zu nehmen. Ein Kind wird niemals sagen: ›Ich habe es gestohlen‹; es wird sagen: ›Ich wollte es haben, und deshalb habe ich es genommen.‹

Aus Ihrer Bemerkung spricht der Trugschluß, daß nur Erwachsene – nicht aber Kinder – ein echtes Motiv haben können, etwas zu tun. Sie wissen aus eigener Erfahrung, daß es außerordentlich schwierig ist, aus der eigenen Betrachtungsweise aus- und in diejenige eines anderen Menschen einzusteigen. Kaum daß wir erwachsen sind, haben wir die größten Schwierigkeiten, den Standpunkt eines Kindes zu begreifen und zu verstehen, welche Motive es möglicherweise leiten. Für die meisten Menschen scheint das so etwas wie ein Quantensprung zu sein.«

»Sandys Situation ist nun allerdings besonders schwierig«, sagte ich. »Wer kann schon gelassen auf ein Kind reagieren, das ihn plötz-

lich physisch attackiert? Wir wären doch alle so entsetzt und schok-
kiert, daß wir wahrscheinlich von unseren eigenen Gefühlen in Anspruch genommen wären. Wir würden glauben wollen, daß wir auf gar
keinen Fall etwas getan haben können, was eine so aggressive Handlung hervorrufen konnte; andernfalls würden wir ja eine gewisse
Verantwortung dafür übernehmen müssen. Aber was vielleicht noch
wichtiger ist: Wenn wir attackiert werden, so wie Sie, Sandy, dann
bekommen wir sofort Angst, daß der Angriff sich wiederholen könnte,
und stellen uns vor, daß er das nächste Mal gefährlicher sein könnte. Es
ist nur natürlich, daß wir, wenn wir uns in dieser Weise Sorgen über
unser eigenes physisches Wohlergehen machen, unsere Aufmerksamkeit ausschließlich auf die Frage richten, *was wir tun sollten*, nicht aber
auf die andere Frage, *wie wir diese Handlung verstehen könnten.*«

»Ich habe ja schon gesagt, daß der Angriff mich erschreckt hat«,
sagte Sandy, »und was mir noch mehr zu schaffen macht, ist, daß ich
jetzt ganz einfach Angst habe und mich frage, was er in Zukunft anstellen wird! Schließlich ist er ja noch ein kleiner Junge, und ich habe ihn
von Anfang an wirklich sehr gern gemocht. Ich weiß nicht, was ich
machen soll. Wenn er spürt, daß ich unsicher bin und daß meine Angst
und mein Mißtrauen sich zwischen uns schieben, wo wir doch bisher
so gut miteinander ausgekommen sind, dann nimmt die Beziehung
Schaden oder geht sogar kaputt, an der wir immerhin sechs Monate
gebastelt haben. Aber es regt mich wahnsinnig auf. Ich möchte nicht
verletzt werden.«

»Wenn es bei diesem aggressiven Akt keine verständliche Abfolge
von Ursache und Wirkung gäbe, dann hätten Sie allerdings Grund zu
der Annahme, daß das kein isoliertes Geschehen bleiben, sondern eher
noch ›eskalieren‹ könnte«, sagte ich. »Deshalb müssen wir dahinter-
kommen, was die Ursache war.«

»Das Schlimme daran war die Art, wie er mich plötzlich ansprang
und die Kette packte und zerriß. Es war eine billige Kette, nur so eine
Schnur mit Plastikperlen und auch ohne irgendwelchen ideellen Wert.
Aber meiner Meinung nach gab es eben nichts an meinem Verhalten,
dessentwegen er derart hysterisch reagieren mußte.«

Wir alle waren uns einig, daß aggressives Verhalten eine Ursache
haben mußte. So stellten wir lange und ausführliche Überlegungen an,

wir erwogen alle möglichen persönlichen und familiären Gründe für Eduardos aggressiven Akt, suchten nach einer soziologischen oder ethnischen Erklärung, dachten an Epilepsie und Enzephalitis usw. Verbarg sich hinter seiner Impulsivität ein unspezifischer biologischer Defekt in der emotionalen »Regulierung«? Sandy glaubte es nicht; Bill dagegen sah hier zumindest eine entfernte Möglichkeit und sagte, auf eines wolle er doch noch einmal hinweisen: Die Psychoanalytiker unterschätzten die Möglichkeit, daß auch biologische Faktoren ganz erheblich am Entstehen psychischer Erkrankungen beteiligt seien. Litt Eduardo möglicherweise an gelegentlichen Anfällen einer Schläfenlappenepilepsie? Das schien nicht sehr wahrscheinlich, denn sein EEG war normal. Waren Aggressivität und Gewalttätigkeit Dinge, die er zu Hause täglich erlebte bzw. die bei seinen Eltern gang und gäbe waren? Das schien ein Rolle zu spielen. Hatte irgend etwas an Sandys Verhalten ihn an eine andere Frau erinnert, über die er in Wut geraten war? Sandy dachte nach, aber es fiel ihr keine so bedeutsame Person in Eduardos Leben ein.

Diese Überlegungen, die Eduardos bisherigem Leben, seiner Familiengeschichte und seiner biologischen Ausstattung galten, waren erstaunlich unproduktiv. Überraschenderweise konnte Sandy viele unserer Fragen über den Jungen, den sie doch gut zu kennen glaubte, nicht beantworten. Bei der Vorstellung ihrer anderen Fälle hatte sie immer präzise Angaben über das Kind, seinen Hintergrund und darüber gemacht, was sich während der Behandlung ereignet hatte. Heute dagegen mußte sie sich immer wieder entschuldigen, weil sie das eine oder andere Detail im Zusammenhang mit Eduardo und seiner Familiengeschichte vergessen hatte. Sie sagte einiges über die costaricanische Familie des Vaters, sprach kurz über die strenge Erziehung, die der Mutter im Mittleren Westen zuteil geworden war, und erwähnte beiläufig, daß es in der Familie offensichtlich einmal zu Gewalttätigkeiten gekommen sei, als Eduardo noch sehr klein gewesen war. Viel wisse sie allerdings nicht darüber. Sandy schien so bestürzt, daß sie angegriffen worden war, daß sie sich jetzt, wenn sie versuchte, über Eduardo nachzudenken, immer nur auf seine Aggressivität konzentrieren konnte.

Wir alle hatten das Gefühl, in eine Sackgasse geraten zu sein. Schließlich sagte Dr. B., offensichtlich noch immer auf der Suche nach dem, was die aggressive Handlung ausgelöst haben mochte: »Erzählen Sie uns doch einmal genau, was sich in der vorangegangenen Sitzung mit Eduardo abgespielt hat.«

»Habe ich das nicht schon erzählt?« fragte Sandy rasch. »In der Woche davor fand doch gar keine Sitzung statt. Ich hatte zwei Sitzungen gestrichen, weil ich mit meiner Familie in Urlaub war.«

Mit einem Schlag war klar, daß wir eine einleuchtende Erklärung für Eduardos Wut gefunden hatten. Aber Sandy hatte die größte Mühe, sie zu akzeptieren. »Das kann doch nicht der Grund sein!« sagte sie. »Ich habe Eduardo sehr sorgfältig auf meine Abwesenheit vorbereitet. Er hat mit keinem Wort gegen mein Wegsein protestiert; er wußte ja, daß es nur zwei Wochen sein würden. Er hat auch keinen Zweifel an meinem Versprechen geäußert, daß ich zurückkommen würde. Um ihn vollends zu beruhigen und um die Zeit meiner Abwesenheit zu überbrücken, habe ich ihm zwei Postkarten aus Frankreich geschickt – mit Luftpost. Er mußte also wissen, daß ich ihn nicht vergessen hatte. Nach meiner Rückkehr habe ich ihn wie geplant empfangen, genau wie ich es versprochen hatte. Ich habe ihm sogar ein kleines Geschenk mitgebracht. Wie sollte meine Abwesenheit also der Grund für seine Attacke gewesen sein?«

»Schauen Sie«, sagte Dr. B., »es ist sozusagen alles ausgebreitet, Sie können es sehen, aber Sie müssen lernen *hinzusehen*. Bei diesem Hinsehen kommen uns unsere individuelle Begabung, unsere Ausbildung und unsere Erfahrung zustatten. Ich habe Kunstgeschichte und Ästhetik studiert. Um mit Erfolg psychoanalytisch zu arbeiten, muß man sein Vorstellungsvermögen nutzen, muß visualisieren, was in der anderen Person und zumal in ihrem Unbewußten vorgeht, muß auch mit den Träumen etwas anfangen können, die ja ebenfalls visueller Natur sind. Und man muß scharf beobachten.«

Jetzt wandte Dr. B. sich an die ganze Gruppe. »Habe ich Ihnen nicht immer wieder gesagt: ›Erzählen Sie mir nicht, was Sie daraus machen. Erzählen Sie mir ganz einfach, was Sie beobachtet haben.‹ Sie haben uns gesagt, daß Sie Erzieherin waren. Und Sie sind ja auch an Ihrem eigenen Innenleben interessiert. Also – was haben Sie in bezug auf sich selbst und den Jungen beobachtet?«

Sandy war durchaus willens, ihrem defensiven Verhalten ehrlich nachzuforschen. »Ich gebe zu, daß ich ein bißchen ein schlechtes Gewissen hatte wegen meiner Urlaubsreise«, sagte sie. »Ich wußte, daß meine Abwesenheit eine Belastung vor allem für die jüngeren Kinder darstellen würde. Aber schließlich bin ich doch auch ein Mensch! Ich habe Pflichten meiner Familie gegenüber. Ich bin im Süden der Region San Francisco aufgewachsen, und der tollste Urlaub, den meine Eltern sich – selten genug – leisten konnten, war der Campingurlaub in der Sierra. Mein Mann und ich haben lange Zeit hart gearbeitet, um uns endlich schöne Reisen leisten zu können. Und unsere Kinder sind inzwischen alt genug, um uns zu begleiten und sich an Dingen zu erfreuen, die uns als Kindern nie geboten wurden.

Aber ich bin zu alt, um mir oder dieser Gruppe etwas vorzumachen. Wenn mein Analytiker in Ferien geht, dann reagiere ich heftig. Es sollte mir also wirklich nicht so schwer fallen, Eduardos Wut zu akzeptieren.« Sandy dachte einen Augenblick lang nach. »Tatsächlich war ich so wütend, als mein Analytiker in Ferien ging, daß ich die Wut verdrängen mußte. Und das nicht nur, weil sie so intensiv war, sondern auch, weil mir das zeigt, wie abhängig ich von ihm bin – etwas, was nicht zu mir paßt. Ich nehme also an, Sie meinen, daß ich mich davor schützen mußte zu sehen, woher Eduardos Wut kam, nicht nur weil seine Wut mich erschreckte, sondern weil sie mir zeigte, daß er sehr abhängig von mir ist. Seine Abhängigkeit und die Intensität seiner Gefühle erschrecken mich, vielleicht sogar noch mehr als seine Aggressivität.

Wenn Eduardo so abhängig von mir ist – und vielleicht sind auch manche von den anderen Kindern, die ich behandle, abhängig von mir – , wie soll ich dann in Zukunft überhaupt noch Urlaub machen können? Wenn ich eines Tages meine eigene Praxis habe, werden die Gefühle meiner Patienten mich ständig in meiner persönlichen Freiheit beschneiden.«

»Das ist ein Problem, das sich uns allen stellt«, sagte ich. »Therapeutin zu sein beschränkt Sie in der Tat in Ihrer Freiheit. Sie können nicht guten Gewissens ein halbes Jahr lang auf Reisen gehen und Ihre Patienten inzwischen hängenlassen. Selbst wenn Sie im August Urlaub machen, wie das ja üblich ist, werden einige Ihrer Patienten Ihnen das übelnehmen. Aber natürlich können Sie Ihr Privatleben auch nicht ganz und gar opfern, auch wenn es besonders gierige Patienten gibt, die eben das wollen. Sie können aber ein offenes Ohr für die Gefühle und Wünsche Ihrer Patienten haben und es zulassen, daß diese Gefühle und Wünsche geäußert werden, und Sie können sagen: ›Ja, ich weiß, wenn ich Urlaub mache, dann verletze ich meine Patienten.‹ Das ist zwar nicht Ihre Absicht, aber es ist eine Nebenerscheinung dessen, was Sie tun, und Sie sind für diesen Schmerz, den Sie da verursachen, verantwortlich.

Es kann hin und wieder vorkommen, daß Sie im Urlaub eine Stunde opfern und einen Patienten anrufen müssen, der ganz verzweifelt ist oder der diesen Kontakt braucht, um stabil zu bleiben. Meine Patienten wissen allerdings, daß ich sie von überallher anrufen würde, wenn sie es für lebenswichtig halten und mit meinem Vertreter überhaupt nicht reden können, und daher werde ich in meinen Ferien nur selten gestört. Und sie fühlen sich sicher, weil sie wissen, daß ich ihnen und ihrem Fall verpflichtet bin.«

Eine Zeitlang schwiegen wir alle. Schließlich sagte Dr. B.: »Ich glaube nicht, daß wir schon allen Facetten von Eduardos aggressivem Akt nachgegangen sind.«

»Was?« rief Sandy. »Jetzt sehe ich doch alles ganz deutlich! Eduardo hat auf meine Abwesenheit reagiert. Was gibt es dazu sonst noch zu sagen?«

Dr. B. warf Sandy einen Blick zu und sagte dann: »Von ihrem Inhalt her ist Eduardos Reaktion – er war wütend, weil seine Therapeutin ihn für kurze Zeit verlassen hat – so häufig, daß man sie schon als Allerweltsreaktion bezeichnen könnte. Aber die spezifische Form seiner Reaktion und die Intensität seiner Wut rufen doch nach einer eingehenderen Beschäftigung. Sie haben ja schließlich Ihren Analytiker, obwohl Sie wütend auf ihn waren, nicht physisch attackiert, als er aus dem Urlaub zurückkam, oder? Und keiner Ihrer anderen Patienten hat Sie in dieser Weise attackiert. Die meisten Patienten hegen negative Gefühle gegenüber ihrem Therapeuten, wenn der sie, und sei es auch nur für kurze Zeit, verläßt. Das führt aber nur sehr selten, wenn überhaupt, zu mehr als verbalen Unfreundlichkeiten. Warum also hat Eduardo so heftig reagiert?

Möglicherweise reichen die Wurzeln von Eduardos Feindseligkeit tiefer. Könnte sich hinter seiner heftigen Reaktion auf Ihre Abwesenheit ein zurückliegendes Trauma verbergen? Gab es die Erfahrung des Verlassenwerdens schon früher in seinem Leben, und hat Ihr Urlaub ihm diese Erfahrung möglicherweise wieder ins Bewußtsein oder in sein Unbewußtes gerufen?«

»Natürlich, solche Erfahrungen gab es!« sagte Sandy zugleich erfreut und aufgeregt. »Meine Abwesenheit muß den Schmerz über den Weggang seines Vaters nach der Scheidung seiner Eltern wieder in ihm geweckt haben.«

Jetzt endlich hatte Sandy in Eduardos Verhalten das klassische Beispiel des Phänomens der *Übertragung* erkannt: Der Patient reproduziert in der therapeutischen Situation lang zurückliegende Gefühle, das heißt, er läßt diese Gefühle in den Sitzungen voll wieder aufleben, so als bezögen sie sich auf aktuelle Geschehnisse. Der Therapeut erkennt darin die emotionalen Nebenprodukte traumatischer Erfahrungen, die Jahre oder Jahrzehnte zurückliegen können; die Wirkungen dieser Traumata haben sich aber nahezu unverändert im Unbewußten des Patienten erhalten.

»Es ist schmerzlich für uns Therapeuten, ein Kind zu verletzen«, sagte ich. »Es steht im direkten Widerspruch zu dem, was unsere Aufgabe ist, und es trägt uns Schuldgefühle ein. Aber wenn uns klar ist, daß wir manchmal im eigenen Interesse handeln müssen und daß das unseren Patienten unter Umständen schmerzlich berührt, dann können wir uns besser in die Eltern einfühlen, die ihren Kindern ja nun wirklich schwere Verletzungen beibringen können. In der Regel sind diese Eltern gar nicht die Unmenschen, für die wir sie manchmal halten. In vielen, wenn auch sicher nicht in allen Fällen wollen sie ihrem Kind keinen Schmerz zufügen, sehen sich aber durch Umstände, auf die sie keinen Einfluß haben, doch dazu gezwungen. Und viele von ihnen fühlen sich deshalb schuldig.«

»Da fällt mir etwas ein«, sagte Sandy. »Eduardos Vater war mir anfangs, als die Mutter davon sprach, wie grausam er sein konnte, wirklich unsympathisch. Ich war wütend, als sie mir erzählte, daß er eines Tages ohne Vorwarnung seine Siebensachen gepackt und die Familie verlassen hat. Aber der eigentliche Schock kam erst später. Ich lernte den Vater kennen und hatte den Eindruck, daß er ein netter Mann ist, der wirklich sehr an Eduardo hängt.«

»Ist es nicht möglich«, gab Dr. B. zu bedenken, »daß Eduardos Vater sich geradezu getrieben sah, seine Familie zu verlassen, so wie Sie ja auch überzeugt waren, daß Sie Ihrer Familie den Urlaub nicht nehmen durften? Es war vielleicht Selbstschutz, daß er nicht imstande oder nicht willens war zu erkennen, daß er zugleich mit diesem Schritt seinem Sohn ein schweres Trauma zufügte. Aber auch wenn wir die Dinge so sehen, dürfen wir uns nicht dazu verleiten lassen, das, was der Vater getan hat, zu verteidigen oder zu rechtfertigen.

Es kann allerdings sehr verlockend sein, eben das zu tun. Sie sehen ja, wie schnell das geht: Sie waren ja schließlich ganz begeistert von diesem netten und interessierten Vater. Es gibt andere Fälle, in denen uns die wirklich jämmerliche Situation einer Mutter oder eines Vaters dazu verleiten kann, mit dieser Person zu sympathisieren – gegen das Kind. Und ob die Schwierigkeiten des Kindes letzten Endes durch die Eltern verursacht sind oder nicht – manche Kinder können ihren Eltern das Leben wirklich zur Hölle machen.

Aber wir haben uns auf die Seite unseres Patienten zu schlagen, auf die Seite des Kindes, das sich gegen die Welt der Erwachsenen ja nicht verteidigen kann. Natürlich ist es wie bei einem Gerichtsverfahren – der Verteidiger muß seinen Mandanten unter Umständen (wenn das im Interesse des Mandanten liegt) darauf aufmerksam machen, daß er, der Mandant, bestimmte Fakten verzerrt dargestellt hat. Und so muß unter Umständen auch die Therapeutin ihren Patienten auf gewisse Entstellungen in seiner Sicht der Dinge aufmerksam machen, aber nur, wenn das eindeutig dem Wohl des Patienten dient und der Therapie nützt.

Und um auf Ihren Fall zurückzukommen: Eduardos Vater mag Ihnen inzwischen noch so sympathisch erscheinen – immerhin hat er seinen Sohn verlassen. Nehmen wir einmal an – und jetzt wage ich eine Spekulation, nur um deutlich zu machen, was ich meine –, daß das Zusammenleben mit Eduardos Mutter aus der Sicht des Vaters so unmöglich war, daß ihm die Scheidung als der einzige Ausweg erschien. Das würde den Schaden, den Eduardo erlitten hat, nicht im geringsten mindern. Wenn der Vater mit seiner Meinung recht hätte, könnte es das Trauma sogar noch verschlimmern, denn es würde ja bedeuten, daß Eduardo allein zurückbleibt, ohne den Vater, der ihn vor einer sehr schwierigen Frau in Schutz nehmen könnte.

Scheidungen sind heutzutage sehr häufig und werden von der Gesellschaft bereitwillig akzeptiert. Ich kenne mehrere Kindertherapeuten, die selbst geschieden sind und nicht mit ihren Kindern zusammenleben. Aus sehr verständlichen Gründen werden solche Therapeuten sich nur ungern der Erkenntnis stellen, daß es für Kinder – und eben auch für ihre eigenen Kinder – eine sehr schmerzliche und schwierige Erfahrung ist, verlassen zu werden. Es könnte also sein, daß ein solcher Therapeut einen anderen geschiedenen Vater in Schutz nimmt. Zugegeben, manche Ehen sind so miserabel, daß der Schaden für ein Kind, das unter diesen Umständen leben muß, vielleicht größer ist, als wenn seine Eltern sich scheiden ließen. Aber kleine Kinder können in der Regel nicht wirklich begreifen, daß es ihnen noch erbärmlicher ginge, wenn die Eltern sich nicht getrennt hätten. Und die meisten jüngeren Kinder kümmern sich auch nicht groß darum, wer von ihren Eltern denn nun der ›schuldige‹ Teil ist. Sie wissen nur, wie schrecklich sie darunter leiden, verlassen worden zu sein.

Therapie ist eine Beziehung, ein Experiment, ein Testfall. Und eingedenk dieser Mischung muß der erfahrene Therapeut es vermeiden, seine eigenen Gefühle in die therapeutische Beziehung zu projizieren. Damit meine ich auch feste Überzeugungen, zum Beispiel den Gedanken, daß Scheidung, ja sogar ein Urlaub, unweigerlich ›Verlassenwerden‹ bedeutet und daß das Kind dieses Verlassenwerden akzeptieren muß. Wenn solche verständlichen Gefühle sich in die therapeutische Beziehung hineinschleichen, werden sie zu dem, was wir als *Gegenübertragungsphänomene* bezeichnen. In sich sind diese Gefühle und Einstellungen sozusagen Gemeinplätze, aber in der Person des Therapeuten werden sie zu psychischen Prozessen, die mit seiner therapeutischen Funktionsfähigkeit interferieren. Der Eingang in die therapeutische Beziehung *muß* ihnen verwehrt werden, denn sie sind dieser Beziehung schädlich.«

»Ein anderes Beispiel für die Gegenübertragung in Eduardos Fall ist Ihre Angst vor seinem aggressiven Verhalten«, fügte ich hinzu. »Ich habe das schon in vielen Fällen beobachtet: Der gleiche Therapeut, der destruktives Verhalten verstehen und akzeptieren kann, solange es anderswohin gerichtet ist, kann mit einem derartigen Verhalten nicht mehr umgehen, wenn es sich gegen ihn selbst richtet. Dann überwältigt ihn die eigene Angst, und er kann dieses Verhalten einfach nicht mehr akzeptieren. Der Gedanke an Selbstschutz ist zwar normal und verständlich, aber andererseits lenkt diese persönliche Reaktion die Energien des Therapeuten auf die Überlegung, wie er sich gegen eine Wiederholung schützen kann. Wenn ihm solche persönlichen Reaktionen ins Gehege kommen, dann verliert er den Blick für jene fundamentale psychotherapeutische Lektion, die besagt, daß niemand ohne das handelt, was in *seinen* Augen gute Gründe sind.«

Dr. B. wandte sich erneut dem Thema des Verlassenwerdens zu. »Daß Sie sich unbedingt gegen die Erkenntnis wehren wollten, daß Ihr Urlaub für Eduardo ein Trauma war, das war ja *Ihr* Anliegen, nicht Eduardos. Und deshalb war es Gegenübertragung. Es hat Sie daran gehindert zu verstehen, daß seine intensiven Gefühle anzeigten, daß ein Akt des Verlassens, egal wie geringfügig und harmlos er in Wahrheit ist, für sein Unbewußtes ein Spiegelbild des ursprünglichen Verlassenwerdens durch den Vater war.«

Dr. B. sah die Seminarteilnehmer der Reihe nach an. »Schädlich an der Gegenübertragung ist ja unter anderem, daß sie dem Therapeuten nur zu leicht den Blick für die Übertragungsphänomene verstellt, also für jene hochwichtigen Stationen auf dem Weg des Patienten in Richtung seines psychischen Wohlbefindens. Und wenn wir uns hier gerade mit Übertragung und Gegenübertragung beschäftigen, wollen wir auch nicht vergessen, daß der Patient auch seinerseits imstande ist, Einsicht beim Therapeuten zu wecken.«

Dr. B. wandte sich wieder an Sandy. »Sie waren der Meinung, es sei schlecht für die Therapie, wenn man Eduardo einen Schmerz zufügt. Aber dieser Schmerz war ja nun etwas, das dem psychotherapeutischen Prozeß inhärent ist – Psychotherapie fördert die Übertragung. Dieser Schmerz ist auch eine therapeutische Chance und zeigt, daß die Therapie gut vorwärtskommt. Warum? Weil alte Traumata sich in der psychotherapeutischen Situation ja nur verarbeiten lassen, wenn sie in diese Situation hineingebracht werden. Das heißt also, die Übertragung, die getreue Reproduktion der ursprünglichen schmerzlichen

Erfahrung des Verlassenwerdens, hat es Eduardo ermöglicht, dieses Verlassenwerden mit der gegenwärtigen, geringfügigeren Erfahrung des Verlassenwerdens – Ihrem Urlaub – in einen Zusammenhang zu bringen. Und das ist für den psychotherapeutischen Prozeß nur gut.«

»Ich will einmal sehen, ob ich Ihnen folgen kann«, sagte Sandy. »Meinen Sie, daß, wenn mir meine eigenen Gefühle nicht ins Gehege gekommen wären, ich darin vielleicht kein Hindernis gegenüber der Therapie gesehen hätte? Anstatt mich zu erschrecken, hätte Eduardos aggressive Handlung mich erfreut, weil sie uns die Chance bot, die Nachwirkungen der ursprünglichen Erfahrung durchzuarbeiten?«

Dr. B. nickte.

»Trotzdem glaube ich nicht, daß ich jemals begeistert sein werde, wenn jemand mich attackiert«, sagte Sandy.

»Er hat Sie nicht attackiert«, sagte ich. »Er hat Sie geschockt und erschreckt. Er hat Ihre Gefühle verletzt, aber er hat Sie nicht physisch verletzt. Tatsächlich glaube ich, daß er sehr wohl darauf geachtet hat, Sie nicht körperlich zu verletzen. Es ist nicht einfach, jemandem eine Kette vom Hals zu reißen, ohne ihn dabei zu verletzen. Natürlich waren Sie alarmiert. Wer wäre das in diesem Augenblick denn nicht gewesen? Aber in dem Augenblick, in dem Sie sich überwältigt fühlten und in Eduardos aggressiver Handlung eine ernsthafte physische Attacke sahen, machten Sie aus diesem Geschehen eine Bedrohung für den Fortgang der Therapie. Sie haben diese Handlung nicht als eine Kommunikation betrachtet, die Sie entschlüsseln mußten.

Natürlich können Sie es nicht zulassen, daß man Sie physisch attackiert, aber Sie haben doch sechs Monate Erfahrung mit Eduardo und wissen, was für ein Mensch er ist. Wie es seinem Wesen entspricht, hat Eduardo darauf geachtet, Ihre Gefühle und Ihre Perlen, nicht aber Ihren Körper zu verletzen. Er mag Sie und scheint zu wissen, daß er die Grenze zur physischen Gewalt nicht überschreiten darf. Das heißt, er ist der gleiche Junge, den Sie seit sechs Monaten kennen und mögen.«

»Soll Sandy seine Aggressivität also einfach tolerieren?« fragte Gina.

»Nein«, sagte ich. »Seine Aggressivität zu tolerieren hieße, ihm sagen: ›Du kannst mich nicht verletzen. Du bist inkompetent.‹ So etwas zu tolerieren, bedeutet, daß man den anderen nicht ernst nimmt. Patienten mögen es nicht, wenn man tolerant mit ihnen umgeht. Sie wollen, daß man auf sie reagiert. Und wenn Sie nicht reagieren, dann muß der Patient die Dinge eskalieren lassen. Wenn das eine Verhalten nicht stark genug ist, um eine Reaktion auszulösen, dann muß das Kind sich etwas Kräftigeres ausdenken. Jedes Verhalten ist zielgerichtet, und Ihre Aufgabe als Therapeutin besteht nicht darin, tolerant zu sein, sondern darin, das Ziel des Kindes zu verstehen und angemessen darauf zu reagieren.«

Wieder fiel für eine Weile kein Wort. Schließlich brach ich das Schweigen. »Wenn eine psychotherapeutische Behandlung ihren korrekten Gang nehmen soll, dann *müssen* Wut und Feindseligkeit von neuem erstehen, von neuem durchlebt und in der Übertragung durchgearbeitet werden. Unsere Wut birgt ja, wie andere Aspekte unseres Unbewußten, eine enorme Energie, die sich für unsere Interessen einspannen läßt, wenn sie nicht verdrängt und fest weggepackt wird, weil wir sie so sehr fürchten. Wie sich diese wütende Energie, dieser starke und erschreckende Sturm einsetzen läßt, das wird Sie in Ihrer weiteren psychotherapeutischen Tätigkeit beschäftigen, nicht nur in der Arbeit mit Eduardo, sondern mit vielen Patienten und vielleicht auch mit Ihnen selbst. Die Furcht vor dieser Wut bringt viele Patienten dazu, sich selbst zu hemmen und zu beschränken. Sie werden mit den Jahren immer starrer, weil sie immerzu versuchen, vor anderen und in der Regel auch vor sich selbst zu verbergen, wie wütend und feindselig sie sind. Das heißt, sie geben einen immer größeren Teil ihrer Kräfte und Fähigkeiten für ein defensives Manöver dran. Mit dieser Wut läßt sich nicht konstruktiv in der Weise fertig werden, daß man dem betreffenden Menschen sagt, er solle doch ehrlich sein und mal Dampf ablassen, wenn und wo ihm danach zumute ist. Das kann sich nämlich außerordentlich zerstörerisch auf seine Beziehungen und seinen Erfolg im Leben auswirken. Die Therapie ist unter Umständen der einzige Ort, an dem solche Menschen wirklich sagen und empfinden dürfen, was sie wollen, ohne daß dies ernsthafte Weiterungen oder Vergeltungsmaßnahmen nach sich zieht.

Erst wenn diese negativen Gefühle in der therapeutischen Beziehung angemessen bewältigt worden sind, können die positiven Gefühle auf den Plan treten. Das heißt, erst muß Eduardos Wut darüber, daß er verlassen worden ist, manifest werden, und erst muß die Feindseligkeit, wie sie durch diese Wut erzeugt worden ist, erfahren, erkundet und in einen therapeutischen Kontext und eine therapeutische Perspektive gebracht werden. Erst dann kann. Eduardo die Liebe zu seinem Vater wieder beleben – eine Liebe, die abgetaucht ist, weil der Weggang seines Vaters ihn so enttäuscht und so wütend gemacht hat.

Wie das in der Übertragung manifest werden wird, weiß ich nicht. Die Liebe zum Vater taucht zunächst vielleicht als Liebe zu seiner Therapeutin wieder auf, also zu Ihnen, Sandy. Seine Feindseligkeit Ihnen gegenüber kann im wesentlichen als eine Übertragung der Wut verstanden werden, die sich ursprünglich gegen seinen Vater richtete, der ja wohl ein falsches Spiel mit Eduardos Liebe gespielt hat, indem er ihn in einem Augenblick verließ, in dem das Kind seinen Vater dringend gebraucht hätte. Sie können also auch die positiven Gefühle nicht als wirklich auf Sie gerichtet ansehen. Man darf in ihnen nur den Umstand sehen, daß Eduardo die Liebe zu seinem Vater auf Sie überträgt, auf seine Therapeutin.«

»Sie alle wissen, daß das Unbewußte kein Zeitempfinden hat«, fuhr Dr. B. fort. »Das Unbewußte ist chaotisch, weil es weder durch Zeit noch durch Raum oder Kausalität strukturiert ist und weil logische Widersprüche darin ohne weiteres vorkommen dürfen. Kants ›apriorische Kategorien‹, die alles bestimmen, was in unserem Geist vorgeht, beziehen sich natürlich nur auf den bewußten oder rationalen Geist. Die Zeit-Losigkeit macht es möglich, daß Psychoanalyse betrieben werden und gelingen kann, weil sie es dem Patienten erlaubt, vergangene Geschehnisse in der Übertragung von neuem zu erfahren, so als wären es gegenwärtige Erfahrungen, und dies in einer Form und Intensität, wie sie sie besaßen, als sie frische Wunden waren. Sie ermöglicht es dem Patienten, diese damaligen Geschehnisse in der Gegenwart durchzuarbeiten. Und soweit es das Unbewußte betrifft, beeinflußt dieses Durcharbeiten die Konsequenzen der alten Traumata für die aktuellen Gefühle und das aktuelle Funktionieren; es mindert ihren Einfluß auf das Unbewußte. Durch die Psychotherapie werden sie gelegentlich verwandelt, so als ob die Geschehnisse sich niemals zugetragen hätten oder in anderer Form abgelaufen wären. In gewisser Weise kann der Patient mittels der Psychotherapie seine Vergangenheit neu erschaffen, ein neues Licht auf sie werfen, das vieles von ihrer hartnäckigen und zerstörerischen Macht zerstreut, zumindest soweit es ihren Einfluß auf die Gegenwart angeht.

Durch die allmähliche Selbstanalyse gelingt es dem Patienten, seine Gegenwart aus diesem unbemerkten und unbewußten Würgegriff seiner Vergangenheit zu lösen. Indem er die beiden voneinander trennt, wird seine Vergangenheit wirklich zur Vergangenheit; sie wird nicht länger so erfahren, als wäre sie die Gegenwart.«

Ein Schweigen folgte, dann sagte ich: »Noch mal zu Eduardos Verhalten. Um es zu verstehen und um wirklich zu begreifen, was damit gemeint war, müssen wir uns daran erinnern, daß für ein Kind, und zumal für ein emotional gestörtes Kind, die Vergangenheit Gegenwart und die Gegenwart Vergangenheit ist. Für ein gestörtes Kind ist – wie für ein sehr kleines ›normales‹ Kind – die Zukunft bestenfalls heute nachmittag, und ein Unrecht oder eine Demütigung, die man ihm in der Vergangenheit angetan hat, wird nicht nur wiederkehren, sondern die Gegenwart beherrschen.

Und obwohl Sie das wissen, Sandy, konnten Sie Ihr Wissen in dieser speziellen Situation nicht anwenden. Theoretisches Wissen gerät nur zu leicht außer Kraft, wenn seine Anwendung mit der Drohung verbunden ist, daß unser Leben schwieriger wird – in diesem Fall damit, daß es problematisch für Sie ist, in Urlaub zu gehen.

Aber ich will noch nicht weg von Ihrer Kette«, fuhr ich fort. »Können Sie uns sagen, warum Eduardo sie Ihnen weggerissen hat?«

»Warum belästigen Sie sie immer weiter?« fragte Bill. »Wir haben jetzt eine ganze Stunde lang ausführlich darüber diskutiert. Das ist doch lächerlich. Welchen Aspekt haben wir denn noch nicht beredet?«

»Ich verstehe noch immer nicht, was Eduardo damit sagen wollte, daß er Sandy die Perlen vom Hals riß«, sagte ich. »Jede Handlung eines Kindes ist eine Kommunikation mit uns. Diese Kommunikation haben wir nun glücklich verstanden. Wir sagen nicht länger, daß es sich um das verrückte Verhalten eines impulsiven Kindes handelte, hinter dem möglicherweise ein neurologisches Syndrom steht. Wir haben alle begriffen, daß Eduardo Sandy mitteilen wollte, wie aufgebracht er darüber war, daß sie ihn – aus seiner Sicht – verlassen hat.

Was mir aber weiterhin zu denken gibt, das ist die Frage, warum er sich nun gerade für diese spezielle Art und Weise entschieden hat, seine tiefe Verletztheit zu zeigen. Es hätte ja auch andere Möglichkeiten gegeben. Er hätte Sandys Kleidung zerreißen oder einen Gegenstand zerschlagen können, den sie auf ihrem Schreibtisch stehen hat und von dem er annahm, daß er ihr lieb und teuer sei – alles Dinge, die ich schon erlebt habe, wenn ein Kind so richtig enttäuscht, frustriert oder wütend war. Wenn Eduardo Sandy einen physischen Schmerz hätte zufügen wollen, dann hätte er sie schlagen, mit einem schweren Spielzeug nach ihr werfen, sie beißen oder an den Haaren ziehen können. Da er das nicht getan hat, vermute ich, wie gesagt, daß er darauf abzielte, ihre Gefühle zu verletzen.

Wenn mit Worten kommuniziert wird, dann wissen wir genau, daß wir darauf achten müssen, welche Ausdrücke, welche Wendungen und Vulgaritäten der Patient verwendet, um seine Gedanken zu übermitteln. Wenn er seinen Gefühlen auf dem Weg über Handlungen Luft macht, dann ist die Botschaft oft schwieriger zu entschlüsseln. Zur Vorbereitung auf die praktische Arbeit als Kindertherapeuten gehört es, daß wir lernen, in vielen ›Sprachen‹ bzw. auf viele verschiedene Weisen zu kommunizieren, weil auch Kinder sich je nach Alter ganz verschieden äußern. Der Kindertherapeut muß lernen, Verschiebungen zu begreifen – er muß es verstehen, wenn ein Kind seine geheimsten Gefühle und Sorgen im Spiel zum Ausdruck bringt, sie also auf Puppen oder ein Spiel projiziert.

Das heißt also, wir Kindertherapeuten müssen die Bedeutung von Symbolen verstehen, wir müssen die Sprache von Puppen, von Spielzeugen, von sportlicher Betätigung verstehen. Ich erinnere mich an einen Kandidaten, der fast die ganze Therapie mit einem Jungen, der schon in die Schule ging, in der Baseball-Terminologie durchführte. Wenn man es mit einem erwachsenen Patienten zu tun hat, wird man seinem Gedankengang folgen und sich in dem Augenblick, in dem er das Thema abrupt wechselt, sagen, daß er wahrscheinlich Angst hat. Wenn das Spiel eines Kindes plötzlich einen anderen Weg nimmt – wir haben dafür den Terminus technicus des ›Spielabbruchs‹ –, dann hat ihm wahrscheinlich Angst gemacht, was es da im Wege der Verschiebung ausgespielt hat. Im übrigen weiß der Psychotherapeut, daß alle Handlungen, zu denen es im therapeutischen Kontext kommt, Botschaften sind, die entschlüsselt und verstanden werden müssen, egal welche ›Sprache‹ der Patient benutzt. Das ist die Essenz einer korrekten Interpretation: eine Botschaft, nun an den Patienten gerichtet, die besagt: ›Ich höre dich und verstehe, was du mir sagen willst.‹ In der Kindertherapie sollte die Interpretation allerdings ebenfalls im Rahmen der Verschiebung angesiedelt sein; dann spricht man also zum Beispiel über das, was die Puppe getan hat, nicht aber über das, was die Handlung im Leben und in der Familie des Kindes bedeutet. Wenn wir dem Kind gegenüber eine direkte Interpretation vornehmen, dann kann das sehr zudringlich wirken, das Kind ängstigen und es veranlassen, das Thema zu wechseln.«

Jetzt meldete sich Dr. B.: »Wir alle haben heute beträchtliche Kräfte und Energien darauf verwandt, Eduardos aggressive Handlung zu verstehen.« Er wandte sich unmittelbar an Sandy: »Und Sie waren aufgeschlossen und wißbegierig. Es ist ja ganz normal, daß man an den eigenen Ideen festhalten möchte, nachdem man sich so heftig bemüht hat, zu ihnen vorzustoßen.

Aber auch Freud war sich durchaus im klaren darüber, daß man nur zu leicht den Blick vor den Alternativen verschließt, wenn man sich das Verhalten eines Patienten erst einmal, wie man meint zufriedenstellend, erklärt hat. Diese Erklärung übersieht aber möglicherweise eine tiefere symbolische Bedeutung des Verhaltens, und deshalb vielleicht riet Freud den Analytikern, ihren Patienten mit, wie er sagte, ›gleichschwebender Aufmerksamkeit‹ zuzuhören; bei Theodor Reik ist im gleichen Zusammenhang vom ›Zuhören mit dem dritten Ohr‹ die Rede. Beide Rezepte raten gerade davon ab, die konzentrierte Aufmerksamkeit wie einen Scheinwerfer auf die Worte des Patienten zu richten, weil das nämlich die Offenheit für die Dinge, die sich sozusagen an der Peripherie unserer Wahrnehmung befinden, und für die schwach erleuchteten Randbereiche unseres eigenen Unbewußten verhindert. Die Therapeutin muß sowohl ihre bewußten Reaktionen auf das, was der Patient sagt, als auch ihre unbewußten Reaktionen darauf beachten. Nur dann nämlich kann sie sich einigermaßen sicher sein, daß sie wirklich auf *alles* eingeht, was im Geist des Patienten vorgeht. Dieses ›alles‹ umfaßt die Dinge, die im bewußten Geist des Patienten ablaufen, ebenso wie die Prozesse auf den verschiedenen Ebenen seines Unbewußten, die oft unabhängig voneinander operieren.

Wenn wir also besser oder umfassender verstehen wollen, was Eduardo gezwungen hat, seine Gefühle in der Form zum Ausdruck zu bringen, daß er Dr. Salauri die Kette vom Hals riß, oder – so ist es wohl richtiger – was in seinem bewußten System *und* in seinem Unbewußten, die in Kombination seine aggressive Handlung motivierten, vorging, dann müssen wir davon absehen, sein Verhalten nur eben in allgemeinen Worten zu schildern und als einen zornigen Akt zu betrachten. Wir müssen unsere Aufmerksamkeit auch auf die spezifische Form richten, die seine Aggressivität nahm. Offensichtlich führt es uns ja nicht weiter, wenn wir die Sache nur unter der Überschrift ›Wegreißen einer Halskette‹ sehen. Auf welche weitere Weise können wir diese Handlung noch betrachten und beschreiben?«

Aus der Runde der Seminarteilnehmer kamen verschiedene Vorschläge.

»Man könnte sagen, daß er ihr die Kette vom Hals *zerrte*«, sagte Jason.

»Damit würde man aber nur einen Ausdruck verwenden, der das Geschehen gewalttätiger beschreibt«, erwiderte ich.

»Vielleicht wollte Eduardo Sandy bestrafen, indem er ihren Schmuck wegnahm«, sagte Gina.

»Schon besser«, antwortete Dr. B. »Ihre Bemerkung zeigt, daß Sie sich fragen, welches symbolische Ziel er mit dieser Handlung verfolgt haben könnte. Sie erwägen die Möglichkeit, daß Eduardos Handlung zielgerichtet gewesen sein könnte, daß er also mehr am Ausgang der Handlung interessiert gewesen sein könnte als an der Handlung als solcher. Das suggeriert, daß Eduardo sich für diese spezielle Handlung entschieden haben könnte, weil sie sich einmalig gut dazu eignete, eine sehr spezifische Botschaft zu übermitteln.«

Und jetzt funkelten Dr. B.s Augen, als er fortfuhr: »Vielleicht bestand Eduardos Ziel nur darin, Sandys Kette kaputtzumachen. Da er aber nicht über Zauberkräfte verfügt, mußte er sie ihr erstmal vom Hals reißen, um sein Ziel zu erreichen – wenn das denn sein Ziel war –, und diese Handlung ließ ihn aggressiv erscheinen.«

»Was?« fragte Bill.

Alle waren perplex.

»Lassen Sie Ihre Gedanken doch mal etwas wandern, Dr. Salauri«, sagte Dr. B. »Könnte es sein, daß Eduardo Ihnen eine sehr spezielle Botschaft zukommen lassen wollte, indem er diesen Kreis, diese ununterbrochene Reihe von Perlen zerriß?«

Sandy dachte einen Augenblick nach, dann hellte sich ihr Gesicht auf. »Ja. Ja, natürlich. Aber Sie haben mir einen deutlichen Hinweis gegeben. Sie versuchen mir zu sagen, daß Eduardo einen Weg gefunden hat, zu protestieren und es mir sozusagen mit gleicher Münze heimzuzahlen: eine zerbrochene Perlenkette als Lohn für eine zerrissene Kette von Sitzungen.«

Dr. B. nickte.

»Das scheint mir aber sehr weit hergeholt«, sagte Jason.

»Das kann man wohl sagen«, meinte Bill.

Michael dagegen nickte. »Der Gedanke gefällt mir. Er leuchtet mir ein.«

»Es ist ein eleganter Gedanke, aber auch mir scheint er weit hergeholt«, sagte ich. »Aber was hier wirklich interessiert, ist ja nicht, ob diese Interpretation nun ins Schwarze trifft, sondern ob Sie akzeptieren, daß Eduardo nicht impulsiv gehandelt hat, sondern einen ganz präzisen Grund hatte, sich unter allen Dingen, die er in Ihrem Sprechzimmer hätte kaputtmachen können, gerade die Perlen auszusuchen, und ob Sie erkennen, daß er, was immer er auch damit ausdrücken wollte, darauf geachtet hat, Sie nicht physisch zu verletzen. Die Überlegung, was er im Sinn hatte, was er mitzuteilen und zu erreichen versuchte, die bringt den therapeutischen Prozeß vorwärts. Und wenn Dr. B.s Hypothese diese Vorwärtsbewegung und dieses zunehmende Verständnis zwischen Ihnen und Eduardo fördert, dann ist sie konstruktiv.«

»Oh, ich glaube, sie ist mehr als das«, sagte Sandy. »Dr. B. hat etwas Wichtiges entdeckt. Ich war mit Eduardo in dem Raum, und ich glaube, das ist die logische symbolische Bedeutung seiner Handlung.«

»Dann nutzen Sie das in Ihrer Arbeit mit ihm«, sagte ich. »Schließlich geht es Ihnen ja darum, das therapeutische Gespräch zwischen

Ihnen und Eduardo am Leben zu halten. Manchmal muß dieses Gespräch zwischen Unbewußtem und Unbewußtem stattfinden. Jedes Gespann aus Patient und Therapeut entwickelt sozusagen seine eigene ›Sprache‹, und das ist wahrscheinlich der Grund, weshalb Patienten in einer freudianischen Analyse freudianische Träume und Patienten in einer jungianischen Analyse jungianische Träume haben. Beides sind Möglichkeiten, die unbewußten Inhalte in einer Sprache mitzuteilen, auf die man sich geeinigt hat.

Aber es ist noch etwas anderes wichtig an Eduardos Aggressivität. In einer anderen Hinsicht war das, was er getan hat, nämlich ein sehr positiver Schritt vorwärts. Vorhin sagten Sie noch, daß Eduardo Ihnen die Kette ›aus heiterem Himmel‹ weggerissen hat. Sie sagten aber auch, daß sein Vater ›ohne Vorwarnung‹ weggegangen sei. Es war vielleicht wie mit dem Weggang seines Vaters – Ihr Urlaub hat ihn zum passiven Opfer gemacht. Indem er die Kette kaputtmachte, hat er Ihnen in symbolischer Form das zugefügt, was Sie ihn passiv haben erleiden lassen.«

Diese Möglichkeiten und Einsichten tauchten die Situation und Eduardos Rolle darin in ein ganz neues Licht. Was Sandy zuvor Sorgen gemacht hatte, gefiel ihr jetzt. Ihr Lächeln zeigte es deutlich. Sie sagte: »Der Mumm von diesem Kerl hat mir doch schon immer gefallen!«

»Sie haben gute Gründe, zufrieden zu sein«, sagte Dr. B. »Ihre Arbeit mit Eduardo hat Früchte getragen. Als er mit der Behandlung anfing, konnte er auf Verletzungen, die ihm zugefügt wurden, nur mit passivem Widerstand reagieren, ein hilfloses Opfer. In der Schule verweigerte er das Lernen, um zu zeigen, daß er nicht bereit war, sich mit der Welt zu arrangieren, denn nach seinem Gefühl war die Welt auch nicht bereit, sich mit ihm zu arrangieren. Jetzt, in der Behandlung bei Ihnen, hat er es gewagt, in eigener Sache aktiv zu werden, wenigstens in der therapeutischen Situation. Was Sie also anfangs als therapeutische Sackgasse angesehen haben, wenn nicht sogar als eine Bedrohung für den Fortgang der Therapie, das war, wie Sie jetzt erkennen, ein wichtiger Schritt vorwärts. In gewisser Hinsicht ist das etwa so, wie wenn ein Kind nein zu uns sagt. Es ist sehr wichtig, daß wir als Eltern und Therapeuten diese Zurückweisung, die das Kind uns zeigt, akzeptieren. Mit diesem Nein erweist sich die Individuation und die Erfahrung von Selbstbestimmtheit.

Da wir heute noch etwas Zeit haben«, fuhr Dr.B. fort, »würde ich es für angebracht halten, wenn wir uns mit dieser Frage vom wirklichen und vom symbolischen Inhalt einer Kommunikation noch etwas allgemeiner beschäftigten. Man sollte als Psychotherapeut häufiger darüber nachdenken.

In der psychotherapeutischen Situation reflektiert sich ja das gesamte Leben des Patienten und die Haltung des Therapeuten diesem Leben gegenüber. Ob wir es als Therapeuten mit einem Kind oder mit einem Erwachsenen zu tun haben – eines muß uns klar sein: Wir können die Lebensprobleme des Patienten nicht für ihn lösen. Wir können nur auf einer symbolischen Ebene mit ihnen umgehen, und das halten wir für effizient. Wir haben jetzt eine Stunde lang über Eduardo gesprochen und uns Gedanken über die Botschaft gemacht, die in seiner Handlung lag. Wie oft denken wir über die Symbolik dessen nach, was wir als Therapeuten tun?

Am Ende der jeweiligen Sitzung steigen wir wieder um in die alltägliche Realität und denken über die symbolische Bedeutung dieses plötzlichen Wechsels der mentalen Umgebung nicht weiter nach. Nach fünfundvierzig oder fünfzig Minuten sagen wir: ›Deine Zeit ist um‹, ›Meine Zeit ist um‹ oder sonst etwas in dieser Art. Wir, die wir sagen, daß das Unbewußte keinen Zeitsinn hat, schalten abrupt von der symbolischen zur realen Ebene um, in einem Augenblick, der von der Uhr bestimmt wird.

Wir müssen uns fragen, was dieses Umschalten symbolisiert, was es bedeutet, daß wir als Psychotherapeuten die Sitzung nicht an einem Punkt beenden, an dem es psychologisch richtig wäre, sondern an einem Punkt, den die Uhr bestimmt. Fünfundvierzig oder fünfzig Minuten lang handeln Sie als Therapeut nur mit Symbolik, und dann plötzlich, wenn es Ihnen paßt und ohne groß darüber nachzudenken, daß Sie den Patienten dazu überredet haben, alles symbolisch zu sehen, tun Sie plötzlich den Schritt in die reale Welt und schicken die ganze Symbolik zum Teufel.

Wenn Sie sich die symbolische Botschaft ansehen, die darin liegt, dann lautet sie doch, daß der Therapeut in Wahrheit will, daß seine Patienten Zwangsneurotiker werden, Leute, die unbedingt imstande sein sollten, die Dinge voneinander zu isolieren. Das ist etwas, womit Freud sich niemals wirklich beschäftigt hat.«

»Dafür hat Jacques Lacan sich sehr eingehend damit beschäftigt«, sagte Michael.

»Das stimmt«, sagte Dr. B. »Lacan, der berühmte französische Psychoanalytiker, schrieb, daß es Zeit im Unbewußten nicht gibt und daß deshalb auch die Dauer einer therapeutischen Sitzung nicht zeitlich festgelegt werden sollte. Da ist natürlich viel Wahres dran, aber Sie müssen auch bedenken, wie unpraktisch es für Ihren Stundenplan wäre, wenn Sie nicht jedem Patienten eine festgelegte Menge Zeit für seine Sitzung zuweisen würden. Wie sollten Sie denn anders über die Runden kommen?«

»Wenn ich damit überhaupt Schwierigkeiten habe«, sagte Gina, »dann deswegen, weil ich die Sitzung nicht rechtzeitig beenden kann, nicht etwa weil ich sie früher beenden möchte.«

»Freud hat sich da etwas ausgedacht, was wirklich sehr gut funktioniert«, sagte Dr. B. »Hier habe ich allerdings noch kaum je gehört, daß diese Methode empfohlen wurde. Freud faßte am Ende einer jeden Sitzung zusammen, was sich für den Patienten ergeben hatte, und schloß die Sitzung damit ab. Diese Zusammenfassung bildete den Übergang vom symbolischen zum realen Leben.«

»Wußte er denn immer so genau, was sich in der Sitzung ergeben hatte?« fragte Gina. »Mir wird oft erst Stunden später klar, was sich in einer Sitzung eigentlich ereignet hat.«

»Ja, anfangs ist es bestimmt schwierig, so eine Zusammenfassung zu geben. Aber wie alles, was man über Jahre hinweg systematisch macht, läßt sich auch das lernen. Sicherlich kann es vorkommen, daß Sie nach einer Sitzung einmal nicht imstande sind, ihren tieferen Sinn zusammenzufassen. Sie können aber zum Beispiel sagen: ›Heute haben wir sehr viele Dinge besprochen‹ oder: ›Heute ging es langsam voran – warum wohl?‹ Natürlich ist es besser, aber eben nicht immer möglich, zu sagen, was nun eigentlich dabei herausgekommen ist.«

Gina beugte sich vor und sagte mit Verve: »Ja. Offensichtlich gibt es in jeder Therapie Zeiten – und *muß* es Zeiten geben –, in denen beiden Beteiligten nicht sofort klar ist, was eigentlich vorgeht. Eine Zusammenfassung am Ende einer solchen Stunde könnte sowohl den Patienten als auch den Therapeuten beruhigen, indem man sich eben immer wieder sagt, daß solche Zeiten auch zur Therapie gehören.«

»Bei den Wiener Analytikern war noch etwas anderes üblich«, sagte Dr. B. »Der Analytiker beendete jede Sitzung damit, daß er sinngemäß sagte: ›Wir machen weiter.‹«

»Und Freud empfing seine Patienten an sechs Tagen einer Woche«, ergänzte ich.

»Ja«, bestätigte Dr. B. »Das heißt also, der Analytiker lieferte sowohl eine Zusammenfassung als auch den Hinweis, daß es noch Unerledigtes gab.«

»Ich habe mir schon oft überlegt, daß es am anderen Ende so etwas wie einen Aufwachraum geben sollte, einen Ort, an dem man vor dem Wiedereintritt in die reale Welt kurz innehalten könnte«, sagte Sandy.

»Wenn die Sitzung wirklich gut war und in große Tiefen führte, dann ist der Übergang sehr schwierig für den Patienten«, antwortete Dr. B. »Theoretisch sollte jeder Patient sich dafür Zeit nehmen. Aber die meisten Patienten haben einfach zuviel vor. Sehen Sie sich doch nur die Kinder an: Sie haben heutzutage soviel zu tun; gleich nach der Sitzung bei Ihnen steht schon der nächste Punkt auf ihrem Programm. Das heißt, sie werden abgeholt und können sich diese Zeit gar nicht nehmen. Aber das ist typisch für die Art, in der unsere Gesellschaft ganz allgemein mit der Zeit umgeht.

Haben Sie dazu noch Fragen?« Niemand meldete sich, und Dr. B. fuhr fort: »Ich hoffe, Sie haben alle erkannt, wie wichtig es ist, daß wir alles tun, um die Botschaft unseres Patienten zu verstehen. Die Theorie ist etwas Allgemeines. Sie ist sehr nützlich, und ohne sein theoretisches Wissen käme der Therapeut vielleicht niemals dahinter, weshalb und woran sein Patient so leidet. Aber das Problem des einzelnen Patienten, also zum Beispiel Eduardos Problem, ist ein spezifisches und einmaliges. Die große Gefahr ist, daß der Therapeut – und oftmals auch der Patient – sich mit einer allgemeinen Erkenntnis zufriedengibt – also etwa mit der Erkenntnis, daß Eduardo wütend auf Dr. Salauri war. In der Regel ergibt sich aber etwas ganz und gar anderes, wenn der Therapeut andere Aspekte des jeweiligen Falles in den Blick nimmt.

Das kann Schwerarbeit sein und viel Zeit kosten. Aber wenn Sie mit dem ›dritten Ohr‹ hinhören und sich bemühen, die Botschaft Ihres Patienten zu entschlüsseln, dann stehen die Chancen sehr viel besser, daß die Therapie einen konstruktiven Gang nimmt.«

Als Dr. B. und ich diesen Fall später miteinander besprachen, erkannten wir, daß er auch das Phänomen des Ödipuskomplexes in sich barg. Eduardos Vater hatte seinen Sohn verlassen, als dieser etwa drei Jahre alt war, also auf dem Höhepunkt der ödipalen Phase des kleinen Jungen. Seine primäre Bindung an die Mutter und seine Feindseligkeit gegenüber dem Vater (der in dieser Periode ja als der erfolgreiche Konkurrent um die Liebe der Mutter erfahren und betrachtet wird) stehen in einem heftigen Widerstreit mit dem Bestreben des Jungen, sich von seiner Mutter unabhängig zu machen. In diesem Bestreben dienen die Liebe zum Vater und die Identifikation mit dem Vater letzten Endes dazu, den Konflikt zu bewältigen. Aber in Eduardos Fall lief dieser schwierige Prozeß, dessen Bewältigung in Freuds Augen von zentraler Bedeutung für die psychische Gesundheit war, schrecklich schief, denn der Vater verschwand und stand nicht zur Verfügung, als Eduardo ihn besonders dringend brauchte.

In der ödipalen Phase sind die Bindungen des kleinen Jungen, und zwar sowohl in der liebenden wie in der feindseligen Form, nicht nur außerordentlich stark, sondern auch außerordentlich unbeständig; er schwankt leicht von der Mutter zum Vater und wieder zurück. Hätte Sandy sich an das erinnert, was sie im Grunde ja wußte, und hätten wir daran gedacht, die Diskussion in diese Richtung zu dirigieren, dann hätte sie Eduardos plötzlichen Ausfall ihr gegenüber vielleicht nicht nur als Teil der Übertragung erkannt, sondern spezifisch als das Übertragen ödipaler Fixierungen und Probleme in die Therapie. Aber diese Themen kamen gar nicht zur Sprache. Es sind viele verschiedene Richtungen denkbar, in die ein Seminar sich fruchtbar entwickeln kann; der Weg in Richtung der ödipalen Problematik wurde in diesem speziellen Seminar aber niemals eingeschlagen.

Sandy und die Übertragung – Teil Zwei
Ein Jahr später
Es waren etwa fünfzehn Monate vergangen, als Sandy uns eine weitere Situation vortrug. Gleich zu Beginn der Sitzung sagte sie: »Ich möchte noch einmal über Eduardo sprechen, obwohl ich nicht recht weiß, ob ich es tun sollte. Mit Sicherheit habe ich eine Menge von ihm gelernt, aber es war eine bittere Pille! Es mag letzten Endes gut für

mich gewesen sein, wenn das auch kaum den schmerzlichen Gedanken aufwiegt, daß ich so viele Fehler gemacht habe. Aber ich möchte noch lernen, und daß wir hier unsere Fehler zur Schau stellen, scheint den meisten von uns ja eine Menge Einsichten zu bescheren. Ich fange also an.

Eduardo hat bemerkenswerte Fortschritte gemacht. Er war ja als lesegestört diagnostiziert, hat aber im letzten Jahr nicht nur lesen gelernt, sondern ist sogar ein begeisterter Leser geworden. Er ist ganz aus dem Häuschen und sehr zufrieden mit sich. Früher hat er sich für dumm gehalten; das tut er jetzt nicht mehr. Allmählich hat er das Gefühl, daß er ganz schön clever ist, und das stimmt auch.«

»Hat er von selbst vom Lesen angefangen?« fragte Renee.

»Nein«, sagte Sandy. »Er hat lange Zeit überhaupt kein Wort vom Lesen gesagt. Dann stürmte es einmal sehr stark, als er bei mir war, und der Dachstuhl knarrte. Er reckte den Hals, starrte mißtrauisch an die Decke, sah dann mich an und fragte: ›Ist das ein Geist?‹ Ich fragte: ›Kam es dir vor wie ein Geist?‹, und er bejahte und fing dann an zu erzählen, daß er gerade dabei sei, eine Menge über Geister zu lernen. Ich fragte nach und erfuhr, daß er sich aus der Schulbibliothek holen durfte, was ihn interessierte, und daß er alles über Geister las, was er dort nur bekommen konnte. Auf diese Weise stellte ich fest, daß seine Lesebehinderung sich gebessert hatte.«

»Und was sind Geister?« fragte Dr. B.

»Ehrlich gesagt, da bin ich mir nicht sicher, und ich weiß auch nicht, wie ich mir Eduardos Interesse an Geistern erklären soll«, antwortete Sandy. »Manchmal denke ich, sie sind real.« Sie lachte, als wäre es ihr unangenehm, das zuzugeben, und fügte dann hinzu: »In meinen reiferen Augenblicken glaube ich, daß die Geister nichts anderes sind als unsere eigenen Ängste, die wir nach außen projizieren.«

»Das sind sie bestimmt«, sagte Dr. B. »Aber was sind sie sonst noch?«

Sandy überlegte einen Augenblick und fragte dann: »Warum sagen Sie mir nicht, was Sie denken?«

»Sind Geister nicht verstorbene Menschen?« antwortete Dr. B.

»Diese Verbindung habe ich nicht gezogen«, sagte Sandy. »Ich war ja froh, daß Eduardo jetzt lesen kann, und dachte, daß er mir mit dieser Mitteilung doch wohl ein Geschenk machte.«

»Das mag so sein«, sagte Dr. B. »Aber wenn ein Patient sagt: ›Ich lese in meiner Freizeit alle Bücher über Geister, die ich nur kriegen kann‹, dann sollten wir doch fragen, warum das Kind angesichts all dessen, was die Bücherei ihm bietet, ausgerechnet von Geistern fasziniert ist. Wenn ein Kind zum Beispiel vom Geist im Schrank oder vom Geist in der Dachkammer spricht, dann meint es vermutlich die Geister verstorbener Menschen. Wir wissen zwar noch nicht, was Eduardo eigentlich meint, wenn er von Geistern spricht, aber wir können doch annehmen, daß ein intelligenter Zehnjähriger zumindest eine vage Vorstellung davon hat, daß Geister Menschen sind, die schon gestorben sind und die nun zurückkommen, um hier zu spuken.

Sie wissen ja vielleicht, daß die Ägypter ihre Pyramiden nicht nur bauten, um die Körper der toten Pharaonen zu bewahren und ihr Andenken zu ehren, sondern auch, um die Leiber mit dem Gewicht der Steine zu beschweren.«

Einige der Anwesenden lachten.

»Ja, es ist wahr. Auch wir beschweren ja die Gräber der Toten mit Steinen, damit sie nicht wieder herauskommen und uns Lebende erschrecken.«

»Da ist nur eine große Schwierigkeit«, sagte Sandy, und ihre Stimme vibrierte. »Sie bleiben nun einmal nicht dort.«

»Nein, aber es ist doch ein Versuch«, sagte Dr. B.

Das starke Gefühl, das aus Sandys Antwort gesprochen hatte, deutete darauf, daß sie eine persönliche Erfahrung im Sinn hatte. So hielt ich es für nützlich, ihr mit einigen Bemerkungen entgegenzukommen. »Kein Grabstein kann unsere persönlichen Geister zur Ruhe bringen«, sagte ich, »und wir sind gejagt von dem, was unsere Toten möglicherweise von uns gewollt oder erwartet haben. Ein Patient hat einmal zu mir gesagt: ›Geister haben mehr Macht als wirkliche Menschen. Man kann nicht vor ihnen weglaufen.‹ Weil diese Geister so erschreckend sind, müssen wir versuchen, sie zur Ruhe zu bringen. Wer sind diese Geister? Ich glaube, am häufigsten setzen uns die Geister unserer toten Eltern zu, vor allem wenn wir es versäumt haben, uns zu ihren Lebzeiten mit ihnen auszusöhnen. Und wie viele von uns haben sich denn wirklich mit ihren toten Eltern ausgesöhnt? Wenn einer von Eduardos Eltern gestorben wäre, dann könnten wir da ansetzen, aber Eduardos Eltern sind ja beide noch am Leben.«

Sandy nickte, sagte aber nichts.

»Andere Geister, die uns verfolgen können, sind die anderen Toten, mit denen wir nicht ins reine gekommen sind. Das können Leute sein, die wir geliebt oder gehaßt haben oder denen gegenüber wir sowohl Liebe als auch Haß empfanden; es können auch Leute sein, denen gegenüber wir eine Verpflichtung hatten, die wir nie eingelöst haben. Möglicherweise sind es Leute, bei denen wir uns hätten entschuldigen müssen, was wir niemals getan haben, bei denen wir einen Eindruck hinterlassen haben, um den es uns jetzt leid tut, oder denen wir zu unserem Bedauern niemals gesagt haben, was wir für sie empfanden und was sie uns bedeuteten. Aber wer immer dieser Geist in Eduardos Vergangenheit ist – als Therapeuten müssen wir darüber nachdenken. Was bedeutet das für Eduardo persönlich? Die Klischeevorstellung, daß ›alle Kinder gern Geistergeschichten hören‹, hindert uns daran, sinnvolle Fragen zu stellen. Wenn ein Kind wie Eduardo sagt: ›Ich lese alle Geistergeschichten, die ich überhaupt in die Finger kriegen kann‹, dann muß seine Therapeutin sich als erstes fragen: ›Was bedeuten Geister, was symbolisieren sie im allgemeinen?‹, und dann: ›Was bedeuten sie speziell für dieses Kind und in diesem Augenblick seines Lebens?‹«

»Oh, ich habe Eduardo immerhin gefragt, welche Geister ihn interessieren«, sagte Sandy. »Er hat mir gesagt, daß er sich für den Unterschied zwischen Poltergeistern und Engeln interessiert. Ich dachte mir, daß er mir vielleicht auf diese Weise von seiner Unsicherheit darüber berichten wollte, ob er in den Augen seiner Mutter nun ein ›böser Junge‹ oder ein ›Engel‹ ist, denn so nennt sie ihn abwechselnd. In der gleichen Sitzung hatte er zuvor schon darüber nachgedacht, ob er oder ob das, was er tut, für seine Mutter akzeptabel oder nicht akzeptabel ist.«

Dr. B. schüttelte den Kopf. »Wenn Eltern ihrem Kind sagen: ›Du bist ein kleiner Engel‹, dann klingt das zwar so, als wollten sie ihm erzählen, wie gut es ist. In Wahrheit bringen sie damit aber auf subtile Weise ihre Ambivalenz gegenüber diesem *realen* Kind zum Ausdruck, das ja gar nicht so gut sein kann, jedenfalls nicht für längere Zeit. Engel sind im Himmel zu Hause, nicht auf der Erde. Um ein Engel zu werden, muß ein Kind zunächst einmal sterben.«

»Oh ja«, sagte Sandy und holte tief Luft. »Seine Mutter hält Kindergottesdienst. Ich bin sicher, daß das von einigem Einfluß ist. Aber ich will noch einmal auf die Poltergeister zurückkommen, die ja angeblich Dinge kaputtmachen und ein großes Durcheinander anrichten. Daran war Eduardo sehr interessiert. Seine Mutter ist sehr ordentlich, während er selbst viel kaputtmacht und oft ein großes Durcheinander anrichtet. Die Bücher, die er gerne liest...« Hier hielt Sandy inne, so als sei ihr über dem, was sie gerade gesagt hatte, eine Erkenntnis gekommen. »Ich schätze, daß er diese Bücher noch aus einem anderen Grund gelesen hat – nicht nur deshalb, weil Kinder solche Geistergeschichten eben lieben.«

Sandy verfiel in Schweigen und schien nicht imstande oder nicht bereit fortzufahren. Dr. B. und ich hatten schon oft festgestellt, daß die Seminarteilnehmer gelegentlich Bemerkungen machten, aus denen hervorging, daß sie mit dem jeweiligen Fall durchaus vertraut waren, daß sie aber, weil sie so schnell sprachen oder nicht genau auf die eigenen Worte achteten, sich gar nicht wirklich klarmachten, was sie bereits alles wußten. So ließ ich die Kette der Gedanken, die Sandy gerade geäußert hatte, noch einmal ablaufen, um sie dazu zu bringen, daß sie ein weiteres Mal, und diesmal langsamer und sorgfältiger, darüber nachdachte. Am Ende fragte ich sie: »Und was genau sind nun diese Geister und Poltergeister?«

»Seine eigenen bösen Anteile?« fragte Sandy zögernd und so, als ob sie ihrer Einsicht noch nicht ganz traute.

»Ihr Bericht hat gezeigt, daß Sie das im Grunde schon wußten«, sagte ich. »Wie Sie sagen – diese Geister und Poltergeister sind Projektionen von Teilen seines Selbst.«

Sandy schwieg und schien nachzudenken. Dafür meldete sich jetzt Jason zu Wort: »Als Dr. B. von den Eltern sprach, die sich einen ›Engel‹ wünschen und ihr Kind deshalb bereits in den Himmel verfrachten, wurde mir etwas im Zusammenhang mit dem klar, was Sandy vorher gesagt hat: Bestimmte Anteile von Eduardo sind für seine Mutter annehmbar, andere Anteile sind unannehmbar – vielleicht dermaßen unannehmbar, daß sie es gerne sähe, wenn er diese Anteile in sich abtötete. Es ist, als ob seine Mutter sagte: ›Manches an dir ist in Ordnung, und das akzeptiere ich, das bist *du*. Aber eine andere Seite von dir ist teuflisch. Ich lehne sie rundum ab, und du mußt zusehen, daß du sie loswirst.‹ Die Lösung sieht so aus, daß Eduardo sich von diesen Anteilen seines Selbst lossagen und sie nach außen projizieren muß – was erklären könnte, warum er sie zu Geistern und Poltergeistern macht.«

»Das paßt«, sagte Sandy. »Eduardo rülpst und furzt nämlich gern und wundert sich furchtbar darüber, daß das nicht richtig sein soll. Er versteht nicht, warum etwas, was ja viele Jungen seines Alters tun, in meiner Gegenwart ganz in Ordnung ist, während seine Mutter, wenn er sich zu Hause so benimmt, sehr wütend wird und sagt, daß er es mit Absicht macht. Kein Zweifel, daß er mit Absicht rülpsen und furzen würde, wenn er nur könnte – aber er sagt, daß er nicht weiß, wie er es anstellen soll.

Eduardo hat sich sehr lange mit seinem ersten Ich, dem Körper-Ich, beschäftigt. In letzter Zeit hat sich sein Spiel verändert. Anstatt ein Riesendurcheinander anzurichten, spielt er jetzt gerne den Koch, der gutes Essen zubereitet und einem dann davon abgibt.«

Sandy schien sich zwar in Richtung eines wichtigen Themas bewegen zu wollen – daß Eduardo nämlich der Meinung war, er habe gutes Essen für jemanden, den er mochte –, aber Dr. B. und ich wollten die Diskussion über die Geister noch nicht aufgeben. Ich sagte also: »Da Eduardo ja noch keinen Toten zu haben scheint, dessentwegen er in einen Konflikt geraten wäre…« – hier gab Sandy mir mit einer Kopfbewegung zu verstehen, daß ich mit dieser Annahme recht hatte –, »interessiert er sich vielleicht deshalb für Geister, weil man Geister nicht vom Rülpsen und Furzen und von anderen Dingen abhalten kann, die er vielleicht gern täte.«

»Und Geister necken die Leute«, sagte Sandy. »Das täte er vielleicht auch gerne, wenn er könnte.«

»Das klingt schon mal ganz gut«, sagte ich. »Aber es erklärt Eduardos Interesse an Geistern immer noch nicht befriedigend. Sie haben die Dinge vielleicht noch nicht wirklich zu Ende gedacht, Sandy. Versuchen Sie es doch mal so: Was könnte denn Ihr Interesse an Geistern wecken? Wenn Sie versuchen, sich auf diese Weise in die Dinge hineinzudenken, kommen Sie der ganzen Antwort vielleicht näher.«

»In gewisser Weise habe ich das schon getan«, antwortete Sandy. »Aber was mich interessiert, ist nicht, daß Geister Verstorbene sind, sondern daß sie gut oder böse sein können, und ob Eduardos Geist gut oder böse ist.«

»Also, ich habe in meinem Leben sehr wenig gute Geister getroffen«, sagte Dr. B. »Und Sie?«

»Mir war einmal, als sähe ich meine verstorbene Großmutter, und ich dachte mir: ›Hoffentlich ist das ein Segen und kein Fluch‹«, antwortete Sandy.

Das war eine gänzlich unerwartete Enthüllung. Es war also möglich, daß Sandy aufgrund ihrer persönlichen Erfahrungen ihre Schwierigkeiten damit hatte, den Zusammenhang zwischen verstorbenen Menschen und Geistern zu erkennen, und sich lieber auf die Frage konzentrierte, ob sie gut oder böse seien. Es schien nicht angebracht, in diesem Augenblick in Sandys Leben und ihr Verhältnis zu ihrer Großmutter hineinzuleuchten. Um Sandy an den möglichen Zusammenhang zwischen Geistern und Toten zu erinnern, sagte Dr. B.: »Ist es nicht merkwürdig, daß ein Junge, der noch keinen Toten hat, der ihm wichtig ist, so fasziniert von Geistern ist?«

»Ja. Beide Groß…« Hier unterbrach Sandy sich, griff sich an den Kopf und stammelte: »Oh, nein, nein, nein, aber das ist … toll! Es *gibt* eine sehr wichtige verstorbene Person in Eduardos Leben. Die ganze Familie denkt nicht gerne daran, so wie ich auch nicht daran gedacht habe. Aber es *gab* einen sehr mysteriösen Todesfall, über den beide Eltern am liebsten nicht reden. Das letzte Mal habe ich das wahrscheinlich nicht erwähnt, weil es der Familie so wichtig ist, die Sache geheimzuhalten, daß ich damals noch fast nichts darüber wußte. Aber letztes Jahr haben sie mir ein bißchen mehr erzählt.

Es hat mit irgendeinem bösen alten Familienzwist zu tun, an dem mehrere nahe Verwandte von Eduardo beteiligt waren. Die Sache ist nicht klar. Irgend jemand hat mir schließlich gesagt, daß ein Verwandter von Eduardo eines Mordes an einem anderen Familienmitglied verdächtig ist. Aber inzwischen schweigen sie wieder alle. Keiner will mir mehr darüber erzählen. Ich vermute, daß die Wahrheit so beschämend und so furchtbar ist, daß diese stolze Familie sie mir einfach nicht sagen will. Es scheint aber klar zu sein, daß es ein Mord war. Alle erwachsenen Familienmitglieder wissen, was passierte, aber sie wollen mir einfach nicht mehr über das Geheimnis erzählen.«

Dr. B. nickte. »Ist es unter diesen Umständen nicht eher verständlich, daß Geister in Eduardos Leben eine wichtige Rolle spielen und daß er unbedingt mehr über Geister erfahren wollte? Übrigens wird damit auch klarer, worauf die ›Lesestörung‹ vermutlich zurückzuführen ist.

Ich habe den dringenden Verdacht, daß die Lesestörung in Eduardos Fall – wie übrigens auch bei vielen anderen Kindern, bei denen eine Dyslexie diagnostiziert worden ist – durch emotionale Faktoren verursacht ist«, fuhr Dr. B. fort. »Wie könnte das gekommen sein? Vermutlich hat man ihm zu Hause ständig zu verstehen gegeben, daß er nicht so viel fragen und nicht so neugierig sein solle. Er fürchtete also, durch das Lesen vielleicht Dinge zu entdecken, die er nicht entdecken sollte, und er wußte, daß seine Familie ein großes Geheimnis bewahrte, von dem er nichts wissen durfte. In seinem Fall von besonderer Signifikanz: Es gab einen mysteriösen Todesfall in der Familie. Wenn sich ein solcher Tod in seiner Familie ereignet hatte, so seine Furcht, dann war es ja möglich, daß auch er auf irgendeine mysteriöse Weise ums Leben kommen konnte, wenn er herausfand, was da passiert war und was er eben nicht herausfinden sollte. Aus Selbstschutz war es also das Beste, nicht lesen zu können, denn durch Lesen findet man Dinge heraus, die man zuvor nicht wußte. Hinter Eduardos Dyslexie verbarg sich also – wie hinter der Lesestörung so vieler anderer Kinder, die deshalb psychoanalytisch behandelt worden sind – der *dringende Wunsch, nicht zu wissen.*

Und was passierte dann in der Behandlung?« Dr. B.s Blick wanderte um den Tisch und heftete sich schließlich auf Sandy. »Nicht nur, daß Sie ihm zuredeten, den Dingen, die ihm wichtig waren, nachzugehen – er entdeckte allmählich auch, daß er das ja gefahrlos tun konnte. Also fing er an zu lesen. Es war ja seine Furcht vor den Folgen gewesen, die die ›Lesesperre‹ verursacht hatte – die Geschichte vom Geist des toten Verwandten – , und nun, da er mutig geworden war, las Eduardo nicht nur begierig Geistergeschichten, sondern brachte

auch ein Buch mit Geistergeschichten mit in die Sitzung, in der Hoffnung, daß er hier, in der Sicherheit der Beziehung zu Ihnen, mehr über
den ›Geist‹ erfahren würde, dessen Geschichte ihn verfolgte.

Verzeihen Sie, wenn ich jetzt etwas Persönliches berühre. Eigentlich
hätte Eduardos Begeisterung für diese Lektüre Sie ja hellhörig dafür
machen müssen, wie wichtig Geister für ihn waren. Ich frage mich, ob
Ihre eigene Erfahrung mit dem Geist Ihrer Großmutter Ihnen vielleicht im Weg stand, so daß Sie Eduardos Geisterfaszination nicht entschlüsseln konnten? Wenn das so ist, dann haben wir hier vielleicht
ein weiteres Beispiel der Gegenübertragung – die persönliche Erfahrung einer Therapeutin, die ihr beim Umgang mit dem Material, das
der Patient in die Therapie brachte, in die Quere kam.«

»Sie haben wahrscheinlich recht«, sagte Sandy. »Aber es war nicht
allein die persönliche Erfahrung mit Geistern, die mir im Weg stand.
Es war auch die Geheimnistuerei dieser Familie, die mich daran hinderte, wirklich zu verstehen, was da passiert ist und wie es sich auf
Eduardo ausgewirkt hat. Es liegt wohl an meinen Gefühlen im
Zusammenhang mit Eduardo und der Übertragung – nicht an der
Gegenübertragung –, wenn es mir manchmal schwerfällt, über Details
aus seinem Leben klar nachzudenken. Es gibt Fakten im Zusammenhang mit seiner Familie, die er nicht wissen darf. Als Folge meiner
Empathie mit ihm vergesse ich dann auch manches und wirke vielleicht, als hätte ich keine Ahnung von ihm.« Sandy überlegte einen
Augenblick. »Interessant. Daran habe ich noch gar nicht gedacht. Ich
mache auf Sie einen doofen Eindruck, so wie er in der Schule anscheinend doof war – er konnte ja nicht lesen. In manchen dieser Seminare
haben Sie beide schon gesagt, daß Supervision zur Übertragung führen kann, daß wir uns unter Umständen einem Supervisor gegenüber
so verhalten wie der Patient sich uns gegenüber verhält. Ich nehme an,
das ist ein Beispiel dafür. Und ich muß noch Genaueres über diesen
Todesfall wissen. In den letzten acht Monaten hat Eduardo seinen
Vater regelmäßig gesehen. Aber wenn ich mit dem Vater zusammentreffe, will er nicht über diese Sache reden, obwohl er eindeutig ziemlich viel darüber weiß.«

Sandy sah Dr. B. an. »Mir reicht es eigentlich jetzt mit den Geistern.
Die werde ich mir, wenn es mal paßt, zusammen mit meinem Analyti-

ker vornehmen. Kann ich jetzt noch auf etwas anderes zu sprechen kommen?«

Dr. B. nickte.

»Ich weiß schon – Sie werden mir sagen, daß ich auch hier die Bedeutung nicht erkannt habe. Eduardo hat noch ein anderes Buch mitgebracht, ein Buch über eine Pipeline, die Kohlenschlamm von Montana nach Texas transportiert. Ich hatte natürlich nicht die geringste Ahnung von diesem Schlamm, ich hätte auch nicht gedacht, daß er von großer Wichtigkeit für sein emotionales Leben wäre. In den Rohren befindet sich also mit Wasser vermischte Steinkohle…«

»Ich weiß alles über diesen Schlamm«, sagte Dr. B.

»Also, ich wußte nichts darüber«, antwortete Sandy.

»Ich glaube, Sie wissen es auch. Ich habe das gelernt, als ich Grubenarbeiter war«, scherzte Dr. B.

»Ich bin aber nie Grubenarbeiter gewesen«, antwortete Sandy.

»Oh, ich denke schon, daß Sie das waren. Das Stadium des Grubenarbeiters haben wir doch alle durchlaufen.«

Jetzt endlich begriff Sandy, daß Dr. B. sich einen Spaß mit der analen Symbolik des Buches gemacht hatte. Sie lachte und sagte: »Ich hätte den Zusammenhang übrigens schon früher erkennen müssen. Eduardo hat mir ein Stück aus dem Buch vorgelesen und sich dabei versprochen. Er las die Stelle dann ein zweites und ein drittes Mal, bis ich endlich aufmerksam wurde und ihm sagte, da sei doch etwas falsch. Er sagte: ›Sch… – wäre Scheinkohle nicht ein nettes Wort?‹ Ich fragte, was das denn sein sollte, und er gab mir eine Antwort, die weder subtil noch schwer zu entschlüsseln war: ›Ja, Scheinkohle – wie Scheiße.‹ Dann sagte er, die Pipeline sehe doch aus wie eine Wasserleitung. ›*Ist* das eine Wasserleitung?‹ fragte er. Ich erklärte ihm, daß die Rohre dazu da seien, Kohle an einen Ort zu transportieren, an dem sie gebraucht würde, und daß sie so etwas wie unterirdische Eingeweide seien – ›ähnlich wie deine Eingeweide, die den Abfall wegschaffen, den dein Körper nicht mehr braucht.‹«

Dr. B. fragte: »Warum interessiert Eduardo sich so für den Kohlenschlamm?«

»Weil er möchte, daß auch seine Abfälle in Ordnung sind.«

»Nicht einfach nur ›in Ordnung‹. Er möchte, daß sie einen Wert haben. Eine Kohlen-Pipeline mag zwar aussehen wie eine Wasserleitung, der Kohlenschlamm ist aber sehr wertvoll. Diese Geschichte ist für Eduardo deshalb so wichtig, weil er dringend möchte, daß seine anale Produktion, seien es nun Winde oder Kot, wertgeschätzt wird.«

»Als er noch klein war, hat seine Mutter ihm immer einen Einlauf gemacht, wenn er nicht genau zur festgesetzten Zeit Stuhlgang hatte«, berichtete Sandy. »Wahrscheinlich ist er deshalb so an dem interessiert, was aus ihm herauskommt.«

»Aber warum hat sie ihm denn Einläufe gemacht?« fragte ich.

Sandy sprach jetzt sehr rasch: »Na ja, gleich nach der Scheidung hatte sie das Gefühl, daß sehr vieles auf ihr lastete. Sie mußte ja arbeiten und gleichzeitig das Kind versorgen. Aber ich glaube, man muß dieser Mutter einmal sagen, daß die Einläufe für Eduardo schlimm waren, auch wenn sie ihr Bestes getan hat.«

»Viele geschiedene und getrenntlebende Mütter schlagen sich mit emotionalen Problemen und finanziellen Schwierigkeiten herum, sind am Arbeitsplatz einem erheblichen Streß ausgesetzt und verdienen bei alldem lächerlich wenig«, sagte ich. »Die meisten versuchen aber trotzdem nicht, ihre Probleme in der Weise zu lösen, daß sie ihren Söhnen Einläufe machen. Diese Mutter hat die Einläufe doch aus einem psychologischen Grund gemacht!«

»Nach ihren Äußerungen habe ich das Gefühl, daß diese Einläufe fast so etwas wie eine erotische Bedeutung haben. Erst vor ein paar Wochen hat Eduardo erwähnt, daß seine Mutter das Zeug immer noch kauft.«

»Daß seine Mutter immer noch mit ihm über Einläufe spricht oder daß er zumindest weiß, daß sie noch immer Klistiere zum eigenen Gebrauch kauft, deutet darauf, daß sie vom Thema der Einläufe und Ausscheidungen einfach nicht loskommt«, sagte ich. »So bleibt natürlich alles, was er damals empfunden haben mag, als seine Mutter ihm Einläufe machte, weiterhin am Leben. Denken Sie doch an sein Interesse an den eigenen Winden, an der Kohle – Steinkohle –, die ihn schließlich zu dem Wort ›Scheiße‹ führte.

Sehen Sie, Sandy: Da Eduardo sich entschlossen hat, mit Ihnen über die Einläufe zu sprechen, bilden sie noch immer den Kernpunkt eines komplexen Konflikts bzw. stehen für diesen Konflikt.«

»Meinen Sie nicht, daß Eduardo wie alle Kinder an sexuellen Fragen interessiert ist und – da seine Mutter in den Einläufen ein sexuelles Moment sieht – mehr darüber wissen möchte?« fragte Bill.

»Kinder interessieren sich für alle Geheimnisse, die Erwachsene überhaupt haben können«, sagte Dr. B. »Es ist interessant, daß in den verschiedenen Epochen ganz verschiedene Dinge vor den Kindern geheimgehalten wurden. Früher sprach man durchaus offen über seine finanziellen Verhältnisse, während die Sexualität ein Buch mit sieben Siegeln war. Heute ist es gerade umgekehrt. Aber auch wenn wir eigentlich offen sein wollen, was die Sexualität angeht, erscheinen unsere Informationen den Kindern immer noch unbrauchbar. Gerade weil wir wissen, wie schwierig es ist, Kinder richtig aufzuklären, sprechen wir nicht über die sexuellen *Gefühle*, und Gefühle sind ja etwas, was ein Kind verstehen kann.

Denken wir also einmal über die Gefühle im Zusammenhang mit Einläufen nach. Zunächst einmal können Einläufe als aggressiv empfunden werden, denn sie tun dem Körper des Kindes Gewalt an, sie drängen sich herein, ohne daß es seine Einwilligung dazu gegeben hat, ja gewöhnlich gegen seinen Willen. Einläufe zwingen den Darm, seinen Inhalt herzugeben. Im günstigsten Fall wird das Kind, das einen vom Arzt angeordneten (und von den Eltern mithin als letzten Endes positive Sache betrachteten) Einlauf erhält, nicht nur die Erfahrung machen, daß Mutter oder Vater ihm Gewalt antun und seinen Körper zwingen, einen Inhalt herzugeben, sondern es wird, wenn es verstopft war, durch die Entleerung auch eine große Erleichterung, ja die Befreiung von dem, was es quälte, erleben.

Das heißt also, das mindeste, was ein Kind erlebt, dem ein Einlauf gemacht wird, ist, daß sich hier aggressiv-zudringliche Elemente unauflösbar mit großer Erleichterung verbinden: eine höchst verwirrende Kombination widersprüchlicher Gefühle. Sehr häufig widersetzt sich das Kind dem Einlauf. Dann müssen die Eltern es zwingen, und zugleich werden sie wohl auch versuchen, es zu beruhigen, um den ganzen Vorgang weniger traumatisch zu machen. Auch insoweit erfährt das Kind also eine Mischung aus Aggressivität und liebender Fürsorge.

All das ergibt zusammen schon ein kompliziertes Miteinander von

Gefühlen. Wenn darüber hinaus die Mutter auch ihrerseits dem Gedanken der Entleerung mit gemischten Gefühlen gegenübersteht oder ein erotisches Moment dabei sieht – und das ist gar nicht so selten; viele Eltern haben die eigene Ambivalenz, was die Sauberkeitserziehung angeht, nicht verarbeitet –, dann erhebt sich ein solcher Sturm von Gefühlen, daß das Kind die größte Mühe hat, damit ins reine zu kommen. *Eine* Erinnerung bleibt ihm allerdings auch unter den denkbar günstigsten Umständen: daran nämlich, daß sein Körper unter Zeitdruck gebracht und gedrängt wurde, entsprechend dem elterlichen Willen und nicht im Einklang mit dem eigenen Tempo zu funktionieren. Das erste Ich ist, wie Freud sagte, ein Körper-Ich; eine solche Erfahrung kann mithin das Bild des Kindes von sich selbst – das Bild einer kompetenten Person – beschädigen.

Damals lastete vieles auf Eduardos Mutter, sie fühlte sich gehetzt und hatte den Eindruck, daß die Dinge ihr über den Kopf wuchsen. Es ist also durchaus möglich, daß die Augenblicke, in denen sie ihrem Sohn einen Einlauf machte, zugleich diejenigen waren, in denen sie ihm ihre mehr oder weniger ungeteilte Aufmerksamkeit zuwandte. Wenn das so war, dann mußten die Einläufe für Eduardo sogar noch an Bedeutung gewinnen: In diesen Augenblicken fühlte er sich seiner Mutter so nahe wie sonst nie und hatte sie ganz für sich. Und diese Atmosphäre erregte sie. Wir wissen, daß Jungen in der ödipalen Phase darauf aus sind, ihre Mutter ganz für sich zu haben und ihre ungeteilte Aufmerksamkeit zu genießen. Als Eduardo sich in dieser Phase befand, galten die Gedanken seiner Mutter sehr weitgehend dem Problem seiner Verdauung, und sein Vater war von der Bildfläche verschwunden – das mag den Prozeß noch weiter erotisiert haben.«

»Ich bemühe mich sehr, Eduardo mit seinen Gefühlen rund um die Verdauung zu helfen«, sagte Sandy. »Dabei habe ich oft das Gefühl, ihn zu sehr anzutreiben. Ich glaube sicher, daß er damit fertig wird, aber andererseits möchte ich doch auch etwas bewirken, ich möchte, daß es schneller geht und daß mehr davon auf mein Konto geht.«

»Warum wollen Sie nicht darauf vertrauen, daß er selbst damit fertig wird, so wie er in der Behandlung bei Ihnen ja auch schon mit anderen Dingen fertig geworden ist?« fragte ich. »Wenn Sie ihm zusetzen, wiederholen Sie dann nicht in der Übertragungsbeziehung das

Verhalten seiner Mutter, die seinem Körper die Entleerung nicht zutraute?«

»Aus eben dieser Überlegung heraus habe ich ihn heute noch einmal vorgestellt«, sagte Sandy. »Vor zwei Wochen war ich eigentlich der Meinung, es sei Zeit für eine Deutung, aber dann habe ich doch an mich gehalten. Mir fiel nämlich plötzlich ein, daß eine Deutung zu diesem Zeitpunkt vielleicht zudringlich gewesen wäre.«

»Sie sagen sich anscheinend selbst, daß Sie lieber nicht zuviel tun sollten«, sagte ich. »Denn wenn Sie Eduardo drängen, dann wird er das Gefühl haben, daß Sie, die Therapeutin, der er vertraut, ihm nicht zutrauen, daß er selbst damit fertig werden kann.«

Sandy schüttelte den Kopf. »Ihm nichts zutrauen – das ist nun wirklich das Gegenteil von dem, was ich will. Eduardo ist ein prima Kerl, aber ich muß dieser Versuchung widerstehen, ihn zu drängen. Jetzt, während wir darüber sprechen, merke ich, daß es das ist, womit ich mich herumgeschlagen habe. Es ist wirklich seltsam, denn ich würde sagen, daß er doch gezeigt hat, daß er sehr gut selbst herausfindet, was er braucht und wie er mit den Dingen fertig wird.«

»Nach dem, was Sie sagen, habe ich keinen Zweifel, daß Eduardo seine Therapie sehr gut nutzt«, sagte Dr. B. »Aber das kann eine Verführung sein – der Therapeut möchte dann noch mehr tun und seine Sache noch besser machen. Möglicherweise ist es das, was zwischen Ihnen und Eduardo im Gang ist.«

»Das heißt also, ich sollte ihn sein Tempo lieber selbst bestimmen lassen?«

»Haben Sie das nicht schon intuitiv gespürt, als Sie der Versuchung widerstanden, eine Deutung abzugeben?« fragte ich. »Nur Eduardo weiß, wie lange er an dem jeweiligen Problem zu arbeiten hat. Sie können das nicht für ihn entscheiden.«

»Und da ist noch etwas anderes«, sagte Dr. B. »Das Beste, was einem Patienten im Laufe der Behandlung passieren kann, ist, daß er merkt, daß er seine Probleme selbst bewältigen kann, denn das gibt ihm die Gewißheit, daß er das auch in Zukunft tun können wird. Das ist ja auch der Grund, weshalb der Patient in der Psychoanalyse die Verantwortung für seine Behandlung selbst übernehmen muß. Wenn Sie es übernehmen, seine Probleme für ihn zu lösen, wenn Sie ihm also als eine Art Zauberer erscheinen, dann verläßt er die Therapie am Ende als ein Abhängiger. Das Ziel des Analytikers lautet aber, einen Menschen aus der Behandlung zu entlassen, der von seiner eigenen Kompetenz überzeugt ist.«

»Dabei fällt mir ein, daß Freud das Bild vom Analytiker als Weichensteller benutzte. Der Analytiker kann nur die Weichen stellen und so die Richtung ändern, in die der Zug fährt. Aber den Dampf kann er ihm nicht liefern.«

Dr. B. nickte. »Deshalb können Sie auch auf die Frage der Eltern, wie lange es dauern wird, bis ihr Kind mit der Therapie fertig ist, nichts anderes antworten als: ›Solange, bis es Ihrem Kind gutgeht.‹ Natürlich soll ein gelegentliches Echo des Therapeuten auf das, was der Patient sagt oder tut, die Behandlung vorwärtsbringen, es sollte aber nicht so geartet sein, daß es der Überzeugung des Patienten Abbruch tut, daß er seine Behandlung selbst in der Hand hat.

Es kommt oft vor, daß ein Patient, der zu einer schnelleren Gangart gedrängt wird, das Gefühl hat, sein Therapeut wolle die Dinge lieber selbst in die Hand nehmen. Ein Kind, das unter der zerstörerischen Dominanz seiner Eltern gelitten hat – und das trifft ja für viele Kinder zu, die als Patienten zu uns kommen –, wird nicht dadurch geheilt, daß an die Stelle des einen Regiments nun ein anderes tritt – und sei es auch das gütigere Regiment des Therapeuten. Auch wenn der Therapeut so sehr viel mehr weiß – Heilung ist nur möglich, wenn der Patient sich sagen kann, daß er seine Therapie und sein Leben selbst in der Hand hat.«

»Das ist es ja, was Eduardo unbedingt will«, sagte Sandy, »er will selbst begreifen und den Zeitpunkt selbst bestimmen, anstatt sich immer nach Leuten zu richten, die auf sein Wohl bedacht sind. Ich weiß, ich sollte lieber häufiger schweigen, anstatt zu versuchen, ihm einen Schubs zu geben. Aber irgendwie habe ich dabei auch wieder ein schlechtes Gewissen – so als täte ich meine Pflicht nicht.«

»Sich zurücklehnen und es darauf ankommen lassen, daß die Sache ihren Lauf nimmt, das gehört zu den schwierigsten Dingen bei unserer therapeutischen Arbeit, ja vielleicht auch in unserem persönlichen Leben«, antwortete Dr. B. »Aber warum fühlen Sie sich schuldig, wenn Sie schweigen und Eduardo selbst wursteln lassen?«

»Weil ich in meinem Leben meistens tatsächlich darauf gewartet habe, daß die Dinge ihren Lauf nehmen«, sagte Sandy. »Und jetzt bin ich an einem Punkt – das gilt übrigens auch für meine eigene Analyse –, an dem ich denke, daß ich mir auch für mich selbst mehr Mühe hätte geben müssen, daß ich mehr hätte bewirken müssen. Ich habe das Gefühl, ich erweise meinen Patienten den gleichen schlechten Dienst, wenn ich allzu untätig bleibe.«

»Oh, das ist interessant«, sagte Dr. B. »Hier ist nicht nur Übertragung im Spiel, die ja sein muß, sondern hier interferiert Ihre Gegenübertragung mit Ihrer Fähigkeit, sich in aller Ruhe mit Eduardos Problem zu beschäftigen. Viele Therapeuten, die neu im Geschäft sind und denen klar ist, daß sie noch nicht viel Erfahrung haben, machen sich Sorgen, ob sie die Therapie auch wirklich so gut handhaben, wie sie sollten. Und aus dieser Sorge heraus setzen sie dem Patienten besonders zu oder treiben ihn zur Eile an, um sich sagen zu können, daß sie ihren Job ja durchaus tun.

In Ihrer Situation, Frau Dr. Salauri, verschärft der Gedanke, daß Sie die Dinge in Ihrem eigenen Leben hätten beschleunigen sollen, noch das Phänomen der Übertragung. Hinter Ihrem Wunsch, daß Eduardo sich doch bitteschön schneller bewegen sollte, steht zweierlei: Zum einen möchten Sie mit Ihrer Furcht zu Rande kommen, daß Sie vielleicht Ihren Job nicht richtig tun; zum anderen haben Sie das ungute Gefühl, daß Sie in Ihrem bisherigen Leben die Dinge haben schleifen lassen. Es ist schön, daß Sie so offen sind in bezug auf das, was Sie motiviert; dadurch kommen wir nämlich an diese wichtigen Dinge wirklich heran. Und Ihr Motiv ist gut: Sie wollen nicht, daß das Gleiche auch bei Eduardos Therapie geschieht.«

Mit Bezug auf Sandys Bemerkung, sie fürchte, »allzu untätig« zu sein, sagte Dr. B.: »Die Formulierung, die Sie gebraucht haben, als Sie von Ihren Befürchtungen sprachen, impliziert Passivität. Psychotherapie verlangt aber die aktive und gleichschwebende Aufmerksamkeit und kaum so etwas wie Passivität. Die psychotherapeutische Haltung ist keineswegs eine untätige Haltung. Wenn Sie aufmerksam auf das hören, was der Patient sagt, dann überzeugt ihn das mehr als alles andere, was Sie etwa tun könnten, von seiner Wichtigkeit für Sie und davon, daß Sie ihn ernst nehmen. Indem wir aufmerksam zuhören und beobachten, überzeugen wir den Patienten davon, daß sein Unbewußtes sehr intelligent ist und uns sehr viel zu sagen hat. Und das Schweigen des Therapeuten läßt dem Patienten Zeit und Raum, um die Dinge auf seine Weise zu tun. Und auch wenn wir mit Kindern etwas anders arbeiten – in Eduardos Fall ist es wahrscheinlich das Beste, darauf zu bauen, daß er selbst und in seinem eigenen Schrittmaß mit den Dingen zu Rande kommt.«

»Aber wie kann er den Schaden verwinden, den diese Einläufe angerichtet haben?« fragte Sandy.

Dr. B. dachte über ihre Frage nach und sagte dann: »Das Beste wird wahrscheinlich sein, wenn Eduardo das, was positiv daran war, von den negativen Aspekten trennt. Dann kann er mit Ihrer Hilfe zu der Überzeugung gelangen, daß jetzt er selbst Herr über seinen Körper und damit auch über sein jetziges und zukünftiges Leben ist.

Es ist *Eduardo*, der die guten Aspekte in der Beziehung zu seiner Mutter von den schlechten trennen muß. Dann wird er erkennen, daß er das Gute auch in anderen Beziehungen bekommen kann, ohne zugleich das Schlechte akzeptieren zu müssen, das seine Mutter ihm aufgenötigt hat. Und er muß lernen, auch mit seinen grausamen und destruktiven Anteilen zu leben, sie zu zähmen und die zugehörige Energie zu konstruktiven Zwecken einzusetzen. Nur so kann er mit dem schädlichen Einfluß seiner schlechten Erfahrungen fertig werden.«

Dr. B. sah die Anwesenden der Reihe nach an. »Das ist es doch, worum es in der Psychoanalyse geht. Der Patient muß die Elemente eines höchst komplizierten Phänomens bis ins kleinste analysieren. Deshalb nannte Freud dieses Tun ›Psycho-Analyse‹. Nur indem er in der Therapie die verschiedenen Elemente komplexer Erfahrungen künstlich voneinander isoliert, kann der Patient mit ihnen umgehen. Im Grunde ist Psychotherapie also ein Prozeß, in dem die Elemente, die in Wahrheit ein sehr komplexes Universum bilden, zunächst einmal auseinandergenommen und voneinander isoliert werden müssen, bevor man sich der Reihe nach jedem einzelnen von ihnen zuwendet, denn nur so können sie bewältigt werden.

Freud hätte seiner Schöpfung im Grunde auch die sehr viel sympathischere Bezeichnung *Psychosynthese* geben können. Aber nur der

Patient kann diese Synthese bewirken, und zwar in seinem eigenen Schrittmaß und nachdem er die Analyse zu Ende gebracht hat. Der Therapeut muß ihm helfen, die einzelnen Elemente bis ins kleinste zu analysieren; erst dann kann der Patient sie – jedes für sich – bewältigen und schließlich aus diesen einzelnen Elementen eine neue, andere, bessere Synthese erschaffen, eine Synthese, mit der sich eher leben läßt.

In diesem Fall wird das Bündnis mit seiner Therapeutin dafür sorgen, daß der Patient sich schließlich sagt: Es gibt tatsächlich Figuren, die mir wohlgesonnen sind und die eine andere Lebenseinstellung haben, Leute, die mich akzeptieren, obwohl ich weder ein Engel noch ein Teufel bin, sondern schlicht ein anderer Mensch. Dann kann er die Hilfe solcher Figuren nutzen, um sich ein neues Leben aufzubauen. Eduardo hat übrigens schon damit angefangen, als er das Bild der Kohlenleitung verwendete, die ein nützliches Mittel ist, um Kohlen dahin zu bringen, wo sie gebraucht werden. Er hat damit zu erkennen gegeben, daß er seinen Verdauungsapparat inzwischen als wertvollen Teil seines Körpers ansieht. Und mit dieser Erkenntnis, daß sein Körper, sein erstes Ich, wertvoll ist, wird er sich selbst mögen und sich sicherer fühlen.«

Schließlich wandte Dr. B. sich wieder der praktischen Seite der Behandlung zu und fragte, was Eduardo in der letzten Sitzung getan habe.

»In der letzten Sitzung hat er mit dem Polizeiauto gespielt«, berichtete Sandy. »In seiner Geschichte fuhren Autos immer hin und her. Meistens war ich diejenige, die zu schnell fuhr. Schließlich brachte er mein Auto in die Werkstatt und spielte, daß er mir zeigte, wie man Autos repariert.«

Die Zeit, die wir für diese Sitzung angesetzt hatten, war fast um, und besser hätte die Sitzung überhaupt nicht enden können. Mit seinem Spiel hatte Eduardo seiner Therapeutin zu verstehen gegeben, daß sie zu schnell vorgehen wollte. In der Therapie kommt es nicht so sehr darauf an, wie schnell man sein Ziel erreichen kann, sondern eher darauf, wie gut man die Zeit dazu genützt hat, sein Leben in Ordnung zu bringen. Wichtig ist vor allem die Erkenntnis, daß allein der Patient weiß, wie er sein Leben in Ordnung bringen muß und wieviel Zeit die Reparaturarbeiten in Anspruch nehmen werden. Dem Patienten selbst wird klar, wo seine Probleme eigentlich liegen, woher sie kommen, was er in diesem Zusammenhang empfindet und was er tun muß, um mit ihnen fertig zu werden. Wenn die Therapeutin versucht, die Dinge zu beschleunigen, weil sie nämlich selbst ängstlich ist, dann hindert sie den Patienten daran, seine Probleme im einzelnen und so gründlich wie möglich zu erkunden. Das heißt also, die rasende Therapeutin – oder, in der Symbolsprache des Spiels, ihr Auto – muß angehalten und zu einer langsameren Gangart veranlaßt werden.

Durch sein Spiel – also in der symbolischen Form, in der sich das Unbewußte am deutlichsten äußert – zeigte Eduardo, wie er die Psychotherapie sah und verstand, und lehrte seine Therapeutin einiges über den Umgang mit Zeit. Er lehrte Sandy, wie man kaputte Autos – und entsprechend beschädigte Menschenleben – in Ordnung bringt, und lernte darüber, es selbst zu tun. Hätte die therapeutische Situation es Eduardo nicht ermöglicht, sich mittels des symbolischen Spiels so eloquent zu äußern, dann würde er womöglich niemals lernen, sein Leben in Ordnung zu bringen. Wie sein Spiel in der erwähnten Sitzung erkennen ließ, hatte Eduardo sich insoweit aber bereits auf den Weg gemacht.

Fünftes Kapitel

Väter, Söhne und Freud

Ende der siebziger Jahre hatte Michael Simpson in Stanford eine kinderpsychiatrische Ausbildung absolviert und seine Lehrer mit seiner Intelligenz, seinem Können und seinem Engagement für die Patienten beeindruckt. Inzwischen hatte er eine eigene gutgehende Praxis, aber er war weiterhin an Supervision interessiert und legte Wert darauf, seine Fälle mit Kollegen besprechen zu können. Aus diesem Grund nahm er nach Abschluß seiner formellen Ausbildung weiter an unseren Seminaren teil.

Die meisten Kinderpsychiater können von ihrer Ausbildung her auch mit erwachsenen Patienten arbeiten und nehmen sowohl Kinder als auch Erwachsene zur Behandlung an. Michael beschloß, uns im Seminar den Fall eines älteren Patienten zu präsentieren, mit dem er gerade erst angefangen hatte zu arbeiten. Sein Vortrag weckte bei den Teilnehmern des Seminars alle möglichen Überlegungen, die dem Verhältnis zwischen Vätern und Söhnen, der Frage des Alterns und der Furcht alter wie junger Menschen galten, sich von ihren Lieben trennen zu müssen. Für mich hatte dieses Seminar insofern eine besondere Bedeutung, als Dr. B. daran teilnahm, der damals kurz vor der Vollendung seines achtzigsten Lebensjahres stand.

»Ich brauche Anleitung oder zumindest doch eine klarere Perspektive für einen Fall, der sich bisher ohne Fokus und ohne Ziel dahinzieht«, begann Michael. »Der Patient ist untypisch für unsere Gruppe; er ist Arzt, ein achtzigjähriger Orthopäde.«

»Endlich haben Sie jemanden gefunden, der noch älter ist als ich«, scherzte Dr. B. »Praktiziert er noch?«

»Nein.«

»Warum bezeichnen Sie ihn dann als Arzt?«

»Na, also – die Frage ist gut!«

»Danke, danke. Es ist doch klar, daß ich sie stellen mußte.« Alle lachten, und Michael entkrampfte sich etwas. Er hatte lange genug an unseren Seminaren teilgenommen, um sich durch Dr. B.s pointierte Äußerungen nicht mehr einschüchtern zu lassen. Einmal hatte er mir auch erzählt, wie er, wenn Dr. B. ihn wieder einmal hart hergenommen hatte, zu seinem Gleichmut zurückfand. Auf Dr. B.s letzte Bemerkung reagierte er mit einer Frotzelei: »Ich bin eben nicht unbefangen. Ich betrachte einen Arzt als Arzt, bis er stirbt.«

»Ärzte sterben nie.«

»Zu Befehl, wahrscheinlich nicht«, sagte Michael. »Aber im Gegensatz zum alten Soldaten, der, wie das Sprichwort sagt, niemals stirbt, ist dieser Arzt auch keineswegs etwa schwächer geworden. Er ist einfach in Panik geraten. Ich mache keine Scherze. Es sind tatsächlich Panikanfälle, über die dieser Mann – ich werde ihn von jetzt an Dr. Svenson nennen – klagt. Ich könnte ihn genauso gut Marcus Welby nennen, denn trotz der Panikanfälle erinnert er, so wie er sich gibt, noch immer sehr stark an einen Fernsehdoktor. Er hat ein sehr förmliches Auftreten, ist groß, hält sich gerade und trägt immer Anzug und Krawatte, was ihn zusammen mit dem zurückgekämmten weißen Haar und dem professionellen Auftreten sehr distinguiert erscheinen läßt. Übrigens war er ein Orthopäde von Rang, dem nie ein Patient unter den Händen gestorben ist.

Im Verlauf des letzten Jahres hat Dr. Svenson sich durch ein ganzes Arzneibuch voller Antidepressiva und leichter Tranquilizer hindurchgeschluckt. Vor ein paar Wochen hatte er, als er mit Frau und Sohn beim Essen saß, eine panische Reaktion, bei der das Herz raste. Er war überzeugt, daß das nicht nur ein Herzanfall, sondern auch ein Schlaganfall sei, und wurde mit dem Krankenwagen in die Klinik gebracht. Dort kümmerte sich der Notarzt um ihn, und anschließend führte sein Internist eine sehr gründliche Untersuchung durch. Es stellte sich heraus, daß er, abgesehen von einem leichten Diabetes, in einem bemerkenswert guten Zustand ist. Was ihm anscheinend wirklich zu schaffen macht, ist die Furcht davor, immer schlechter zu funktionieren und seine geistigen Fähigkeiten einzubüßen.

Was auch zu seiner gegenwärtigen Verfassung beiträgt, ist der Umstand, daß seine Frau sich in letzter Zeit etwas unabhängiger gezeigt hat.«

»Gut für die alte Dame.«

»Und nicht so gut für ihn«, sagte Michael. »Wenn er zu nervös ist, um aus dem Haus zu gehen oder seine Frau auf ihrem Spaziergang zu begleiten, dann geht sie einfach allein, und das, sagt er, sei schwierig für ihn. Er kommt einmal in der Woche zur Therapie und ist sehr daran interessiert, über sein vergangenes Leben nachzudenken. Er ist in Michigan aufgewachsen, in Ishpeming; die Eltern waren schwedische Immigranten.

Dr. Svenson vermeidet es, über seinen Vater zu sprechen, der im Eisenbergbau arbeitete. Die einzige Bemerkung, die ihm in diesem Zusammenhang entschlüpfte, bezog sich auf die Überzeugung seines Vaters, daß das Leben Mühe und Arbeit und alles Vergnügen Sünde sei. Die Mutter war Putzfrau, Hausmädchen und Köchin und arbeitete vom frühen Morgen bis zum späten Abend. Er und seine beiden jüngeren Geschwister wurden von einer Tante versorgt. Aus irgendeinem Grund wurde ein Firmenarzt auf ihn aufmerksam und sorgte dafür, daß er etwas lernte. Wenn Dr. Svenson seinen Befürchtungen im Zusammenhang mit seiner Frau nachgeht, dann landet er am Ende in seiner Kindheit. Als Kind war es ihm schrecklich, fern von seiner Tante zu sein.«

»Der Mann imponiert mir«, sagte Dr. B. »Nicht nur, daß er sich spontan an wichtige Dinge aus seinem vergangenen Leben erinnert; er bringt auch seine augenblickliche Panik mit Ereignissen aus seiner Kindheit in Zusammenhang. Er sagt Ihnen, daß seine Eltern ihm wenig Zeit widmeten, als er ein Kind war. Jetzt fürchtet er die Trennung von seiner Frau, so wie er damals die Trennung von seiner Tante fürchtete, die ihm die Mutter ersetzte. Nicht alle Achtzigjährigen stellen solche Überlegungen an.« Dr. B. schwieg einen Augenblick und dachte nach. »Hat er außer dem einen Sohn noch weitere Kinder?«

»Nein. Und nach dem, was er sagt, hat dieser Sohn so gut wie nie Zeit für ihn.«

»Herr Dr. Simpson: Dieser Mann ist achtzig Jahre alt und hat einen Sohn, der nicht besonders an ihm interessiert ist. Was kann die Therapie und was können Sie als Therapeut ihm bieten?«

»Ja, das ist ja gerade die Frage«, antwortete Michael. »Dr. Svenson möchte über sein vergangenes Leben sprechen. Es wäre also vielleicht sinnvoll, wenn man ihm helfen könnte, die Wurzeln seiner Symptome zu verstehen.«

»Ist es nicht etwas unrealistisch, diesen Achtzigjährigen heilen zu wollen?«

»Ich versuche ja nicht, ihn zu heilen. Wenn Sie die Wahrheit wissen wollen – ich habe absolut keine Vorstellung, was ich tun soll. Seine Furcht und Panik haben ihn nahezu außer Gefecht gesetzt. Wie er mir immer wieder sagt, hat er furchtbare Angst davor, daß es weiter mit ihm bergab gehen und daß er geistig total abbauen könnte. Ich nehme an, daß viele Achtzigjährige sich vor dem Verlust ihrer körperlichen und geistigen Fähigkeiten fürchten. Aber Dr. Svenson ist von einem solchen Zustand weit entfernt. Und trotzdem ist sein Leben von dieser Furcht beherrscht.«

Ich war der Meinung, daß wir ein klareres Bild der Situation dieses Patienten brauchten, und sagte daher: »Ich habe mir gerade überlegt, wie Dr. Svenson wohl seinen Tag verbringt. Sitzt er denn die ganze Zeit zu Hause und macht sich verrückt wegen seiner Symptome, wenn er nicht – selten genug – mal ausgeht oder sich im Krankenhaus irgendwelchen teuren Untersuchungen unterzieht?«

»Das ist eine ziemlich zutreffende Beschreibung«, sagte Michael. »Er war ein ausgezeichneter Diagnostiker und immer auf dem neuesten Stand seiner Wissenschaft. In den letzten paar Jahren haben ihn seine Angstanfälle so furchtbar erschreckt, daß er jetzt von seinem Beruf überhaupt nichts mehr wissen will. Er sitzt den ganzen Tag zu Hause und liest Bücher über psychische und geistige Störungen. Dadurch, daß er den Kontakt mit den Orthopäden verliert, fürchtet er erst recht, daß es mit seinem Verstand abwärtsgeht.

Der erste Internist, den er aufsuchte, hielt ihn für depressiv und verschrieb ihm Antidepressiva. Aber sie brachten keine Besserung, denn Depression war eben nicht die richtige Diagnose.«

»Nehmen wir mal an, sie war es. Nach Ihrer Beschreibung sieht es so aus, als ob Dr. Svenson ziemlich depressiv wäre«, sagte ich. »Da wir alle mit depressiven Patienten zu tun haben, sollten wir vielleicht die Gelegenheit nützen und uns über die seelische Verfassung eines schwer depressiven Menschen unterhalten. Ein solcher Mensch ist ohne Hoffnung. Was wirklich eine Depression hervorruft, ist das Gefühl, daß man im Unrecht ist, Fehler gemacht hat, nichts taugt – und daß man nichts tun kann, um diesen Zustand zu ändern. Wenn diese Diagnose auf Dr. Svenson zuträfe und Sie davon ausgehen müßten, daß er sich gerade so fühlt – welches Ziel würden Sie sich als Therapeut stecken?«

»Sollte man versuchen, ihm begreiflich zu machen, daß er zu seiner Depression ja selbst beiträgt?« fragte Jason.

»Würde er sich dann nicht noch schlechter fühlen?« antwortete ich. »Er würde nur noch deutlicher erkennen, was er womöglich alles falsch gemacht hat, und sich erst recht beschimpfen.«

»Würden Sie versuchen, einem depressiven Menschen seine Schuldgefühle zu nehmen?« fragte Jason.

»Es ist nicht so leicht, einen depressiven Patienten von seinen Schuldgefühlen zu befreien«, antwortete Dr. B. »Dazu muß er sich schon mitten im therapeutischen Prozeß befinden. So wie der Therapeut, der zu seinem Patienten sagt: ›Sie *sollten* sich schuldig fühlen‹ oder: ›Sie *sollten* sich minderwertig vorkommen‹, der Welt der Cartoons des *New Yorker* angehört, so gehört der Therapeut, der glaubt, *er* könne seinem Patienten die Schuldgefühle nehmen, zur Kaste der Priester und Erretter. Allein der Patient kann sich von seinen Schuldgefühlen und von der Wut befreien, die er gegen die eigene Person richtet. Und zwar muß er den Ursprüngen dieser Schuldgefühle nachgehen und danach fragen, warum sein Unbewußtes ihn ständig wegen irgendwelcher realer oder imaginärer Handlungen so unbarmherzig verfolgt, daß er der Meinung ist, er müsse auf ewig dafür bestraft werden.

Depression verzerrt das Zeitgefühl. Wenn wir in die Zukunft sehen könnten, würden viele von uns noch heute Selbstmord begehen. Wir könnten es nämlich nicht ertragen, auf einen Blick zu sehen, wie viele schlimme Dinge sich in unserem Leben noch ereignen und wie viele Fehler wir noch machen werden. Im realen Leben folgen diese Dinge eins auf das andere. Das ist erträglich. Wie unterscheidet sich das nun von der Sicht der suizidbereiten Person? Ein suizidärer Mensch sieht alles Schlimme und Traurige, das sich in seinem Leben bereits ereignet hat und noch ereignen wird, zu einer einzigen großen Masse angehäuft. Er macht sich nicht klar, daß ihm die Dinge ja niemals in dieser Anhäufung begegnen werden, und so verfällt er in Hoffnungslosigkeit und Verzweiflung.

Aber um Ihre Frage zu beantworten, Dr. Winn«, sagte Dr. B. zu Jason, »die Therapie muß dem Patienten neues Vertrauen und neue Hoffnung einflößen. Warum? Weil der Patient zunächst einmal Mut und Kraft gewinnen muß, bevor er sich an die schwierige und schmerzliche Aufgabe machen kann, die Ursprünge seiner Schuldgefühle zu begreifen, die vermutlich sowohl im Über-Ich als auch im Es liegen. Wir müssen ihm zu der Überzeugung verhelfen, daß er tatsächlich eine Menge tun kann; dann wird es ihm gelingen, die psychologische Hölle zu erkunden, in der er lebt. Wir dürfen auch nicht vergessen, daß wir alle ja von Vertrauen und Hoffnung leben, nicht von Fakten. Es gibt auf dieser Welt keinen Schutz dagegen, daß man uns ›sitzenläßt‹, wie das Dr. Svensons Mutter oder vielleicht auch seine Frau getan haben. Aber um gut funktionieren zu können, müssen wir hoffen und glauben, daß uns so etwas nicht passieren wird.«

Ich hatte das Gefühl, daß wir etwas vom Thema abgekommen waren, und sagte daher: »Wir sollten uns wieder mit Dr. Svenson beschäftigen.«

Michael setzte seinen Bericht fort: »Wie gesagt, die Antidepressiva brachten keine Besserung. Daraufhin ging Dr. Svenson zu einem Psychopharmakologen, der sie absetzte und ihm dafür Xanax gab. Sie wissen, es handelt sich dabei um einen leichten Tranquilizer mit antidepressiver Komponente, der sich besonders zur Behandlung panischer Attacken eignet. Aber auch das half nichts. Nachdem Dr. Svenson im Restaurant einen Panikanfall gehabt hatte und man ihn im Krankenhaus wieder hingekriegt hatte, schickte der Krankenhauspsychiater ihn zu mir, und ich diagnostizierte schließlich eine Agoraphobie.«

»Was meinen Sie damit?« fragte Dr. B. herausfordernd.

»Womit?«

»Mit diesem Wort *Agoraphobie*?«

Dr. B. sagte oft, die Sprache sei das wichtigste Werkzeug des Psychoanalytikers; um sie richtig zu verwenden, brauche man ein Wörterbuch. Fasziniert von den Nuancen und der Etymologie der Wörter und davon, wieviel die Ausdrucksweise eines Menschen über seine unbewußten Prozesse aussagen kann, arbeitete Dr. B. gern mit dem *Oxford English Dictionary* in seiner unhandlichsten Form. »In der Psychoanalyse kommt es darauf an, das richtige Wort zu benutzen – das, was die Franzosen *le mot juste* nennen. Ein Wort, das die Dinge nur annähernd trifft, taugt nichts. Was genau bedeutet dieses Wort *Agoraphobie*?«

»Die Furcht vor offenen Räumen, die Furcht vor dem, was draußen ist, die einen daran hindert, auszugehen«, antwortete Michael.

»Sie wissen nicht so recht, was Sie für diesen Mann tun können, Dr. Simpson. Was Sie schließlich tun werden, das hängt davon ab, wie Sie seinen Zustand diagnostizieren. Deshalb muß es mir jetzt gezielt um die Frage gehen, ob Agoraphobie eine zutreffende Diagnose für das ist, woran Dr. Svenson leidet. Zeigen seine Symptome wirklich eine Furcht vor dem, was draußen ist? Sie können ja jede beliebige Sache mit jeder beliebigen Bezeichnung belegen. Eine Rose ist eine Rose ist eine Rose. Sie können Ihren Dackel als deutsche Dogge bezeichnen. Er wird Ihnen nicht widersprechen, aber es macht ihn auch nicht zur deutschen Dogge.«

Hier schob ich eine Frage ein: »Warum glauben Sie, daß man Dr. Svensons Schwierigkeiten am besten als Agoraphobie diagnostiziert?«

»Er hat große Angst vor Situationen, aus denen er vielleicht nicht entkommen könnte«, sagte Michael, »und das hindert ihn in seiner Beweglichkeit. Wie Sie wissen, halten wir uns inzwischen alle an das DSM III, das diagnostische Handbuch der *American Psychiatric Association*. Und Dr. Svensons Symptome entsprechen den diagnostischen Kriterien des DSM III für die Agoraphobie sehr gut.«

»Unter technischem Aspekt und nach den Kriterien des DSM III ist es vollkommen richtig, wenn Sie ihn als Agoraphobiker bezeichnen«, sagte ich. »Die Gefahr liegt darin, daß das DSM III mit seinen standardisierten Diagnosen den Therapeuten übersehen läßt, daß er ja ein einmaliges Individuum behandelt. Dieser *Terminus technicus* sorgt dafür, daß Sie, sein Therapeut, nicht mehr danach fragen, was seine Symptome für den Patienten bedeuten. Was bedeutet es, daß Dr. Svenson um seinen Verstand fürchtet und so große Angst hat, aus dem Haus zu gehen?

Selbst diese Beobachtungen, diese Symptome sind allgemeiner Art. Als sein Therapeut möchten Sie wissen, welche spezifischen Gefühle, welche Erfahrungen, die nur Dr. Svenson hat, seinen Ängsten zugrunde liegen. Was war es denn, was den Panikanfall ausgerechnet bei jenem Essen im Restaurant verursacht hat? Ich halte es für sehr gut möglich, daß dieser Anfall einen psychologischen Auslöser hatte. Die gründliche Untersuchung muß einen Schlaganfall, Demenz und andere unzweifelhaft organische Erkrankungen, die schlimme panische Zustände auslösen können – wie zum Beispiel ein Phäochromozytom –, ausgeschlossen haben. Vielleicht haben die Internisten eine mögliche organische Ursache auch übersehen, aber angesichts der Qualität dieser Generaluntersuchung ist das eher unwahrscheinlich. Um also das Symptom zu verstehen und – was noch wichtiger ist – um zu verstehen, was Dr. Svenson möglicherweise mit diesem Symptom unbewußt erreichen oder sagen will, müssen Sie herausfinden, um welchen Auslöser es sich handelte und was er bedeutete.«

Ich spann diesen Gedanken noch weiter fort: »Damit kommen wir zu einer Frage von allgemeinerer Bedeutung, mit der wir uns als Therapeuten alle konfrontiert sehen. Die Ärzte wissen, daß unsere Krankheiten viele Ursachen haben können. Aber dem Körper steht letztlich nur eine begrenzte Anzahl möglicher Ausdrucksweisen von Krankheit zur Verfügung. Nur die Symptome zu behandeln kann sehr schädlich sein. Alle Formen von Lungenentzündung zum Beispiel präsentieren in der Regel nur *eine* Gruppe von Symptomen, zum Beispiel einen Husten. Aber Lungenentzündung kann durch sehr viele verschiedene Mikroorganismen und chemische Reizstoffe verursacht sein. Um sie richtig zu behandeln, müssen wir zunächst wissen, welche Ursache wir mit unserer Behandlung zu attackieren haben. Wenn wir den Husten des Patienten allein mit Codein behandeln, um ihn zu unterdrücken, dann wird der Kranke sich zwar im Augenblick besser fühlen, aber auf lange Sicht könnten wir ihm großen Schaden zufügen. Ohne den Husten räumt er nämlich seine Lungen nicht frei, und das könnte die Infektion verschlimmern, so daß die zugrundeliegende Erkrankung unbemerkt fortschreitet. Gute ärztliche Betreuung heißt, daß man herausfindet, warum der Patient hustet, daß man dann die Ursache behandelt und, wenn es möglich ist, den Patienten heilt.

Auch die Agoraphobie ist ein solches Symptom; die Menschen entwickeln eine Agoraphobie aus unterschiedlichen Gründen bzw. setzen sie defensiv ein, um unterschiedliche Zwecke zu erreichen. Möglicherweise haben sie sogar eine biologische Prädisposition dafür. Aber auch wenn das der Fall ist, wird nicht jeder, in dem diese Tendenz steckt, in der gleichen Weise krank oder agoraphobisch werden. Manche Leute sind Agoraphobiker, weil sie den Außenraum fürchten. Andere brauchen aus einem ganz spezifischen Grund die ständige Nähe einer bestimmten Person. Ohne daß es ihm bewußt wäre, ist Dr. Svensons Agoraphobie darauf angelegt, ihm etwas einzutragen. Aber das klappt nicht. Wenn seine Angst wirklich dem Ausgehen gälte, dann hätte er sich vermutlich nicht freiwillig in dieses Restaurant begeben. Es muß also etwas anderes gewesen sein, nicht das Ausgehen an sich, das den Panikanfall im Restaurant auslöste. Wir müssen versuchen, den eigentlichen Grund dafür zu finden, daß Dr. Svenson phobisch reagiert, Michael. Dann sind Sie als Psychotherapeut in einer besseren Ausgangslage und können ihm eher helfen, seine Angst kleinzuhalten.«

Dr. B. nahm die Brille ab, lehnte sich in seinem Stuhl zurück und dachte eine Weile nach. Dann setzte er die Brille wieder auf und begann erneut zu sprechen. »Der Umstand, daß dieser Panikanfall sich in einem Restaurant ereignete, könnte sehr bedeutsam sein. Andererseits kann er auch ganz zufällig ausgelöst worden sein, durch irgend etwas, was zufällig gerade geschah und ihm Panik einjagte. Wir sollten hier keineswegs voreilige Schlüsse ziehen. Wir können den Radius unserer Gedanken aber erweitern, wenn wir darüber nachdenken, was es gewesen sein könnte, das in Dr. Svenson ein so intensives Gefühl aufkommen ließ, daß er glaubte sterben zu müssen.

Nach Ihrer Schilderung hatte seine Mutter ein sehr schweres Leben. Sie arbeitete hart und hatte vermutlich nur sehr wenig Zeit für ihren Sohn. Und jetzt sagen Sie, daß seine Frau ihn häufiger als früher allein läßt. Eine Möglichkeit ist, daß seine ›Agoraphobie‹ mit der häufigen

Abwesenheit seiner Frau zu tun hat und letzten Endes mit der alten Angst, von seiner Tante getrennt zu werden. Aber das Symptom will ja auch einen Zweck erreichen. Es könnte seinen Versuch repräsentieren, die Tragödie seiner Kindheit ungeschehen zu machen: die Abwesenheit seiner Mutter und seine Wut darüber, von der Frau getrennt zu sein, die er so dringend brauchte.

Etwas spekulativer ist der folgende Gedanke: Da die Mütter in einem ganz elementaren Sinn mit Nahrung und Nähren zu tun haben, hat sich die Angst des Patienten möglicherweise durch das Essen im Restaurant verstärkt, durch diese soziale Situation des Nahrungaufnehmens, denn das Nähren und Nahrungaufnehmen symbolisiert seine Bindung an die Mutter. Für das Kind ist der Akt des Genährtwerdens ein Akt der Zärtlichkeit und Zuwendung. Die Liebesfähigkeit hat also in einem ganz elementaren Sinn damit zu tun, wie das Kind genährt und versorgt wurde. Wenn diese Erfahrung richtig, positiv oder was immer war, dann wollen wir sie unser ganzes Leben lang immer von neuem erschaffen. Man könnte also spekulieren, daß Dr. Svensons Symptome den symbolischen Versuch darstellten, seine Mutter zu Hause zu halten, damit sie für ihn sorgt.

Vielleicht war aber auch der Umstand, daß Dr. Svensons Sohn an dem Essen teilnahm, der Auslöser dafür, daß er einen Panikanfall erlitt. Schließlich haben Sie ja erwähnt, daß das Verhältnis zu seinem eigenen Vater schwierig war und er möglicherweise auch kein gutes Verhältnis zu seinem Sohn unterhält.«

Dr. B.s Worte an Michaels Adresse klangen milde: »Diese und alle weiteren Ideen, über die wir uns auch unterhalten könnten, müssen schlicht als Arbeitshypothesen angesehen werden, die durch die weitere therapeutische Erkundungstätigkeit bestätigt oder widerlegt werden können. Wir müssen es vermeiden, uns in solchen Dingen zu sehr an den einen oder anderen spekulativen Gedankengang zu hängen, denn sonst wird es uns außerordentlich schwerfallen, so einen Gedankengang gegebenenfalls auch wieder fallenzulassen. Das gilt ganz allgemein für die wissenschaftliche Bemühung. Wenn wir eine besonders elegante Hypothese aufgestellt haben, fällt es uns schwer, uns nicht daran zu klammern. Und es kann schwer sein einzusehen, daß unsere Hypothese, so elegant sie auch ist, nun einmal nicht zutrifft.

Ich weiß nicht, wodurch Dr. Svensons Panikanfall zu diesem bestimmten Zeitpunkt und an diesem bestimmten Ort ausgelöst wurde. Aber es war nicht, was man verallgemeinernd Agoraphobie nennen könnte. Es war etwas ganz Spezifisches.«

»Sind Sie grundsätzlich gegen Verallgemeinerungen in der Psychotherapie?« fragte Michael.

»Würden Sie gerne als Vertreter einer großen Gruppe behandelt, zumal von Ihrem Psychotherapeuten?« fragte Dr. B. »Wir alle wollen doch als Individuen betrachtet werden. Es ist verlockend zu verallgemeinern, aber schließlich ist doch jeder Mensch und jede Situation einmalig. Wenn ein Therapeut sich mit Verallgemeinerungen zufriedengibt, wo es um seinen Patienten geht, dann nimmt er dem Patienten etwas und begibt sich selbst auf den Holzweg. Für Dr. Svenson – und schließlich auch für uns als Psychotherapeuten – ist interessant, was an ihm einmalig ist, nicht aber, ob er irgendeiner Gruppe von Patienten ähnelt.

Viele Psychotherapeuten versuchen, sich einen ›wissenschaftlicheren‹ Anstrich zu geben, indem sie sich an verallgemeinernden Untersuchungen über Patienten und Patientenverhalten orientieren. In der akademischen Psychologie oder auch in der Soziologie muß man wohl solche Verallgemeinerungen vornehmen, und dies auf der Grundlage äußerer Kennzeichen, die man sehen und – noch besser – zählen kann. Bisher hat es aber noch niemand zufriedenstellend vermocht, die enorme Vielfalt des menschlichen Innenlebens zu quantifizieren. Der Forscher will die wissenschaftlichen Methoden anwenden und sucht deshalb nach Mustern und Verallgemeinerungen, während er das Spezifische und Einmalige ignoriert. Wenn zwei Menschen eine Frage in der gleichen Weise beantworten, sind die Forscher zufrieden, diese Antworten in ein und dieselbe Schachtel legen zu können. Damit befinden sich die beiden Menschen in ein und derselben meßbaren Kategorie. Die meisten Forscher machen nicht den Versuch, den Unterschied zwischen den beiden Antworten näher zu betrachten oder herauszufinden, ob hinter den ähnlichen Antworten möglicherweise unterschiedliche Motive oder Zwecke stehen.

Viel Forschungsarbeit ist zum Beispiel bezüglich der Frage geleistet worden, in welchem Alter Teenager sexuell aktiv werden. Auf seine

Frage nach dem Zeitpunkt der ersten sexuellen Erfahrung wird dem Forscher ein Datum oder ein Lebensalter genannt. In kaum einer dieser Untersuchungen geht es um das subjektive Erleben des einzelnen oder darum, was diese Erfahrung diesem einzelnen *bedeutete*. Es spielt keine Rolle, ob der Junge oder das Mädchen diese Erfahrung genußvoll erlebte oder als so abstoßend empfand, daß er oder sie sich in der Folge jahrelang jeder sexuellen Aktivität enthielt. Was soll also diese statistische Frage nach dem ›Alter zum Zeitpunkt der ersten sexuellen Betätigung‹?

Darin unterscheidet sich der Großteil der psychologischen und soziologischen Forschung von der psychoanalytisch fundierten Psychotherapie, wie sie uns in diesem Seminar interessiert. Wie wichtig das Spezifische ist, das lernen Sie nur durch die klinische Unterweisung am Beispiel individueller Fälle. In der klinischen Arbeit sind Verallgemeinerungen nur sinnvoll, wenn sie fest in ihren konkreten Ursprüngen verankert sind.«

»Aber Freud hat Verallgemeinerungen vorgenommen«, sagte Michael.

»Ja, das hat er«, antwortete Dr. B. »Aber die Psychoanalyse hat er nicht mit Hilfe von Verallgemeinerungen erfunden. Diese Disziplin ist nicht dadurch entstanden, daß irgendwelche abstrakten Ideen über das Unbewußte aus dem Nichts in Freuds Gehirn sprangen. Er hat die Psychoanalyse erfunden, nachdem er sich gesagt hatte: ›Ich habe diese Patienten gesehen, die sich in einer Weise verhalten, die ich nicht verstehe.‹ Und dann sagte er: ›Das sind die Träume einer Person, die ich sehr gut kenne – meine Träume. Woher kommen sie? Was bedeuten sie? Was sagen sie über mich, eine einmalige Person mit einmaligen Erfahrungen, auf die ich in einmaliger Weise reagiere?‹ Erst nachdem er sich über diese spezifischen Dinge klar geworden war, versuchte er, eine Theorie der Traumdeutung aufzustellen.

Aber was Sie da sagen, das stimmt, Dr. Simpson. Vielleicht haben wir in gewisser Weise noch immer unter dem Umstand zu leiden, daß Freud zu schnell verallgemeinern wollte. Schließlich wollte er die Öffentlichkeit von der Gültigkeit seiner Erkenntnisse überzeugen. Und mit seinen für die Öffentlichkeit bestimmten Verlautbarungen war er vielleicht allzu bereit, Verallgemeinerungen vorzunehmen.«

»Man könnte sagen, der junge Mann hatte es eilig.« Michael lächelte und fuhr mit seiner Fallbeschreibung fort. »Dr. Svenson fürchtet sich oft davor, aus dem Haus zu gehen. Sobald er es tut, fühlt er sich irgendwie benommen und so, als ob sich alles um ihn drehte. Er nimmt die Dinge dann nicht mehr richtig wahr: Menschen und Gegenstände scheinen sich von ihm wegzubewegen. Diese Reaktionen klingen doch wirklich nach Agoraphobie, und deshalb wollte ich es mit einer standardisierten agoraphobischen Behandlung versuchen. Ich weiß, Sie mögen diese Art der Behandlung nicht, aber ich habe in anderen Fällen die Erfahrung gemacht, daß sie hilft.«

Dr. B. wollte etwas sagen, aber Michael fuhr fort. »Ich hatte vor, ihn allmählich an die Situationen zu gewöhnen, die er vermeidet, und zwar mit Hilfe einer desensibilisierenden Verhaltenstherapie, und...«

»Einen Augenblick«, unterbrach Dr. B. Michael sah ihn überrascht an, Dr. B. aber redete weiter: »Sie sind mir zu schnell. Wir wollen uns einmal genau ansehen, was Sie uns hier berichten. Sagten Sie nicht etwas über die symbolische Bedeutung dieses Symptoms? Klingt es nicht so, als handelte es sich bei dieser ›Panik‹, die einsetzt, wenn Menschen und Gegenstände sich fortzubewegen scheinen, um die Angst vor dem Verlust von Kontakt und Berührung – also um Trennungsangst?«

Dr. B. hielt inne und ließ seinen Blick über die Teilnehmer schweifen. »Ich sehe, daß Sie alle darauf reagieren, daß ich Dr. Simpson gerade unterbrochen habe, und ich möchte Ihnen erklären, warum ich es – und nicht nur eben jetzt, sondern auch schon bei anderen Gelegenheiten – getan habe. Es ist nicht geschehen, weil ich irgend etwas, was er gesagt hat, heruntermachen wollte – weit entfernt. Nein, ich habe gefürchtet, daß wir alle, wenn er seinen Gedankengang weiterentwickelt hätte, etwas außerordentlich Wichtiges aus dem Auge verlieren würden.

Als Lehrer bin ich verpflichtet, Dr. Simpson aufmerksam zuzuhören. Diese Aufmerksamkeit schulde ich Ihnen allen.« Er sah zu Michael hin. »Wenn ich Sie hätte weitermachen lassen, dann wäre mir vielleicht eine Einsicht verlorengegangen, die mein Unbewußtes gerade produziert hatte, weil ich Sympathie für Dr. Svenson empfinde – eine Einsicht, die mir leicht hätte entfallen können.«

Dr. B. sah in die Runde. »Viele von Ihnen setzen uns mit der Forderung zu, die Dinge doch ›technisch‹ zu erklären. Gewöhnlich setzen wir dieser Forderung Widerstand entgegen. Aber in diesem Fall ist eine technische Erklärung vielleicht hilfreich. Die bewußte Aufmerksamkeit ist eine Ich-Funktion, die schädlich ist für das, was nur zaghaft und flüchtig aus dem Unbewußten auftaucht. Das heißt, ich mußte festhalten, was da als flüchtige Einsicht aufkam, bevor es mir wieder entglitt.« Dr. B. sah wiederum Michael an. »Ich fand keine andere Möglichkeit, das zu tun, als mich daran zu hindern, Ihren Worten über die desensibilisierende Verhaltenstherapie zuzuhören, der gegenüber ich, wie Sie ja wissen, sehr negativ eingestellt bin. Hätte ich mich weiter auf Ihre Worte konzentriert, dann hätte mich diese meine negative Reaktion vielleicht dazu verleitet, auf das zu antworten, was Sie über diese therapeutische Methode gesagt hätten, und ich hätte mich nicht auf die flüchtige Erkenntnis konzentriert, die mir zu Dr. Svenson kam.

Was mir da plötzlich einfiel, hatte mit Ihrer Bemerkung zu tun, daß Dr. Svenson in seiner Panik Menschen und Dinge sich von sich wegbewegen sieht. Plötzlich wurde mir bewußt, daß seine Panik vielleicht gar nicht daher rührte, daß er sich im Freien, ›außerhalb‹ des Hauses aufhielt, sondern daß sie aufgrund dieser Sensation auftauchte, daß sich alles von ihm ›wegbewegte‹. Wenn ich mir überlege, was Sie uns erzählt haben, dann frage ich mich, ob dieser alte Mann, der dem Ende seines Lebens so nahe gekommen ist, sich so sehr von uns übrigen unterscheidet? Was ist denn schließlich der Tod? Sehen wir im Tod nicht die endgültige Trennung von allem, was wir lieben?

Alte Menschen machen sich Gedanken über das Ende und fürchten sich davor, den Kontakt mit allem zu verlieren, was sie lieben – davor, daß alles sich für immer von ihnen ›wegbewegen‹ wird. Die Angst, die wir beim Gedanken an den Verlust unserer Mutter und später beim Gedanken an den Verlust der eigenen Frau oder eines anderen geliebten Menschen empfinden, ist der einzige Maßstab, den wir haben, um diese Angst vor dem endgültigen Verlust zu verstehen. Trennungsangst dient also als Vorläufer der Angst vor dem Tod.

Die frühkindlichen Erfahrungen sind deshalb so wichtig, weil alle späteren sozusagen im Schatten dieser ersten Erfahrungen stehen. Die

Panik, die ein schreiender Säugling empfindet, diese äußerste Qual, weil er allein ist und keinen Trost erfährt, die ist vielleicht die Schablone, nach der wir unser Bild des Todes konstruieren und ihm Form geben. Wie kann denn nun ein Mann in Dr. Svensons Alter hoffen, dieser gewaltigen Angst entgegenzuwirken?«

»Das ist genau die Frage, derentwegen ich den Fall hier vorgestellt habe«, sagte Michael, und seine Stimme klang beinahe erleichtert.

»Ich werde es Ihnen sagen«, fuhr Dr. B. fort. »Nur dadurch, daß er weiß, daß er etwas von sich selbst hierläßt, jemanden, der ihm verbunden ist und der dableibt, der sich nicht ›wegbewegt‹.«

Michael lächelte, und seine Stimme klang angeregt. »Und für Dr. Svenson wird es schwer sein, diese Kontinuität herzustellen, denn er hat nicht viel mit seinem Sohn im Sinn; tatsächlich steht er ihm sogar etwas feindselig gegenüber.«

»Ist das nicht traurig?« Dr. B. schien angerührt. »Nach dem, was Sie sagten, habe ich mir schon gedacht, daß dieser Mann die Psychotherapie ja nicht brauchte, wenn er ein gutes und beständiges Verhältnis zu seinem Sohn hätte. Ich war mir nicht sicher, aber ich dachte mir das schon, denn schließlich war der Sohn ja auch bei dem Essen zugegen, bei dem Dr. Svenson in diese panische Angst geriet. Deshalb hatte ich schon den Verdacht, daß er vielleicht so enttäuscht von seinem Sohn oder seiner Frau oder von beiden ist, daß er glaubte sterben zu müssen.

Was er braucht, ist eine positive Beziehung zu einem jüngeren Mann. Sie sind jung, Sie sind auch Arzt, Sie stehen am Beginn Ihrer beruflichen Karriere. Sie sind also vermutlich ein sehr geeignetes Objekt des Interesses für diesen alten Arzt.«

»Aber gesetzt den Fall, ich würde sein Freund – würde ich dann nicht meine Rolle als sein Therapeut aufs Spiel setzen?« fragte Michael.

»Ich sage nicht, daß Sie Ihre Aufgabe als sein Psychiater vernachlässigen sollen. Aber aus dieser Position heraus können Sie doch ein tätiges Interesse an Dr. Svenson, seinem Leben und seiner Lebensleistung zeigen. Daß ein hoffnungsvoller und ambitionierter junger Arzt wie Sie sich für das interessiert, was Dr. Svenson in seinem Leben bewirkt hat, daß er diese Leistung bewundert, das würde ihm wohl ganz großen Auftrieb geben.

Das gehört tatsächlich zum Besten, was Sie für einen alten Patienten tun können. Ein solches Interesse, das Sie ihm entgegenbringen, wird ihm sein Lebenswerk in einem positiven Licht erscheinen lassen. Wenn Sie ihn dazu anregen, Ihnen, einem verständigen Zuhörer, davon zu erzählen, dann verhelfen Sie ihm sogar noch zu einem weiteren Erfolg – nämlich dazu, seine früheren Leistungen wieder zum Leben zu erwecken. Wenn alles gutgeht, dann könnte er sich sagen, daß sein Leben nicht nur in der Vergangenheit einen Sinn hatte, sondern daß es auch jetzt, in der Gegenwart, einen Sinn für jemanden hat, der ihm wichtig ist – für seinen Psychiater.

Und andererseits – selbst wenn Dr. Svenson mit Ihrer Hilfe wirklich dahinterkäme, welche Kindheitserlebnisse zu seiner jetzigen Störung beigetragen haben, würde ihm diese Einsicht doch nicht zu einer neuen und besseren Integration seiner Persönlichkeit verhelfen. Was uns als Therapeuten in den meisten Fällen, mit denen wir es zu tun haben, motiviert, das ist doch die Hoffnung, daß der Patient sich dank unserer gemeinsamen Arbeit ein neues Leben zu zimmern vermag und dieses Leben dann tatsächlich viele Jahre lang führen kann. Für Dr. Svenson kann aber leider kein Therapeut mehr in dieser Weise tätig werden. Sein Leben ist praktisch zu Ende, vielleicht hat er noch ein paar Jahre. Ab Fünfzig mit wenigen Ausnahmen, mit Sicherheit aber ab Sechzig hat der Gedanke, sich noch ein neues Leben aufzubauen, einfach keinen Sinn mehr. Wenn dieser hervorragende Arzt aber sein vergangenes Leben positiv betrachten könnte, dann hätte er die Kraft, alle möglichen emotionalen Probleme durchzustehen, die ihm in der Gegenwart zu schaffen machen.«

Michael schien verdutzt. »Warum sollte man mit Fünfzig oder Sechzig nicht noch mal neu anfangen können?«

»Versuchen Sie es mal!« sagte Dr. B. »Wohl Ihnen, wenn Sie es können. Aber bedenken Sie: Vor noch nicht gar so langer Zeit betrug die Lebenserwartung dreißig oder vierzig Jahre. Wenn Sie älter werden, wird die Maschine einfach müde, die Energie läßt nach, und was Ihnen früher leichtfiel, kostet Sie jetzt viel mehr Anstrengung und Konzentration.«

»Ich glaube, Sie haben recht«, sagte Michael nachdenklich. »Bei unserer letzten Sitzung bat Dr. Svenson darum, häufiger kommen zu dürfen, und sagte dann: ›Erwarten Sie sich keine Metamorphose von mir, aber ich würde gerne meine gegenwärtigen Beziehungen in einem positiveren Licht sehen.‹«

Dr. B. sah erfreut aus. »Habe ich nicht gleich zu Beginn Ihrer Beschreibung gesagt, daß Dr. Svenson mir als ein intelligenter und nachdenklicher Mann erschien? Über Psychotherapie mit älteren Menschen wird einfach nicht häufig genug gesprochen. Das liegt wohl daran, daß Freuds Patienten äußerstenfalls in den frühen mittleren Jahren standen. Freud hat in seinem langen Leben mit Krankheit, Schwäche und Alter zu kämpfen gehabt, aber über die Behandlung älterer Patienten hat er wenig geschrieben. Er konzentrierte seine ganze Aufmerksamkeit darauf, seine ödipalen Hemmungen zu überwinden, während er sich über sein Gefühlsleben als älterer Vater kaum geäußert hat.

So wie Freud ziehen viele Psychotherapeuten es vor, mit jüngeren Patienten zu arbeiten, die das Leben noch vor sich haben. Andere haben eine persönliche Abneigung dagegen, ältere Menschen zu behandeln.« Dr. B. nickte Michael zu. »Zum Glück für Dr. Svenson habe ich bei Ihnen nicht dieses Gefühl. Aber wenn man mit einem alten Patienten arbeitet, muß man als Therapeut gewisse Dinge anders angehen. Wie Dr. Svenson Ihnen ja sagte, glaubt auch ein Mann, der auf eine beachtliche Lebensleistung zurückblicken kann, in diesem Alter nicht ernsthaft daran, sein Leben noch entscheidend verändern zu können. Er weiß, daß man in seinen Jahren das Haus, in dem man lebt, nicht mehr umbaut; mit Sechzig hatte man es fertig. Aber es ist immer noch möglich, behaglicher darin zu leben. Dr. Svenson kann immer noch ein paar sehr interessante und beglückende Jahre vor sich haben und lernen, den Dingen mehr Befriedigung abzugewinnen, als er gegenwärtig tut. Das kann sein Leben verschönern.

Freud hat uns ein wunderbares Beispiel dafür geliefert, wie ein Mann seinen Beruf dazu nützte, sich nicht nur mit dem Alter, sondern auch mit den verheerenden Wirkungen chronischer Krankheit auseinanderzusetzen – etwas, was Dr. Svenson erspart geblieben ist. In seinen letzten sechzehn Lebensjahren litt Freud an einem Kieferkrebs. Er ließ sich mehr als zwanzigmal operieren, benutzte eine hölzerne Prothese und lebte in einem schrecklichen Unbehagen. Aber er hatte eine

Passion, die ihm sein Leben lebenswert machte: Sein Wunsch, mehr über die Menschen in Erfahrung zu bringen, den Radius seiner Theorien und Erkenntnisse auszudehnen und seine Gedanken an die nächste Generation weiterzugeben, gab ihm die Kraft weiterzumachen. Er wollte sicherstellen, daß die Disziplin, die er begründet und der er einen so großen Teil seines Lebens gewidmet hatte, über seinen Tod hinaus fortbestehen würde.

Ich möchte sogar annehmen, daß sein Leiden ihm, wenn er schrieb, weniger zu schaffen machte als zu anderen Zeiten. Trotz Alter, Krankheit und Schmerz blieb er ein ausgezeichneter Autor und Gelehrter. Sein Werk war von Bedeutung für andere und für den Fortschritt dieser neuen Disziplin. Dieser Erfolg und das, was er als seine Mission im Leben betrachtete, gaben ihm weiterhin Halt. Er ist ein Vorbild für uns alle.«

»Aber was hat das mit Dr. Svenson zu tun?« fragte Michael.

»Fangen wir mit dem an, was er Ihnen eigentlich sagen möchte, wenn er darum bittet, häufiger kommen zu dürfen. Meiner Meinung nach will er damit sagen, daß die Tranquilizer und Medikamente ihm nicht geholfen haben. Und auch das wöchentliche Gespräch mit Ihnen über seine früheren Erfolge und Leistungen reicht nicht aus, um seine gegenwärtigen Ängste zu zerstreuen. Aber es geht in die richtige Richtung. Dr. Svenson weiß, daß er psychotherapeutisch selbst mehr tun muß, und deshalb möchte er seinen Psychiater häufiger aufsuchen.

Ich könnte jetzt spekulieren und hinzufügen, daß er darüber hinaus sagt: ›Da Sie Respekt vor mir bezeigt haben, werden Sie auch Respekt vor meinen Ängsten bezeigen.‹ Und was bedeutet das nun – ›Respekt vor seinen Ängsten‹ –, wenn er zugleich sagt, daß er nicht etwa einen anderen Menschen aus sich machen will?«

Eine Zeitlang herrschte Schweigen; niemand schien zu wissen, was er sagen sollte. Dann sagte Michael zögernd: »Akzeptieren, daß es gute Gründe für seine Ängste gibt?«

»Das ist richtig«, sagte Dr. B. »Es ist eben dieser Respekt vor den Ängsten, was die einsichtorientierte Arbeit von der Verhaltenstherapie unterscheidet, von der Sie vorhin sprachen. Die Verhaltenstherapie verspricht, Sie von Ihrem Symptom zu befreien, *egal* wodurch es verursacht war und ohne lange danach zu fragen, welche wichtigen

Funktionen dieses Symptom möglicherweise erfüllt bzw. was die betroffene Person durch dieses Symptom erreichen und mitteilen möchte.«

»Könnten Sie diesen Gedanken vielleicht noch etwas weiter ausführen?« fragte Gina. »Ich möchte sicher sein, daß ich folgen kann.«

Da Dr. B. nicht gleich antwortete, schaltete ich mich in die Diskussion ein. »Ein Symptom respektieren heißt sehr ernsthaft versuchen, seine Ursachen und seine Bedeutung innerhalb der psychischen Konstitution der Person zu verstehen, und dies in der Annahme, daß dieses Symptom nicht irgendein Fremdkörper ist, den man entfernen und, weil nutzlos, wegwerfen könnte oder müßte. Auf diese Weise läßt der Therapeut erkennen, daß er die Intelligenz seines Gegenübers anerkennt, und übermittelt dem Patienten die folgende Botschaft: ›Ich respektiere Ihren Versuch, Ihr Problem auf dem Weg über ein Symptom zu lösen. Bezeichnen Sie sich bitte nicht als verrückt oder idiotisch, weil Sie dieses Symptom haben. Wenn es gutgeht, werden wir gemeinsam herausfinden, was Sie mit diesem Symptom erreichen und aussagen wollten, welches wichtige Gefühl Sie sich damit möglicherweise bewahren bzw. vor welchem wichtigen Gefühl Sie sich möglicherweise verstecken wollten. Anschließend werden Sie sich vielleicht eine weniger schädliche Art zurechtlegen, Ihre Gefühle zu akzeptieren, Ihre Ziele zu erreichen oder Ihre Botschaft anzubringen.‹

Bei der Behandlung von Kindern, die ja nicht so gut imstande sind, sich verbal auszudrücken, ist der Therapeut oft versucht, das Symptom schlicht als etwas zu betrachten, das man loswerden muß, vor allem wenn er es widerwärtig findet. Nach meiner Erfahrung deutet ein Kind eine solche Haltung aber so, daß der Therapeut sich als Vertreter einer ›höheren‹ Zivilisation betrachtet, der diesem ›Idioten‹ oder ›Wilden‹ erst gutes Benehmen beibringen muß. Selbstverständlich ärgert sich das Kind über diese Haltung und fühlt sich nun seinerseits herausgefordert, gegen die Person, die es in dieser Weise beleidigt, zu agieren.«

Dr. B. hielt inne, nahm die Brille ab und legte sie auf die polierte Tischplatte. Ein paar Augenblicke lang herrschte Schweigen, dann setzte er die Brille wieder auf, sah Michael an und sagte in ruhigem Ton: »Sie respektieren Dr. Svenson sicherlich schon aus grundsätzlichen Erwägungen. Da Sie selbst Arzt sind, identifizieren Sie sich vielleicht sogar mit dem prominenten Kollegen. Trotz der Verhaltenstherapie, die Sie erwähnten, haben Sie seine Symptome respektiert. Aber ich frage mich, ob Sie nicht vielleicht zu schnell vorgegangen sind, weil Sie sich einem übergroßen therapeutischen Optimismus hingegeben haben, der für beide gefährlich ist, für den Patienten wie für den Therapeuten.«

»Aber dieser Mann ist offen und würde sich psychologischen Einsichten sicher nicht widersetzen. Ich möchte ihn da, wo er gegenwärtig steht, eigentlich nicht stehen lassen«, protestierte Michael.

»Ich habe auch nie gemeint, daß Sie das tun sollten«, antwortete Dr. B. »Schließlich ist das, was dieser früher so erfolgreiche und tüchtige Arzt im Augenblick tut, ja nicht sehr konstruktiv.«

Nach einer Pause fuhr Dr. B. in sanftem und nachdenklichem Ton fort: »Ich glaube nicht, daß man dem Tod mutig entgegensehen muß. Aber ich meine doch, daß dieser intelligente Mann mit seiner akademischen Vergangenheit mehr mit der Zeit anfangen könnte, die ihm noch bleibt, als nur eben alle möglichen Tabletten zu schlucken oder sich Gedanken darüber zu machen, daß er vielleicht verrückt werden könnte.«

»Manche alten Leute kommen aber gerade deshalb weiterhin mit ihrem Leben zurecht, weil sie alle möglichen Tabletten bekommen, die verhindern, daß sie verrückt werden«, sagte Michael.

»Bei diesem Mann ist das aber nicht der Fall«, antwortete Dr. B. »Dr. Simpson, Sie können etwas sehr Wichtiges tun, wenn Sie ihm das zeigen. Ich habe den Eindruck, daß er ganz dringend jemanden – oder vielleicht auch etwas – braucht, für den oder für das er sich interessiert. Es muß etwas sein, was sein Interesse am Leben wieder weckt. Was ich bisher gehört habe, klingt mir keineswegs so, als wäre Dr. Svenson ein hoffnungsloser Fall oder dem Tode nah. Er scheint vielmehr ganz robust zu sein und wäre wahrscheinlich noch sehr viel robuster, wenn er nicht alle diese antidepressiven Mittel nähme und wenn er der Meinung wäre, seine Zeit sinnvoll genutzt zu haben. Jeder alte Mensch braucht das sichere Gefühl, daß sein Leben noch für irgend jemanden von Wert ist – nicht in der Vergangenheit, sondern jetzt, in der Gegenwart.

Wenn das Verhältnis zu seinem Sohn schlecht ist, dann wird dieser Sohn natürlich nicht sehr daran interessiert sein, den Vater aufzubauen. Dr. Svenson braucht jemanden, der wie ein Sohn für ihn ist und ihn aufbaut, und das ist sozusagen die Rolle, die ich für Sie im Auge habe. Sie müssen sich natürlich darüber im klaren sein, daß das harte Arbeit ist, denn als Therapeut können Sie sich nicht gestatten zu agieren.

Zum Beispiel dürfen Sie – auch sich selbst gegenüber – nicht so tun, als wären Sie wirklich Dr. Svensons Sohn. Sie müssen auch der Versuchung widerstehen, sich so zu verhalten, als wäre er Ihr Vater. Mit anderen Worten, Sie dürfen nicht aus Ihrer Rolle des interessierten und bemühten Psychotherapeuten heraustreten. Sie dürfen ihm nicht direkt sagen, was er mit sich selbst tun oder nicht tun sollte.

Das ist auch wieder so eine von den gefährlichen Fallgruben der psychoanalytischen Psychotherapie: Der Therapeut ist oft versucht, die äußeren Lebensumstände seines Patienten zu arrangieren, vor allem Entscheidungen für den Patienten zu treffen. Auch wenn seine Vorschläge gut gemeint und sachdienlich sind – diese Haltung ist immer schädlich, weil sie den Patienten schwächt.

Das heißt also, selbst wenn ein Therapeut solche Vorschläge in petto hat, sollte er sie nicht geradewegs aussprechen. Vielmehr muß er seinen Patienten allmählich soweit bringen, daß dieser selbst Entscheidungen trifft und wieder Mut faßt, weil er sieht, daß er wichtige Aspekte seines Lebens selbst in die Hand nehmen kann.«

»Und der Therapeut muß es auch hinnehmen können, daß der Patient eine Entscheidung trifft, die sehr anders aussieht als diejenige, die er, der Therapeut, sich vorgestellt hatte«, warf ich ein.

Dr. B. fuhr fort: »Solche direkten Vorschläge sind deshalb schädlich für den Patienten, weil er sich niemals sicher sein kann, ob die Entscheidung nun seine eigene war oder ob er manipuliert worden ist. Manipuliert zu werden schwächt das Ich des Patienten, wohingegen die Überzeugung, daß er eine wichtige Entscheidung ganz allein getroffen hat, sein Ich stärkt. In Dr. Svensons Fall könnte der Therapeut von seinem Alter her ja tatsächlich ein Sohn oder sogar ein Enkel sein, und damit ist die Versuchung, dem Patienten mit Ratschlägen zu kommen, sehr groß. Es lauern aber auch noch viele andere Gefahren, wenn Dr. Simpson diesem Patienten etwa ganz direkte Ratschläge erteilen wollte. So könnte der Therapeut zum Beispiel – um nur *eine* solche Gefahr zu nennen – unbewußt einen letzten Rest seines eigenen ödipalen Konflikts ausagieren.«

Dr. B. sah zu Michael hin. »Sie haben uns keinen Anlaß zu der Vermutung gegeben, daß Sie diese Versuchung gespürt hätten, aber jedenfalls müssen Sie aufmerksam darauf achten, ihr aus dem Weg zu gehen. Was sollten Sie also tun, um sich auf diesem schmalen Grat zu behaupten? Nehmen wir einmal an, Dr. Svenson sagt, er fühle sich benommen, er habe den Eindruck, daß Menschen und Dinge sich von ihm wegbewegen, und er könne wegen dieser Symptome nicht mehr vor jungen Assistenzärzten dozieren. Dann könnten Sie, anstatt sich auf diese signifikanten Symptome zu konzentrieren, doch lieber darüber reflektieren, auf welche bemerkens-, ja beneidenswerte Karriere Dr. Svenson zurückblickt – ein Arzt, der nie einen Patienten verloren hat! Er muß also ein ganz außerordentliches Geschick für seinen Beruf gehabt und die Bedürfnisse seiner Patienten genau gekannt haben. Sie könnten darauf abheben, daß dieses Geschick sehr ungewöhnlich ist und Dr. Svenson seine Erfahrungen weitergeben sollte, etwas, was er ja auch getan hat, solange er im Beruf stand. Nun kann es natürlich sein, daß Dr. Svenson nicht daran denkt, noch einmal zu lehren, aber daß Sie ihn Ihre Wertschätzung seiner Person und Ihre Überzeugung spüren lassen, daß er *auch jetzt noch* etwas Einmaliges zu vermitteln und zu geben hat, das wäre schon in sich therapeutisch.

Ich habe den Eindruck, daß Dr. Svenson zu Ihnen kommt, weil er die Ärzte satt hat, die ihn mit Tabletten füttern. *Sie* können ihm die Gewißheit geben, daß Sie ihm bei der Suche nach einer Lösung seiner Schwierigkeiten helfen wollen, und zwar nicht, indem Sie ihm lindernde Mittel geben, die ihn bestenfalls von seinen Symptomen befreien. Dann wird er vielleicht wieder Mut fassen und mit Ihnen glauben, daß es eine Lösung gibt.«

Michael schien erstaunt. »Jetzt bin ich ganz verwirrt. Wollen Sie damit sagen, daß Sie zwar nicht glauben, daß eine Heilung möglich ist, daß ich ihm das aber nicht mitteilen, sondern lieber lügen soll?«

»Ich glaube, daß es möglich ist, ihn von seinen Angstanfällen zu kurieren«, sagte Dr. B. »Ich bin auch sicher, daß diese Angst nachlassen würde, wenn er wieder aktiv würde.

Ich sage nicht, daß Sie ihm falsche Hoffnungen machen oder ihn belügen sollten. Auf keinen Fall. Es ist nicht so sehr, daß ich aus moralischen Gründen dagegen bin, obwohl das ja ein gewichtiges Argument wäre. Ich habe nie lügen können, aus Furcht, entdeckt zu werden. Dann hätte die Lüge mir nichts gebracht oder nur Schaden angerichtet. Es ist zu schwierig, sich zu merken, welche Lügen man wem erzählt hat, und dann wird die Lüge leicht als Lüge erkannt. Aber was noch wichtiger ist – Lügen hätte mich immer in meiner Spontaneität behindert. Wir befinden uns alle viel besser, wenn wir die Wahrheit sagen. Und ein so intelligenter Mann wie Dr. Svenson würde merken, daß Sie lügen, und jedes Vertrauen in Sie verlieren.

Was, wie ich schon sagte, im Fall von Dr. Svenson nicht möglich ist, das ist die Neustrukturierung der Persönlichkeit, die üblicherweise ja das Ziel der psychoanalytischen Psychotherapie ist. Das hat er Ihnen selbst gesagt. Er stammt aus einer armen Familie, in der schwer gearbeitet wurde. Sein Aufstieg war schwierig, und vermutlich hat er einen hohen persönlichen Preis dafür gezahlt. Wenn ein so intelligenter und nachdenklicher Mann nicht viel über seinen Vater reden möchte, muß man aus dem wenigen, was er schließlich doch gesagt hat, schließen, daß das Verhältnis zu diesem Vater nicht gut war, und das wiederum mag zum Teil erklären, warum auch seine Beziehung zu seinem Sohn nicht gut ist.«

»Wie kommen Sie von der schlechten Beziehung zum Vater zur schlechten Beziehung zum Sohn?« fragte Bill.

»Bill«, sagte ich, »das ist ein gutes Beispiel für den *Wiederholungszwang*. Wir verwenden diesen Ausdruck in der Regel dann, wenn wir sagen wollen, daß wir unsere eigenen Kindheitskonflikte ständig wiederholen. Daneben impliziert er aber auch den Umstand, daß manche Menschen seltsamerweise das Leben ihrer Eltern – mit gewissen Modifikationen – wiederholen. Leider sind es in der Regel die problematischen Lebensbereiche, die wiederholt werden, eben weil hier ungelöste Konflikte liegen. Das heißt also, viele Leute – und gelegentlich wir alle – scheinen wie die Motten die Flamme instinktiv das anzusteuern, was sie zerstören wird, oder erschaffen sich immer wieder Beziehungen von einer Art, die sie tief verwundet hat. Ein Mensch, der von Mutter oder Vater schrecklich verletzt worden ist, wird schwören, daß er mit seinen eigenen Kindern anders umgehen wird. Jahre später stellt sich dann aber oftmals heraus, daß er seine Beziehung zu den Eltern in der Beziehung zum eigenen Kind hat wiederaufleben lassen – genau das, was er einst geschworen hat niemals zu tun.

Es ist schwer, so etwas wirklich ganz und gar zu vermeiden. In einem gewissen Umfang tun wir es alle. Wir alle bilden, heranwachsend, eine prinzipielle Identifikation mit unseren Eltern und eine große Anhänglichkeit ihnen gegenüber aus, und dies unabhängig davon, ob sie bei objektiver Betrachtung ›wünschenswerte‹ Eltern sind oder nicht. Auch da, wo die Familienbeziehungen relativ gut und freundlich waren, ähneln wir unseren Eltern auch in unseren – und ihren – unerwünschten Zügen, aber es wird uns nur selten bewußt. Am ehesten merken wir es, wenn wir uns dabei ertappen, daß wir unsere Kinder anschreien und dann schuldbewußt sagen: ›Ich kann gar nicht glauben, daß ich so etwas gesagt habe! Das klingt ja ganz nach meinem Vater, und das war mir doch damals so verhaßt!‹ Wenn die Beziehung zwischen Eltern und Kind schlecht gewesen ist, wiederholt das erwachsen gewordene Kind diese Beziehung häufig mit dem eigenen Kind, und so setzt sich das Unglück fort. In vielen Fällen ist ein erhebliches Maß an psychotherapeutischer Arbeit nötig, um diesen Zyklus zu durchbrechen.«

Hier meldete sich Bill erneut. »Für Dr. Svenson muß die Erkenntnis doch erschreckend sein, daß so vieles, worunter er in seinem Leben gelitten hat, durch Kräfte verursacht war, die seiner Wahrnehmung und Kontrolle entzogen waren.«

»Gilt das nicht für alle Menschen?« fragte ich. »Es gibt Leute, die sich die Psychotherapie zum Beruf erwählen, weil sie, ohne sich dessen bewußt zu sein, einen Vater bzw. eine Mutter zu heilen hoffen, die für das Kind sehr verletzende, ja zerstörerische Figuren waren. Aber die Kenntnis allein der psychiatrischen Theorie wird ihnen dabei kaum weiterhelfen. Auch ein Mensch, der als wandelndes Lexikon gilt, steht unter dem Einfluß verborgener Kräfte. Man könnte sagen, daß das die Wurzel allen menschlichen Leidens ist. Es war die Unkenntnis über die wahren Umstände seiner Herkunft, die Ödipus so unerbittlich in die Katastrophe führte. Ödipus war ein Mann, dem Weisheit und Gelehrsamkeit viel bedeuteten und der sich Ruhm damit erwarb, daß er ein Rätsel löste. Aber sich selbst kannte er nicht wirklich, und das war sein Verderben.«

»Aber kehren wir zu Dr. Svenson zurück«, sagte Dr. B. »Ich wüßte gern, warum er sich mit Siebzig schon aus allem zurückgezogen hat. Daß er in diesem Alter nicht mehr selbst operieren wollte, zeugt von Vernunft und Verantwortungsgefühl gegenüber seinen Patienten, aber man kann doch aufhören, selbst zu operieren, und trotzdem noch erfolgreich als Arzt tätig sein. Ich kenne Ärzte in seinem Alter, die ihre Dienste in Form einer zeitlich begrenzten Lehr- oder konsiliarischen Tätigkeit weiter zur Verfügung stellen.«

Hier wandte ich mich an Dr. B.: »Sie sind fast so alt wie Dr. Svenson. Wenn dieser Mann zu Ihnen käme, wie würden Sie ihn behandeln?«

»Ich würde ihn auffordern, beim Studium seiner Person mit mir zusammenzuarbeiten, in einem gemeinsamen Unternehmen, bei dem wir uns als Gleichgestellte begegnen«, antwortete Dr. B. sofort. »Ich würde ihn dafür interessieren, gemeinsam mit mir, mehr oder weniger als Kollege, über seine Schwierigkeiten nachzudenken. Alten Leuten – und übrigens auch Kindern – gegenüber muß man sehr viel stärker mit der eigenen Person arbeiten. Das kann aber nur so aussehen, daß man sozusagen seine persönlichen Aktivposten einbringt. Ich bin ein alter Mann und würde bei meiner großen Erfahrung mit Sicherheit an frühere Fälle zurückdenken. Dr. Simpson aber hat diese Aktivposten zu bieten; er arbeitet als junger, mit seiner Zukunft beschäftigter Psychiater mit einem alten Arzt, der sich als junger Mann ebenfalls eine erfolgreiche Karriere aufbaute.«

»Wenn Sie diesen Dr. Svenson behandelten – würden Sie über die Erfahrung des Altwerdens sprechen, würden Sie darüber sprechen, wie Ihnen dabei zumute ist?« fragte Michael.

»Alte Männer sind sich leider nur zu deutlich bewußt, was es mit dem Altern auf sich hat. Ich würde das Thema also lieber vermeiden«, antwortete Dr. B. »Aber da Sie ja noch nicht so alt sind wie er, will ich Ihnen etwas über das Altwerden erzählen.

Alle alten Menschen fürchten, eines Tages nicht mehr so mit dem Leben zurechtzukommen wie früher; sie fürchten sich davor, daß die Alzheimersche Krankheit oder ein Schlaganfall ihnen den Verstand rauben könnte. Der Therapeut muß zwischen den mehr oder weniger normalen Reaktionen auf das Altern und den eindeutig pathologischen Übertreibungen unterscheiden. Nicht alle ungelösten Probleme sind neurotischer Art. Neurotisch wäre es, seine Zeit mit Problemen zu vertun, die diesen Zeitaufwand nicht wert sind. Ein seelisch und geistig gesunder Mensch nimmt sich die Probleme vor, um deren Lösung es sich verlohnt. Nicht jeder reagiert in der gleichen Weise auf das Altwerden. Aber diese Zeit als ein ›goldenes Lebensalter‹ zu bezeichnen ist ein Euphemismus, der die Tatsachen verschleiert. Für die meisten Menschen ist sie das Gegenteil – eine Zeit des Niedergangs und der Angst vor weiterem Abbau.

Ältere Menschen haben oft gesundheitliche Beschwerden und fühlen sich ganz allgemein geschwächt und nicht mehr in der Lage, Dinge zu tun, die ihnen mühelos gelangen, als sie noch jünger waren. Das heißt also, zum Teil sind Dr. Svensons Befürchtungen ganz natürlich, wenn man bedenkt, wie alt er ist. Aber mit seinem Unvermögen, aus dem Haus zu gehen, und mit seiner übertriebenen Angst, den Verstand zu verlieren, bringt er diese Befürchtungen in einer schon pathologischen Weise zum Ausdruck.

Dr. Svenson hat seine Frau ja noch, aber immerhin sind sich alte Leute in der Regel nur allzu deutlich bewußt, daß ihr Ehepartner krank werden und sterben könnte. Die Furcht vor dem Alter ist – besonders dann, wenn der älter werdende Mensch den Ehepartner verliert – auch die Furcht vor dem Alleinsein. Dr. Svenson hat eigentlich gar keinen Grund, sich einsam zu fühlen, denn er lebt ja noch immer mit seiner Frau zusammen, und sie ist gesund und munter und scheint entschlossen, sich in der Zeit, die ihr noch bleibt, ihres Lebens zu freuen. Sie hat sich zwar bis zu einem gewissen Grad unabhängig von ihm gemacht, aber das ist die Folge seiner Depression und seiner Angst, das Haus zu verlassen, und hat nichts damit zu tun, daß er nicht weiterhin ein guter Ehemann sein könnte.

Meiner Ansicht nach ist es ein großer Unterschied, ob die Eheleute noch zusammenleben oder ob einer von ihnen gestorben ist. Im allge-

meinen – wenn man solche Dinge überhaupt verallgemeinern kann –
fällt den Frauen das Alleinleben weniger schwer als den Männern.
Ihre Aufgabe besteht nicht zuletzt darin, Ihren Patienten an einen
Punkt zu bringen, an dem sein Eheleben sich bessert. Ich bin sicher,
daß seine Ehe und sein Leben sich bessern, wenn er wieder auf seinem
Gebiet tätig wird. Tatsächlich ist Dr. Svenson ja in einer weit besseren
Situation als viele andere ältere Leute. Er hat einen Beruf, in dem er
noch etwas Nützliches bewirken kann, wenn Sie als sein Therapeut
ihm helfen, wieder aktiv zu werden. Er wäre dann auch etwas besser
geschützt, wenn seine Frau vor ihm stirbt – er hätte etwas zu tun, was
ihn interessiert.

Wenn ich Dr. Svenson zu behandeln hätte, würde ich mich daher
auf seine Lebensleistung konzentrieren. Man muß sich das einmal
vorstellen: Da kommt einer aus einer Bergbaustadt, arbeitet hart,
bewältigt das College und anschließend ein Medizinstudium, wird
Assistenzarzt und baut sich eine glänzende Karriere auf. Das ist doch
ein Leben, auf das er stolz sein kann, was immer er als Vater versäumt
haben mag. Ich würde mit ihm über seine großartigen Erfolge sprechen, darüber, daß er sich immer bemüht hat, Hervorragendes zu leisten, und darüber, welch hohen Preis er für seinen Erfolg zu zahlen
hatte.«

»Ich würde übrigens auch danach fragen, wie Dr. Svenson sich dazu
stellte, daß er diesen Preis nun einmal zahlen *mußte*«, fügte ich hinzu.
»Seine gegenwärtigen Ängste könnten zum Teil sehr wohl die Fortset-
zung jener Ängste sein, die er als Student empfand, als er sich fragte,
ob er es wohl schaffen würde oder ob er versagen und womöglich im
Bergbau enden würde. Solche Ängste können einen Menschen sein
Leben lang verfolgen und ihn ständig zu Höchstleistungen antreiben,
so als bestünde bei all seinen Erfolgen immer die Gefahr, daß das, was
er sich aufgebaut hat, zusammenbrechen könnte. Wir streben alle
nach emotionaler Sicherheit, und viele Menschen fühlen sich tatsächlich immer zur Leistung angetrieben, um der Unsicherheit zu entgehen. Wenn ich also mit diesem Patienten zu arbeiten hätte, dann
würde ich vielleicht sogar zusammen mit ihm der Frage nachgehen,
ob sich in seiner Angst nicht irgendwo auch noch der alte Groll darüber spiegelt, daß er sein Leben lang einen so hohen Preis für seinen

Erfolg zu zahlen, daß er ständig Opfer zu bringen hatte. Dieses Gefühl kann durchaus noch vorhanden sein, ein Groll, der, auch wenn er nicht mehr aktuell ist, sich in seinem Unbewußten erhalten hat und jetzt zu seiner Wut beiträgt und seine geistige Lähmung schürt.

Aber – wie Dr. B. schon sagte – Sie müssen Ihre therapeutischen Bemühungen vor allem auf die Frage richten, warum Dr. Svenson nicht länger tätig ist, und deutlich machen, daß es eine Schande ist, daß er so frühzeitig abgedankt hat.

Dieser Arzt hat sich aus dem Leben zurückgezogen und unter psychiatrischer Fachliteratur selbst begraben«, fuhr ich fort. »Viele alte Leute ziehen sich in sich selbst zurück, weil die Welt ihnen als ein furchtbarer und angsterregender Ort erscheint. Wenn Sie ihm, der so in seinen Ängsten versunken ist, erzählen, daß die Welt ihm noch viel zu bieten hat, Michael, dann werden Sie ihm wahrscheinlich als ein unverbesserlicher Optimist erscheinen. Vielleicht denkt er sogar: ›Dieser Knabe hat doch keine Ahnung vom Leben.‹ Das heißt also, er würde höchstens an Ihrer Intelligenz und Reife zweifeln.

Sie könnten aber auch sagen: ›Ein Mann wie Sie könnte aktiv bleiben, sich nützlich machen, Bewunderung einheimsen – etwas, was uns ja schließlich allen gefällt. Was hindert Sie daran?‹ Sie würden also nicht über die Welt sprechen, sondern über Dr. Svenson als Individuum und darüber, was er noch zu bieten hat. Sie würden durchblicken lassen, daß nach Ihrer Meinung durchaus Hoffnung für Dr. Svenson besteht, seine Situation zu verbessern, und daß er jungen Ärzten noch eine Menge zu sagen hat. Wenn man ihn dazu bringen könnte, sich auf diesen wichtigen Gedanken zu konzentrieren, dann würde ihn das vielleicht aus seinen Grübeleien herausholen und wieder stabilisieren. Und vielleicht kann er es sogar hinnehmen, daß Sie, dieser junge Arzt, der sein Therapeut ist, etwas besser beurteilen können als er selbst, welche Art Lehrer die jungen Ärzte sich wünschen.

Das Pathologische an Dr. Svensons gegenwärtigem Zustand ist doch, daß er die Pluspunkte nicht nutzt, die er hat, um sich vor sich selbst zu bestätigen und sich Mut zu machen, wenn er sich nutzlos, geängstigt und gelähmt fühlt. Wir müssen versuchen dahinterzukommen, warum er selbst diese Lösung seines Problems, die für andere so deutlich zutage liegt, nicht sehen will.«

»Ich bin nicht sicher, ob ich das verstanden habe«, sagte Michael.

»Dieser Mann hat alle Hoffnung aufgegeben«, sagte Dr. B. »Das heißt, wir müssen ihm wieder Hoffnung machen. Das kann natürlich nicht die Hoffnung auf eine neue Liebesbeziehung oder auf weitere fünfzig erfolgreiche Jahre sein, sondern allein die Hoffnung, daß er in der Zeit, die ihm bleibt, noch etwas Interessantes und Nützliches tun kann. Und eine Möglichkeit, ihn auf diesen Weg zu setzen, sieht so aus, daß ein Mensch, der sein Sohn sein könnte – ein vielversprechender Arzt, von dem er sich vielleicht sogar wünschte, daß sein eigener Sohn ihm ähnlich wäre –, ihm vertraut und einen guten und brauchbaren Menschen in ihm sieht. Sie selbst müssen zuversichtlich sein, daß sie ihm diese Hoffnung geben können, die Hoffnung, trotz seines Alters noch einmal etwas Freude an seinem Leben zu finden.

Wenn Sie einem Menschen wieder Hoffnung machen wollen, müssen Sie überzeugt sein, daß die Art von Psychotherapie, die Sie betreiben, Sie dazu befähigt. Wenn Sie nicht zuversichtlich glauben, daß Sie Ihrem Patienten – und sei es auch in noch so bescheidenem Umfang – helfen können, dann sollten Sie ihn entweder sich selbst überlassen oder an jemand anderen überweisen. Aber wenn es ein Patient ist, bei dem Sie bisher der Meinung waren, Sie könnten ihm helfen, dann können Sie keinen schlimmeren Fehler begehen als sich jetzt geschlagen zu geben. Patienten können einem wirklich Sorgen machen. Es gibt Patienten, derentwegen man die ganze Nacht kein Auge zumacht, weil man über sie nachdenken muß. Und es gibt Patienten, derentwegen man sich stundenlang in eine Bibliothek setzt, um herauszufinden, wie man sie verstehen und wie man ihnen helfen könnte. Aber Sie dürfen es niemals zulassen, daß ein Patient Ihnen jeden Mut und jeden Optimismus nimmt. Nicht weil Sie um jeden Preis gewinnen müssen, sondern weil ein Therapeut, der resigniert, das Schlimmste ist, was einem Patienten passieren kann. Wenn der Therapeut sich geschlagen gibt, kann der Patient keine Hoffnung mehr schöpfen.

Sie wissen ja, wer krank ist und sich in Behandlung begeben muß, hat eben deshalb in der Regel das Gefühl von Kapitulation. Psychotherapie nötig zu haben – das ist ein schwerer Schlag für die Selbstachtung und hat zur Folge, daß man sich minderwertig fühlt. Internisten und Chirurgen beobachten das auch bei ihren physisch kranken Patienten.

Ein guter Arzt wird versuchen, seinem Patienten Mut zu machen. Er wird dem Patienten sagen, daß sein Organismus doch in vieler Hinsicht noch normal funktioniert und daß er, der Arzt, noch viele wirksame Möglichkeiten bereithält.«

»Das mag bei Dr. Svenson so sein«, warf Gina ein, »aber hier am Kinderkrankenhaus gibt es viele schwerkranke, auch todkranke Kinder. Ich habe es mit einem Fünfzehnjährigen zu tun, der an einer unheilbaren progressiven Darmkrankheit leidet. Ich weiß nicht, was ich mit ihm machen soll. Sie, Herr Dr. Bettelheim, haben Ihr Leben lang auch Patienten behandelt, um die andere Therapeuten sich nicht mehr bemühten. Was würden Sie denn in diesem Fall tun?«

»In einem solchen Fall fällt es mir schwer, den Mentor zu machen«, sagte Dr. B. »Von den Kindern, die wir in die *Orthogenic School* aufnahmen, habe ich immer geglaubt, daß wir sie mit Erfolg behandeln könnten, unabhängig davon, was andere Therapeuten sagten. Aus Gründen des Selbstschutzes habe ich mich allerdings immer geweigert, mit Patienten zu arbeiten, von deren Unheilbarkeit ich überzeugt war. Ich muß selbst Hoffnung haben, wenn ich Hoffnung in meinen Patienten wecken will. Ich bewundere die Leute, die mit Todkranken arbeiten können, aber ich kann mir nicht vorstellen, daß ich das gut könnte, und deshalb tue ich es nicht.

Nehmen wir einmal an, ich nähme mich Ihres fünfzehnjährigen Patienten an, und er fragte mich, warum er sich eigentlich wünschen sollte zu leben, und was eine Psychotherapie ihm noch Gutes eintragen könnte. Angesichts seiner schrecklichen Krankheit wüßte ich nicht, was ich ihm antworten sollte, es sei denn, es gäbe etwas, was er unbedingt tun wollte und auch noch tun könnte. Wenn er keinen anderen Wunsch hätte als irgendwelche Spiele zu spielen, die zu spielen sein Körper ihm nicht mehr erlaubte – was könnte ich ihm sagen? Warum sollte er sich so anstrengen zu leben? Andererseits würde ich auch nicht wollen, daß er aufgibt – ich wäre also in der Zwickmühle, und das würde diesem schwerkranken Jungen wenig helfen.«

»Ich würde ihm sagen: ›Wenn du dich nicht bemühst zu leben, dann kannst du nicht wissen, was dir entgeht‹«, sagte Gina.

»Das klingt zunächst vielversprechend und optimistisch«, sagte ich. »Und wahrscheinlich wäre ich versucht, etwas Ähnliches zu sagen.

Aber ich würde mir damit in die eigene Tasche lügen. Können Sie das denn wirklich mit Überzeugung sagen? Wenn die Prognose stimmt, dann entgeht diesem Jungen wahrscheinlich nur eine verlängerte Agonie. Sie wissen es, ich weiß es, und er dürfte es vermuten und sich davor fürchten. Manche Kliniker sagen, man müsse solchen Patienten helfen, ›gut zu sterben‹, man dürfe sie – in einem emotionalen und spirituellen Sinne – mit ihrem Sterben nicht allein lassen. Das ist wunderbar. Aber es ist auch eine große emotionale Belastung, und wenn man es selber nicht gut verkraftet, ist man nicht der richtige Therapeut für den betreffenden Menschen.«

Diese letzte Bemerkung schien keinem der Seminarteilnehmer zu gefallen, und eine Zeitlang schwiegen alle. Schließlich sagte Dr. B. entschlossen: »Man sollte sich als Therapeut nur dann mit dem jeweiligen Patienten befassen, wenn man das Gefühl hat, daß man wirklich sein Bestes für ihn tun kann. Aber da fällt mir eine andere Konfiguration ein: Was machen Sie, wenn Sie das Gefühl haben, daß Sie dem Patienten, der da mit einem bestimmten Anliegen zu Ihnen gekommen ist, aus ethischen Gründen nicht helfen können? Mit einer solchen Situation hat sich die Wiener Psychoanalytische Vereinigung zu Beginn der Nazizeit einmal befassen müssen. Ein Anhänger der nationalsozialistischen Partei suchte einen nichtjüdischen Analytiker auf und bat ihn um Hilfe: Er hatte Nazigegner – Juden – zusammengeschlagen und wollte sich von seinen Schuldgefühlen befreien, weil er auf eine Karriere in der Partei hoffte und der Meinung war, diese Schuldgefühle stünden seinem Aufstieg im Wege.

In der Gesellschaft kam es zu einer lebhaften Diskussion. Einige Mitglieder rieten dem Analytiker, den Mann in Therapie zu nehmen, weil der Patient im Erfolgsfall erkennen würde, daß er im Grunde ja gar nicht aggressiv und gewalttätig sein wollte, und weil ihm vielleicht sogar klarwerden würde, daß es neurotische Gründe waren, die ihn dazu gebracht hatten, sich den Nazis anzuschließen. Mit anderen Worten, die Behandlung würde einen verläßlichen Bürger aus ihm machen. Freud und einige andere ältere Mitglieder der Gesellschaft lehnten ein solches Vorgehen ab. Der Analytiker, der mit Motiven an diese Behandlung herangehen würde, die denen des Patienten genau entgegengesetzt waren, und dies dem Patienten nicht sagte, würde ihrer Meinung nach die Behandlung mit einer Lüge beginnen, und dabei würde nichts Gutes herauskommen. Wenn der Analytiker dem Patienten dagegen seine ganz anderen Zwecke erläutern würde, dann könnte es sein, daß der Patient die Behandlung gar nicht beginnen oder aber seinen Analytiker von Anfang an mit großem Mißtrauen betrachten würde.

Das heißt also, die einzige ehrliche Antwort, die man einem solchen Patienten geben kann, lautet, daß man ihn nicht in Behandlung nehmen möchte, weil man mit seinen Motiven nicht einverstanden ist. Das ist das Privileg des Therapeuten, daß er entscheiden kann, wen er behandeln und wen er nicht behandeln möchte. Aber er hat kein Recht, stillschweigend irgendwelchen Aussagen zuzustimmen, die seinen eigenen Überzeugungen entgegenstehen. Er hat das Recht zu entscheiden, wie er seine Zeit verbringen und welche Art von Patienten er behandeln möchte. Wenn er einen Patienten annimmt, dann sollte er den Gründen zustimmen können, aus denen der Patient um Behandlung bittet. Und wenn er das nicht kann, dann bleibt ihm nichts anderes übrig als zu sagen: ›Da möchte ich mich lieber nicht engagieren.‹«

Die Studenten wechselten Blicke untereinander. Dann sagte Renee: »Aber müssen Sie als Therapeut nicht einen Standpunkt einnehmen, müssen Sie nicht eine Überzeugung vertreten, was die richtige und was die falsche Art zu leben ist?«

»Nein«, antwortete Dr. B. »Da gibt es ja das berühmte Beispiel von Sokrates. Er kam zu dem Schluß, daß er im Einklang mit seinem *daimon* leben müsse und daß ein solches Leben das richtige für ihn sei. Und er war eher bereit, dafür zu sterben, als sich der athenischen Gesellschaft zu fügen.«

Wieder herrschte eine Zeitlang Schweigen, dann sagte ich: »Dr. Svensons Situation ist sehr anders als die des unglücklichen Jungen, von dem Gina erzählt hat, oder auch die eines Patienten, den man nicht behandeln möchte. Dr. Svenson ist für einen Achtzigjährigen in sehr guter körperlicher Verfassung, und Michael würde ihm gerne helfen, auch wenn der Patient keine fünfzig Lebensjahre mehr vor sich hat. In Dr. Svensons Fall paßt der Vergleich mit dem Internisten, der seinen Patienten beruhigt und ihm Mut macht zu glauben, daß sich gegen sein Leiden etwas tun läßt. Das trifft auch für die Panikanfälle zu, an denen Dr. Svenson leidet. Von Zeit zu Zeit muß man der defätistischen Haltung des Patienten entgegentreten, man muß ihn beruhigen und aufmuntern und ihn auf die positiven Seiten seines Lebens aufmerksam machen.«

»Aber sollten diese beruhigenden Reden vom Therapeuten kommen?« fragte Michael. »Mein Problem ist, daß ich nicht weiß, ob ich dem Patienten beruhigend zureden soll.«

»Um das zu entscheiden, müssen Sie zugleich auf Ihr Hirn und Ihr Herz hören«, sagte ich. »Es kommt sehr darauf an, *wie* Sie diesen beruhigenden Zuspruch leisten. Wenn Sie Ihre Empathie einsetzen, wenn Sie sich in die Gefühle des Patienten hineinhören, wenn Sie ein Gespür dafür entwickeln, was dieser Zuspruch für ihn bedeutet, warum er ihn braucht und warum man ihn in eben diesem Augenblick leisten sollte – dann werden Sie dem Patienten eine Hilfe und ein Halt sein.

Aber manchmal sind wir versucht, diese Art von beruhigendem Zuspruch sozusagen als Palliativ anzubieten. Dann kann das, was den Patienten beruhigen sollte, nur zu leicht die entgegengesetzte Wirkung haben. Wenn Sie um die Dinge herumreden, wirken Sie nicht überzeugend. Vielleicht sehen Sie dem Patienten nicht in die Augen, oder Sie sagen Dinge, die unaufrichtig klingen. Der Patient spürt das und erkennt es als das, was es ist. Wenn er Ihre Bemühungen als gönnerhaft oder hohl empfindet, dann wird er sich über Ihre geringe Meinung ärgern oder das Gefühl haben, daß Sie es vermeiden, ihm etwas wirklich Schlimmes zu sagen – zum Beispiel, daß er etwas hat, was ein Patient einmal als ›maligne Emotionalität‹ bezeichnete. Das wird ihn erst recht erschrecken. Aber Beruhigung, die wirklich mit Ihrem Bild des Patienten und seiner Situation übereinstimmt, wird Eindruck auf ihn machen.

Der Therapeut muß sich auch selbst gut kennen und wissen, warum er in diesem Augenblick beruhigend auftreten möchte. Will er es wirklich deshalb, weil das die Therapie voranbringt, indem es dem Patienten eben den Mut gibt, den er in diesem Augenblick braucht? Ich habe mich erst kürzlich dabei ertappt, daß ich versuchte, einen Patienten zu beruhigen, weil ich *mich selbst* darüber beruhigen wollte, daß die Therapie vorankam, obwohl ich, nein, besser *weil* ich es bezweifelte. In diesem Fall dienten meine Bemühungen in Wahrheit dazu, mir, dem Therapeuten, ein besseres Gefühl zu verschaffen. Die Bedürfnisse des Patienten hatte ich dabei gar nicht im Auge.

Wenn der beruhigende Zuspruch dem Patienten etwas bringen soll, dann müssen wir uns überlegen, wie der Patient ›gebaut ist‹, wie er diese Versuche aufnehmen und wie er darauf reagieren wird. Nur dann können wir sicher sein, daß wir etwas Vernünftiges tun, und nur dann sollten wir damit überhaupt kommen.«

Dr. B. nahm den Gedanken auf. »Die größte Überzeugungskraft hat in der Psychotherapie ja die Sorte von Aufmunterung und Beruhigung, die der Patient aus seinen positiven Erfahrungen zieht, und auf die brauchen Sie nicht einmal besonders hinzuweisen. Wenn der Patient zum Beispiel aufgrund eigener Anstrengung das, was er getan hat, in einem anderen Licht sieht oder Aspekte seiner selbst begreift, die ihm früher gar nicht bewußt gewesen sind, dann wird er sich wahrscheinlich ermutigt fühlen und begeistert von der Therapie sein. Wenn sein Verständnis seiner selbst zunimmt, wird er irgendwann auch glauben können, daß er auch in anderer Hinsicht noch wachsen kann, zum Beispiel mit der Realität besser zu Rande kommen kann.

Ich kann gar nicht oft genug darauf hinweisen, daß die Kunst der Psychotherapie die Fähigkeit erfordert, den Standpunkt des Patienten zu sehen und zu respektieren. Wir, die wir auf diesem Feld arbeiten oder arbeiten wollen, sehen die persönliche Psychotherapie als unerläßlich an und halten sie für das Beste, was ein Mensch anfangen kann, um mit seinen Schwierigkeiten fertig zu werden. Jeder psychoanalytisch orientierte Psychotherapeut unterzieht sich selbst einer langfristigen Therapie oder Analyse. Aber wenn Sie Ihre Patienten fragen oder sie in Ihrem Wartezimmer beobachten, dann sehen Sie, daß viele sich hinter Zeitschriften verstecken oder den Blick abwenden, weil sie sich schämen, hier zu sein, und nicht gesehen werden wollen.

Das ist übrigens zunächst auch die Einstellung vieler Therapeuten, wenn sie sich selbst in Therapie begeben. Mit der Zeit entdecken sie, wie konstruktiv die Psychotherapie ist, und ändern ihre Einstellung. Aber daß *wir* der Meinung sind, daß es sich lohnt, sich in Psychotherapie zu begeben, heißt nicht, daß der Patient die Dinge zu Beginn seiner Behandlung auch schon so sieht. Im übrigen spiegelt sich in der Einstellung mancher Therapeuten auch eine gewisse Ambivalenz, was die Psychotherapie angeht. Ein Zahnarzt wird selbstverständlich der Meinung sein, daß seine Dienste schlicht notwendig sind; Psychotherapeuten dagegen präsentieren ihre Tätigkeit vielfach als Luxus, eine Auffassung, mit der ich nicht einverstanden bin.«

Einen Augenblick lang herrschte Schweigen. Dann sagte Michael: »Ich möchte noch nicht so schnell weg von unserem Thema des Beruhigens und Zusprechens. Meinen Sie nicht, daß es sich dabei auf seiten des Therapeuten um ein Agieren handelt?«

»Nicht, wenn er es richtig betreibt«, antwortete Dr. B. »Das ›Ich bin okay, du bist okay‹ ist natürlich allzu simpel, aber daß Sie dem Patienten gegenüber etwas über Ihre eigenen Gefühle verlauten lassen, kann – vorausgesetzt, es bringt die Therapie vorwärts – sehr konstruktiv sein. Es kann sich zum Beispiel empfehlen, dem Patienten am Ende der Sitzung zu sagen, daß er sich mit Erfolg bemüht hat, seine Gefühle in bezug auf das Thema dieser Sitzung zu verstehen, und einen Schritt vorwärts getan hat, was das Verständnis seiner eigenen Person im Zusammenhang mit diesem Thema angeht. Das muß natürlich Ihre ehrliche Meinung sein. Zuspruch dieser Art macht dem Patienten Mut, positiv zu denken, was ihn selbst, seine Intelligenz, seine Fähigkeit, sich selbst zu verstehen, und ganz generell seine Arbeit hier im therapeutischen Rahmen angeht.

Die Schwierigkeit, auf die Dr. Rosenfeld anspielte, besteht darin, daß das, was den einen Patienten beruhigt und optimistisch stimmt, bei einem anderen unter Umständen Mißtrauen weckt, weil dieser andere die Worte des Therapeuten als leeres Gerede erfährt. Er mag dem Therapeuten grundsätzlich durchaus vertrauen, zweifelt aber vielleicht daran, daß dieser die Dinge richtig sieht. Und wieder ein anderer Patient sieht in dieser Art der Aufmunterung vielleicht den Versuch, ihn zu drängen, mehr zu tun, als er im Augenblick meint tun zu können. Das heißt, die ›Aufmunterung‹ wirkt sich in diesem Fall so aus, daß der Patient niedergeschlagener ist, als wenn sie gar nicht versucht worden wäre. Mit einem Wort: *Jeder* Patient kann die Aufmunterungsversuche seines Therapeuten in jeder beschriebenen Weise aufnehmen, je nach seiner augenblicklichen Verfassung, dem Stand der Behandlung und seiner Beziehung zum Therapeuten. Das heißt, man muß jeden Fall und jede Situation sorgfältig bedenken.«

»Sollte man von sich selbst und seinen eigenen Gefühlen sprechen, wenn man den Patienten beruhigen und ihm Mut machen will?« fragte Gina. »Man hört so viele verschiedene Meinungen darüber, wie offen oder wie geheimnisvoll man sich geben sollte.«

»Sie sollten es sich ganz genau überlegen, bevor Sie über sich selbst, über bestimmte Aspekte Ihres Lebens oder über Ihre Gefühle in bezug auf das therapeutische Geschehen sprechen. Daß diese Frage so heftig diskutiert wird, liegt wahrscheinlich daran, daß man kaum mit Sicherheit sagen kann, ob solche Bemerkungen wirklich nur zum Besten des Patienten gemacht werden oder ob sie nicht zum Teil auch in der Absicht fallen, eigene Bedürfnisse zu befriedigen. Der Patient hat mit dem Versuch, seine Bedürfnisse zu befriedigen, wirklich alle Hände voll zu tun; er sollte also nicht dazu benützt werden, *Ihre* Bedürfnisse zu befriedigen.

Aber da ist noch etwas anderes. Der Patient muß seine gesammelte Aufmerksamkeit auf sich selbst und darauf richten, was in *ihm* vorgeht. Jede Bemerkung, die Sie etwa über Ihre eigenen Gefühle machen, lenkt ihn von dieser Aufgabe ab und bewirkt, daß er sich Ihrer Person und *Ihren* Gefühlen zuwendet, an denen er selbstverständlich interessiert ist. Das heißt, Sie würden ihn leichtfertigerweise dazu verführen, seine Aufmerksamkeit gerade nicht auf sich selbst, sondern auf Sie zu richten.

Und schließlich wissen Sie ja, daß die Übertragung eine wichtige Rolle spielt. Der Patient projiziert Gefühle auf seinen Therapeuten, die aus seiner Vergangenheit stammen und damals anderen Menschen bzw. anderen Erfahrungen galten, zum Beispiel seinen Eltern. Seine Erkundungsarbeit, was diese Gefühle angeht, würde verwässert, wenn nicht radikal verzerrt, wenn sein Therapeut an diesem Punkt mit Bemerkungen über seine eigenen Gefühle im Hier und Jetzt dazwischenfunkte. Wir müssen uns in jedem Augenblick darüber im klaren sein, daß die Gefühle, die der Patient auf uns projiziert – etwa die Überzeugung, daß wir ihn für wertlos oder seinen Fall für hoffnungslos halten –, eben nur Projektionen sein können, denn er weiß ja gar nichts von unseren wahren Gefühlen. Wenn wir unsere eigenen Gefühle offen zu erkennen geben, dann wird der Patient sich sagen, daß er ja weiß, was wir denken und fühlen, und sich nicht klarmachen, daß das, was er von uns denkt, *seine* Projektionen sind. Ich meine also, daß es in den meisten Fällen das Beste ist, wenn der Patient so wenig wie möglich über unser Leben und über das erfährt, was in uns vorgeht, es sei denn, es handelte sich dabei um Gefühle, die eindeutig mit dem therapeutischen Geschehen zu tun haben.

Nun hat die psychoanalytische Psychotherapie ja keine feststehenden Regeln außer der einen, die besagt, daß man ehrlich mit sich und mit dem Patienten sein muß. Gelegentlich ist es also durchaus in Ordnung, ehrlich zu sagen, was man meint, wenn man überzeugt ist, daß das die Behandlung voranbringt. Eine Bemerkung über das eigene Leben, an der richtigen Stelle eingestreut, kann durchaus hilfreich sein. Wenn der Patient Sie zum Beispiel fragt, ob Sie Kinder haben, dann können Sie ihm, nachdem Sie sich erkundigt haben, warum er das wissen will, ruhig eine präzise Antwort geben. Denn es besteht immer die Möglichkeit, daß er die Antwort selbst entdeckt und sich dann darüber ärgert, daß Sie eine Auskunft für sich behalten haben, die doch mit der Behandlung gar nicht interferiert.

Ich weiß, daß ich mit dem, was ich hier sage, von der Vorstellung abrücke, daß der Analytiker oder psychoanalytisch orientierte Therapeut in jeder Situation sozusagen ein leerer Schirm sein müsse. Allerdings bin ich der Meinung, daß dieses Neutralitätsgebot seine Grenzen hat. In einem im *New Yorker* abgedruckten Artikel über Psychoanalyse wurde ein Analytiker mit der Bemerkung zitiert, daß die korrekte Haltung gegenüber einer Patientin, die mit einem frischen Gipsverband um Arm oder Bein zur Sitzung erscheint, so aussieht, daß man eben nicht danach fragt, was denn passiert sei, sondern wartet, bis die Patientin dies von selbst erzählt. In meinen Augen – und auch in den Augen vieler anderer Analytiker, die der Autor erwähnte – ist das aber nicht korrekt. Eine spontane Reaktion wie zum Beispiel: ›Mein Gott, was haben *Sie* denn gemacht?‹ ist viel nützlicher als diese vorgebliche Indifferenz. Wir sind schließlich alle Menschen, wir reagieren wie Menschen, und das natürliche Interesse, das Sie an Ihrer Patientin haben, veranlaßt Sie doch dazu, so etwas zu fragen. *Nicht* zu fragen würde bedeuten, daß es Ihnen vollkommen gleichgültig ist, was Ihrer Patientin passiert ist.«

»Manche Analytiker würden sagen, daß Sie sich verführerisch oder zudringlich verhalten, wenn Sie so etwas fragen«, sagte Jason.

»Ich kann mir nicht vorstellen, daß eine Patientin die ehrliche Reaktion des Therapeuten als einen Einbruch in ihre Privatsphäre betrachten würde«, antwortete ich unverzüglich. »Sie können sich nicht *nicht* verhalten. *Nichts* zu tun ist manchmal ebensosehr ein Verhalten wie *etwas* zu tun. Therapeuten vergessen das oft. Wenn der Umstand, daß die Patientin mit einem Gipsverband zur Tür hereinkommt, eine Aussage dieser Patientin ist, dann ist die Reaktion des Therapeuten die Antwort darauf. Manche Analytiker sind der Meinung, daß Mitleidskundgebungen den Patienten in einer bestimmten Weise beeinflussen, so daß er dann nicht mehr *alle* seine Gefühle ungehindert mitteilt. Eine solche Frage nicht zu stellen, wenn ein Patient eindeutig eine Verletzung erlitten hat, ist meiner Meinung nach aber unehrlich und mindestens so schädlich wie eine zudringliche Frage, die sich nicht auf eine eindeutige Beobachtung stützt. Wenn meine Reaktion auf Ihre handfeste Verletzung so aussieht, daß ich schweige, dann kann das leicht als Gleichgültigkeit aufgefaßt werden. Und wer von uns wünscht sich schon einen Therapeuten, der unserem Leiden gegenüber gleichgültig ist?«

»Dem kann ich zustimmen«, sagte Jason. »Aber würde Ihr Mitleid nicht dafür sorgen, daß der Patient aufhört, seiner Motivation nachzuforschen?«

»Keineswegs«, sagte ich. »Daß Sie Ihre Anteilnahme erkennen lassen, steht einer psychoanalytischen Exploration des Geschehens nicht im Wege, denn in Ihrer Anteilnahme steckt ja der Wunsch, jedes Detail, bewußt oder unbewußt, zu erfahren. Und das hilft Ihnen, die Fakten zu erkennen und die Behandlung vorwärtszubringen.«

»Und was ist, wenn sich herausstellt, daß Ihr Patient sich den Arm deshalb gebrochen hat, weil er sich unbewußt nach Ihrem Mitleid sehnte?« fragte Bill.

»Wenn das offensichtlich wäre«, antwortete ich, »dann würde ich gemeinsam mit ihm darüber nachdenken, warum er meinte, sich dermaßen anstrengen zu müssen, um eine freundliche und fürsorgliche Reaktion von mir zu bekommen.«

»Und wenn sich herausstellt, daß er es getan hat, weil er das Gefühl hatte, für irgendeinen Erfolg oder eine Freude, die er hatte, bestraft werden zu müssen?« fragte Bill.

»Auch gut. Man kann aus allem etwas machen«, antwortete ich.

»Zu der Frage, was beruhigend wirkt und was nicht, fällt mir etwas ein, was sehr lange zurückliegt und was in diesem Zusammenhang vielleicht aufschlußreich ist«, sagte Dr. B. »Meine Analyse liegt sehr lange zurück, aber ich weiß noch heute, nach all den Jahren, was mich beim ersten Gespräch mit meinem Analytiker beeindruckte. Daß ich überhaupt daran dachte, mich einer Psychoanalyse zu unterziehen, hatte mit meiner Unzufriedenheit mit meinem Privatleben wie auch mit meinem Beruf – ich war damals noch Geschäftsmann – zu tun. Wie viele Menschen, denen es nicht wirklich schlecht geht und die einigermaßen mit ihrem Leben zurechtkommen, hatte auch ich meine Zweifel, ob ich die Analyse machen sollte und ob sie mir etwas bringen würde. Ich sprach mit dem Mann, der dann mein Analytiker wurde, über meine Zweifel und Skrupel und fragte ihn, was ich seiner Meinung nach tun sollte und was die Psychoanalyse für mich tun könnte.

Seine Antwort (von der ich sicher bin, daß sie ehrlich war) lautete: ›Ich weiß nicht, ob ein Mann in Ihrer Situation eine Analyse nötig hat. Ich kann auch nicht mit Sicherheit sagen, was sie für Sie tun wird, und sei es aus keinem anderen Grund als deshalb, weil so vieles davon abhängt, was Sie mit dem machen werden, was Sie in der Analyse über sich selbst erfahren. Aber da ich Sie aus Ihren Erzählungen ja ein wenig kenne und auch weiß, daß Sie sich schon lange für die Psychoanalyse interessieren, kann ich Ihnen versprechen, daß das, was Sie über sich selbst erfahren werden und bisher noch nicht wußten, für Sie sehr interessant sein wird.‹

Er hatte sich ganz unbefangen und, wie ich meine, ehrlich über das geäußert, was er in bezug auf die Psychoanalyse dachte. Seine Weigerung, mir verbindlich zu sagen, ob ich eine Analyse nötig hatte, und ebenso sein Versprechen, daß ich sie interessant finden würde, veranlaßten mich, einen Versuch zu machen. In seinem tiefsten Innern mag er sehr wohl überzeugt gewesen sein, daß die Analyse mir guttun würde. Allerdings bin ich sicher, daß ich, hätte er behauptet, daß die

Analyse Wunderdinge für mich tun würde, Dinge, die mir wirklich not taten, in dieser Behauptung leere Zusicherungen bezüglich einer Sache gesehen hätte, an der ich ja selbst starke Zweifel hatte, und daß ich in diesem Fall gar nicht mit der Analyse begonnen hätte. Ich hätte mich nicht in die Hände eines Mannes begeben können, dem ich nicht vertrauen konnte, und ich wäre nicht imstande gewesen, ihm zu vertrauen, wenn der Ausgang absolut unsicher gewesen wäre.

Daß ich ihm vertraute, lag daran, daß er mir einerseits nicht verbindlich sagen konnte und wollte, was die Analyse für mich tun könnte, mir aber andererseits versicherte, daß ich das, was ich über mich selbst in Erfahrung bringen würde, sehr interessant finden würde. Ich will damit sagen, daß hinter den beruhigenden Worten des Therapeuten nicht einfach nur seine Überzeugung stehen muß, sondern daß diese Worte auch so gewählt sein müssen, daß sie den Bedürfnissen des Patienten in diesem bestimmten Augenblick seines Lebens entsprechen.

Um noch einen Augenblick bei meiner eigenen Analyse zu bleiben: Ich sollte wohl anmerken, daß es in ihrem Verlauf möglicherweise große wechselseitige Mißverständnisse gab. Aber mein Analytiker *bemühte* sich zu verstehen, und das war genug, auch wenn es nicht gerade ins Schwarze traf. Was zählt, das sind ja in erster Linie unsere *Bemühungen*.

Bei jeder Analyse, auch bei meiner eigenen, ist das sogenannte tiefere Verständnis, das die Psychoanalyse ja grundsätzlich als ein Ziel anstrebt, in Wahrheit nur ein Mittel. Daß es ein Endzweck wäre, ist ein Mißverständnis, das auf Freuds berühmtes Wort zurückgeht: ›Wo Es war, soll Ich sein‹ – mit anderen Worten, wir sollen in Erfahrung bringen, was in uns vorgeht. Aber auch das ist nur ein Schritt. Das eigentliche Ziel der Psychoanalyse ist die Neustrukturierung der Persönlichkeit. Zu welchem Zweck? Damit der Mensch besser mit sich selbst leben kann.«

Es trat eine Pause ein. Schließlich sagte ich: »Ich weiß, daß wir vom Gespräch über Dr. Svenson abgekommen sind, aber die Sache mit dem beruhigenden Zuspruch scheint mir doch so interessant, daß wir noch einen Augenblick dabei bleiben sollten. Vielleicht empfiehlt es sich, noch ein weiteres Beispiel dafür anzuführen. Die meisten Therapeuten haben es schon mit Kindern zu tun gehabt, die sagten: ›Ich will nicht herkommen. Ich will Sie nicht sehen.‹ Die Zusicherung gegenüber einem solchen Kind, daß die Therapie zu seinem Besten ist und daß es sie wirklich braucht, spiegelt doch genau die Überzeugung des Therapeuten. Und doch wäre sie kontraproduktiv; sie würde den Therapeuten und das Kind in einen Gegensatz zueinander bringen. Sie wäre vor allem deshalb ganz unangebracht, weil sie keine Rücksicht auf die Ängste des Kindes nimmt, und es sind ja gerade diese Ängste, derentwegen das Kind sich weigert, in die Behandlung einzutreten. Das heißt, eine solche Bemerkung läßt seine Gefühle außer acht.

Aber der Therapeut könnte dem Kind beispielsweise folgendes sagen: ›Es macht mich sehr unglücklich, daß du gar nichts mit mir zu tun haben willst; ich werde sehr traurig sein, wenn du nicht wiederkommst.‹ Diese Aussage ist etwas theatralisch, sie stellt nämlich die Reaktion des Therapeuten auf das Nichtwiedererscheinen des Kindes übertrieben dar. Aber kleine Kinder mögen es theatralisch.«

»Oh ja, das stimmt«, warf Dr. B. ein. »Kinder sind sozusagen immer auf der Bühne, weil sie ihrer Identität nicht trauen.«

»Sie versuchen sich ständig in neuen Rollen«, fuhr ich fort, »und eine übertriebene Reaktion dieser Art könnte Wirkung haben, weil sie, ohne das zu transportieren, was Sie normalerweise als ›Beruhigung‹ ansehen würden, auf die unglückliche Überzeugung des Kindes zielt, daß es nicht wichtig sei. Diese Bemerkung bestätigt dem Kind, daß es eine wichtige Person ist und die Macht hat, andere Menschen glücklich oder unglücklich zu machen. Mit dem indirekten Hinweis auf die Macht und den Einfluß des Kindes geht der Therapeut auf seine Furcht ein, daß es in der Therapie gezwungen werden könnte, Dinge gegen seinen Willen zu tun, und vollkommen machtlos sein wird. In diesem Fall können also Worte, die als solche keinerlei ›beruhigende Zusicherung‹ enthalten, die wirksamste Beruhigung sein, die der Therapeut überhaupt liefern kann.

Aber Michael sieht sich vor der Frage, wie er einem alten Mann helfen kann, in die Welt der Lebenden zurückzukehren. Wenn Dr. Svenson das tut, dann werden Enttäuschung und Wut, die er jetzt gegen sich selbst richtet und die seine Panikanfälle hervorrufen, sehr stark nachlassen. Dieses Entspannen könnte in der Weise zustande kommen, daß er anderen Menschen – genauer gesagt, Ersatz-Söhnen – Kenntnisse in der Orthopädie vermittelt, der er sein Leben gewidmet und in der er seine Erfüllung gefunden hat. Zugleich wird es ihm dann vielleicht möglich, das Verhältnis zu seiner Frau wieder positiver zu gestalten, so daß sich die verbleibenden Jahre für beide erfreulicher entwickeln.«

»Haben wir noch etwas Zeit?« fragte Gina.

Dr. B. und ich nickten gleichzeitig.

»Bei dem, was Sie sagten, ist mir ein kompliziertes psychoanalytisches Problem eingefallen, das mich schon lange beschäftigt«, sagte Gina. »Ich meine Freuds Theorie von Eros und Thanatos. Glauben Sie, daß der Todestrieb bei Dr. Svensons Symptomen eine Rolle spielt?«

»Das ist eine irrige Interpretation des Todestriebs«, antwortete Dr. B. »Niemand wünscht sich den Tod wirklich; er ist unser Geschick. Es ist die Bürde der Individualität, die wir abwerfen möchten.

Als Winston Churchill schon ein sehr alter Mann war, machte ihn einmal jemand darauf aufmerksam, daß sein Hosenstall offenstand. ›Ach, das macht nichts‹, sagte er. ›Der tote Vogel fliegt nicht mehr aus dem Nest.‹ Sie müssen nicht glauben, daß wir alten Männer ganz und gar tot wären oder es nicht bedauerten, wenn unser Geschlechtsleben erlischt. Dr. Svenson ist zwar ein bißchen alt für das Beispiel, das ich im Sinn habe, aber ich möchte es trotzdem anführen.

Der Todestrieb spielt eine sehr wesentliche Rolle bei der sexuellen Erregung und beim sexuellen Höhepunkt. Der Orgasmus hebt für einen Augenblick unsere Ich-Grenzen auf; wir verlieren dabei vorübergehend unsere Individualität und werden eins mit der anderen Person. Und nach dem Koitus kommen, wie die Römer sagten, Traurigkeit und Erschöpfung. Im Orgasmus aber sind wir für einen Augenblick von unseren Ich-Grenzen befreit, und das ist in gewisser Weise der Tod des Individuums.«

»Aber dieser Verlust der Individualität ist im höchsten Maße lustvoll«, sagte Michael.

»Ja«, antwortete Dr. B., »es ist eine ganz große Erleichterung, wenn man die harte Arbeit einmal nicht tun muß, die wir doch fast ständig zu leisten haben – unsere Ich-Grenzen zu wahren.«

»Ich glaube auch, daß manche Menschen sich schon ungeheuer anstrengen müssen, um eine zerbrechliche und rigide Persönlichkeit aufrechtzuerhalten«, sagte ich. »Sie können sich die sexuelle Erregung gar nicht erlauben, weil ihnen damit die Desintegration ihrer Persönlichkeit droht.«

»Aber ich glaube, daß sehr viele Menschen zwanghaft hinter der sexuellen Erregung her sind«, fuhr Dr. B. fort. »Es kostet viel Mühe, unsere Persönlichkeit intakt zu halten, und wenn wir dieser Notwendigkeit einmal für eine kurze Weile enthoben sind, dann kann das unendlich lustvoll sein. Aber wie Sie sagen – ein Mensch, der befürchtet, seine Ich-Grenzen nicht wieder etablieren zu können, nachdem sie sich vorübergehend in Nichts aufgelöst haben, muß wohl eine rigide Selbstbeherrschung wahren und bringt es gar nicht fertig, mit dem anderen zu verschmelzen.

Hinter dem Ruf mancher Menschen nach einem ›Zurück zur Natur‹, zu Mutter Erde oder ähnlichen poetischen Bildern steht der Wunsch, sich wenigstens für eine Weile von der Last der Individualität befreit zu sehen. Wo immer möglich, lassen sie ihre Individualität in etwas Größerem aufgehen. Insoweit als diese Individualität der Person dabei entschwindet, können wir vermutlich sagen, daß der Todestrieb eine Rolle spielt. Und natürlich ist er auch in den destruktiven Tendenzen des Menschen zu Gang.«

Hier meldete sich Gina zu Wort: »Was Sie da sagen, klingt so pessimistisch, als handelte es sich bei diesen Trieben um Eisenbahngleise, auf die man die Menschen gesetzt hat, und als müßte ihr Leben unweigerlich diesem Kurs folgen.«

»Da schneiden Sie ein großes Thema an, das wir jetzt nur ganz kurz berühren können«, antwortete Dr. B. »Tatsächlich fragen Sie danach, was die Behandlung, die Freud erfunden hat, seiner Meinung nach bewirken konnte. Und Ihre Enttäuschung ist zum Teil berechtigt. Wenn Freud auch glaubte, daß manche Aspekte des Menschen sich in gewissem Umfang verändern lassen, so erkannte er doch auch, daß andere einfach nicht zu traktieren sind, daß es Probleme gibt, die in der Natur des Menschen selbst begründet sind. Im Gegensatz zu vielen anderen, die uns ein Utopia verheißen, sah Freud die Dinge also weit weniger optimistisch.«

»Wenn ich die Wahl habe, bin ich doch lieber optimistisch«, warf Renee ein. »Und Sie?«

»Sicher«, sagte Dr. B., »vorausgesetzt, Ihr Optimismus ist durchdacht und wohlbegründet. Der Unterschied zwischen Freud und denen, die uns ein Nirwana versprechen, ist nicht der Unterschied zwischen Pessimismus und Optimismus. Der Unterschied besteht zwischen dem, was angesichts der menschlichen Begrenzungen möglich ist, und dem, was wirklich eine utopische und unerreichbare Vision ist.

Allerdings bin ich nicht damit einverstanden, daß Sie Freud ›pessimistisch‹ nennen. Er war von einem wenn auch vorsichtigen Optimismus, was die Möglichkeiten der Psychoanalyse für den einzelnen angeht. Er war überzeugt, daß diese von ihm begründete Psychoanalyse einen großen Schritt vorwärts auf dem Weg zum Verständnis unserer selbst und – bei korrekter Anwendung – zum Verständnis unserer Mitmenschen bedeutete. Ja, er glaubte sogar, daß die Psychoanalyse den Menschen von einer seiner schlimmsten Fesseln befreien könnte, von den Hemmungen auf dem Gebiet der Sexualität.

Freuds Einfluß auf diesem Gebiet ist so allgegenwärtig, daß wir leicht übersehen können, wie sehr wir in seiner Schuld stehen und wieviel wir seinem Optimismus verdanken, der eine offenere, ehrlichere, im besten Sinn intimere Einstellung zur Sexualität und allem, was damit zusammenhängt, für möglich hielt. Er war optimistisch insofern, als er überzeugt war, daß es den Menschen besser ergehen würde, wenn sie die Sexualität als natürlich akzeptierten, anstatt sie zu unterdrücken. Man könnte fast sagen, daß er die Voraussetzungen für freiere Beziehungen zwischen den Geschlechtern und eine Atmosphäre schuf, in der Themen, die zuvor tabu gewesen waren, wie zum Beispiel die Homosexualität oder die Abtreibung, diskutiert werden konnten.

Freud hegte einen begrenzten Optimismus in bezug auf das, was die Psychoanalyse für den einzelnen bewirken könnte. Nach seinen Worten konnte und sollte sie die Patienten von selbstgeschaffenem Leid und Unglück befreien; zugleich war er aber auch der Meinung, daß wir Unglück und Leid, soweit sie ihren Ursprung in unserer menschlichen Natur haben, nicht umgehen können. Was die Psychoanalyse bewirken kann, beschränkt sich nach seinem Verständnis also darauf, daß der Patient lernen kann, welche Leiden selbstgemacht und damit vermeidbar sind und welche nicht; er kann dann die Fähigkeit entwickeln, die letzteren besser zu ertragen.

Sehr viel weniger optimistisch – wenn nicht sogar ausgesprochen pessimistisch – war Freud in bezug auf die Möglichkeit, die aggressiven Tendenzen des Menschen zu verändern. Im Briefwechsel mit Einstein wandte er sich mit begründetem Pessimismus gegen dessen hoffnungsvolle Ansichten über Krieg und Frieden. Als die Nazis seine Bücher verbrannten, zeigte er immerhin einen Rest von Optimismus und meinte, in früheren Zeiten hätte man wohl ihn selbst verbrannt.

Freud hat nicht lange genug gelebt, um zu erkennen, daß selbst dieser leise und begrenzte Optimismus in bezug auf die aggressiven Tendenzen des Menschen sich schließlich als Irrtum erwies. Einige Jahre nach seinem Tod verbrannten die Nazis in der Tat Hunderttausende von Menschen, darunter auch Freuds eigene Schwester. Und heute leben wir unter der noch viel fürchterlicheren Bedrohung der Menschheit durch die Wasserstoffbombe. Insgesamt muß man also sagen, daß der psychoanalytische Optimismus ein Optimismus innerhalb eng gezogener Grenzen ist.

Was Freud anstrebte, war also ein begrenzter und wohltemperierter Optimismus sowie ein ebenfalls in Schranken gehaltener Skeptizismus, der nicht mit der Fähigkeit des Menschen interferieren sollte, ›gut zu lieben und gut zu arbeiten‹. Freud sah in dieser Fähigkeit nicht nur das wünschenswerte Ergebnis der Psychoanalyse, sondern geradezu das charakteristische Merkmal der gut integrierten Person.«

Damit beendeten wir die Sitzung. Es waren eine Menge Themen zur Sprache gekommen, und doch blieb vieles ungesagt. Immerhin konnten wir hoffen, daß durch Michael Simpsons ehrliche Bemühungen ein alter Mann das Bewußtsein seines Wertes und sein emotionales Wohlbefinden wiedererlangen und in der ihm noch verbleibenden Zeit wieder Freude am Leben finden würde. Und auch Michael würde dabei gewinnen, denn er würde von Dr. Svenson lernen; er würde einen alten Mann bei der Erfahrung und Bewältigung des Alters begleiten dürfen. Ihre Begegnung würde für beide eine Bereicherung sein.

Als Bruno Bettelheim und ich an den Protokollen arbeiteten, aus denen schließlich dieses Buch entstand, gaben wir ihm zunächst den Arbeitstitel »In the Shoes of a Stranger«. Dieser Titel spiegelte die zentrale Botschaft, die wir übermitteln wollten – daß nämlich Empathie für einen Therapeuten das wichtigste Arbeitsmittel darstellt. Im Laufe meiner weiteren Arbeit an diesem Buch nach Bettelheims Tod gelangte ich dann aber zu einem allgemeineren und vielleicht eher zutreffenden Verständnis dessen, was dieser außergewöhnliche Lehrer einer neuen Generation hatte vermitteln wollen und was er mit einer Art heimlicher Untertreibung »die Kunst des Offensichtlichen« nannte. Er meinte damit die Kunst, dasjenige, was da ist, deutlich zu sehen, anstatt ihm die eigenen Prämissen und Vorurteile überzustülpen.

Wohl sprachen wir in diesen Seminaren in der Hauptsache über die psychotherapeutische Arbeit mit Kindern, aber die Einstellungen, die Techniken und methodischen Ansätze, um die es dabei ging, lassen sich weitgehend auch in der Behandlung erwachsener Patienten einsetzen. In einem gewissen Umfang sind die Ideen und Probleme, mit denen wir uns auseinandersetzten, auch für den größeren Radius unserer mitmenschlichen Beziehungen überhaupt von Belang.

In einer Zeit, in der man den einzigen Weg zu wirklicher Erkenntnis zunehmend darin sieht, die Dinge zu eichen und genau zu vermessen, ist es riskant, die psychoanalytisch orientierte Psychotherapie als »Kunst« zu bezeichnen; angesichts dieser Bezeichnung mag für viele Betrachter der Schluß naheliegen, daß wir in unserer praktisch-klinischen Arbeit planlos, unwissenschaftlich, unpräzise und hoffnungslos subjektiv vorgehen. Tatsächlich aber verlangt die »Kunst des Offensichtlichen« nicht nur Empathie und emotionale Aufgeschlossenheit von dem Therapeuten, der sehen möchte, was sich da vor seinen Augen abspielt; sie fordert ihm auch Bescheidenheit, Geduld, die Fähigkeit und Bereitschaft zur Reflexion und eine lange Lehrzeit ab, in der er sich mit Theorie und Methodik vertraut zu machen hat.

Vor einigen Jahren sah ich im Fernsehen ein interessantes Interview, das Dick Cavett mit Isaac Stern führte. Im Laufe der Unterhaltung nahm Stern auf Bitten Cavetts eine Violine in die Hand und spielte ein Arpeggio. Sein Spiel war so gefühlvoll, so souverän und vollkommen, daß Cavett und sein Publikum gebannt zuhörten. Anschließend spielte Stern das gleiche Stück so, daß die Töne jeweils um etwa eine Viertelsekunde voneinander getrennt erklangen. Er spielte es noch ein dutzendmal, und jedesmal rückten die einzelnen Töne näher zusammen, bis das Arpeggio am Schluß wieder als ein bruchloses Ganzes erschien. »Wie haben Sie das gemacht?« fragte Cavett erstaunt. Daraufhin erzählte Stern, daß er fünfundzwanzig Jahre lang täglich sechs Stunden geübt habe, so daß die Muskeln seiner Hand nun extrem stark und vollständig unter seiner Kontrolle seien. Er dachte einen Augenblick nach und sagte dann, es mache ihm eben wegen dieser absoluten Kontrolle über sein Instrument Freude, ganz spontan zu spielen. »Das einzige, worauf ich beim Spielen achte, sind meine Gefühle.« Ohne diese superbe Beherrschung seines Instruments, seines »Handwerks« und seiner Person als Künstler hätte Sterns Spiel, wieviel Gefühl er auch immer hineingelegt hätte, möglicherweise schrecklich geklungen. Ganz ähnlich ergeht es dem Psychotherapeuten. Auch er muß sich in jahrelanger Arbeit das methodische Wissen aneignen, das seinem »Handwerk« zugrunde liegt, um dann seinen Gefühlen, Beobachtungen und Intuitionen bezüglich des Patienten die notwendige Aufmerksamkeit zuwenden zu können. Erfahrenen Praktikern macht ihre therapeutische und analytische Tätigkeit viel Freude, weil sie niemals aufhören zu lernen. Jeder neue Patient hilft dem erfahrenen Kliniker, neue und einmalige Aspekte menschlichen Erlebens und menschlicher Bedingtheit zu erkennen.

Meiner Überzeugung nach sollte die Ausbildung in psychodynamischer Psychotherapie umfassend und eklektisch sein. Der angehende Therapeut muß sich auf dem Feld der normalen Entwicklung der Persönlichkeit *und* in der Psychopathologie auskennen. Er braucht eine beträchtliche Lebenserfahrung und sollte nach Möglichkeit selbst erfahren haben, was Leid, Trauma und Verlust bedeuten, wie sie die betroffenen Menschen formen und ihr Welt- und Lebensbild für alle Zeiten prägen. In diesem Verständnis, im Besitz seiner Erfahrungen und demütig-eingedenk der Tatsache, daß es »ebensogut mich hätte treffen können«, wird der Therapeut zur wahrhaften Empathie mit seinen Patienten gelangen. Der Psychotherapeut muß in seinem Vorgehen gegenüber den Patienten flexibel sein; er muß akzeptieren, daß es sich je nach Lage der Dinge empfehlen kann, auch einmal mit einem anderen Ansatz – der nicht notwendig psychodynamischer Art sein muß – zu arbeiten. Er muß gelernt haben, wirkliche organische und neurologische Schäden als solche zu erkennen und zu wissen, welchen Patienten mit analytischen Methoden möglicherweise gerade *nicht* gedient ist. Auch in solchen Fällen kann die psychoanalytische Perspektive ihm aber helfen, in einfühlsamer Weise auf seine Patienten einzugehen.

Studenten der Psychotherapie müssen wissen, wann eine psychotrope Medikation angezeigt und sinnvoll ist und wann nicht. Sie müssen die Bedeutung einschneidender Ereignisse im Leben eines Menschen richtig einschätzen und sich über die heilende Wirkung geglückter menschlicher Beziehungen im klaren sein. Es passiert allzu häufig, daß Therapeuten Medikamente eher in der Absicht verschreiben, ihre eigenen Ängste bezüglich eines Patienten zu reduzieren, als in der Absicht, dem Patienten zu dienen.

Die Psychotherapie kann sich nicht der präzisen Eleganz der Newtonschen Physik rühmen. Ein Student, der sich für den psychodynamischen Ansatz entschieden hat, muß Uneindeutigkeit und Ungewißheit in Kauf nehmen. Er muß bereit sein, auf heftige Emotionen, Schmerz, Leidenschaften und Rage zu treffen, ja diese Gefühle sogar aktiv zuzulassen, und er muß damit zu Rande kommen, daß solche Gefühle ein Moment der Angst und der Verzerrung in die therapeutische Beziehung hineintragen. Schließlich muß er begreifen, daß Veränderungen sich unter Umständen nur sehr schleppend einstellen, und darf sich durch das scheinbare Ausbleiben jeden Fortschritts nicht aus der Ruhe bringen lassen.

Und was vielleicht das Wichtigste ist: Der Therapeut muß die eigene Persönlichkeit, die eigenen Gefühle zum therapeutischen Werkzeug fortentwickeln. Zu diesem Zweck muß er sich selbst sehr gut kennen und seine eigenen Impulse, Leidenschaften, Gefühle, Ängste, Hoffnungen und Wünsche erkunden. Er muß mit sich selbst ins reine kommen, nicht nur was seinen Wunsch zu helfen angeht, sondern auch was seine weniger menschenfreundlichen Bestrebungen betrifft, zum Beispiel den Impuls, einen anderen Menschen zu beeinflussen oder zu beherrschen.

Psychotherapie ist immer Interaktion. Der Therapeut kann nicht allein zum Erfolg gelangen, und sei er noch so geschickt und erfahren. Ideen und eine klare Perspektive, was die Probleme seines Patienten angeht, sind unerläßlich, aber allein können sie den Zustand des Patienten nicht bessern. Eine Besserung hängt entscheidend auch davon ab, daß der Patient sich dringend wünscht, gesund zu werden.

Verhalten dient einem Zweck. Die erste Aufgabe des Therapeuten besteht darin, die verhaltensimmanenten Botschaften zu entschlüsseln, indem er dem Patienten aufmerksam zuhört und ebenso aufmerksam verfolgt, was der Patient tut. Nehmen wir an, ein Patient ist aggressiv. Welche Absicht mag er damit verfolgen, und gegen wen oder was mag sich seine aggressive Reaktion richten? Der Therapeut muß sich in diesem Fall fragen: »Was würde ich wohl erreichen wollen, wenn ich mich so benähme? Wie würde ich *hoffen*, daß die Menschen um mich herum, mein Therapeut eingeschlossen, darauf reagieren würden?« Der Patient muß sehen, daß sein Therapeut überzeugt ist, daß er, der Patient, gute Gründe für sein Verhalten hat; das wirkt sich oft so aus, daß der Patient nun eher daran interessiert ist, über seine Motive und Ziele nachzudenken.

Verhalten ist Kommunikation, und entsprechend kommt auch dem Verhalten des Therapeuten eine entscheidende Bedeutung für den Gang der Behandlung zu. Der Patient – auch ein sehr geschädigtes Kind wie Luke, mit dem sich Dan Berenson beschäftigte – reagiert nicht nur auf das, was in seinem eigenen Innern vorgeht, sondern auch auf das, was der Therapeut tut. Wie hellhörig der Diagnostiker und/oder Therapeut den eigenen Botschaften gegenüber sein sollte – ob sie in Wort oder Tat erfolgen –, das läßt sich gar nicht mit genügender Deutlichkeit sagen.

In diesem Zusammenhang empfiehlt sich der Hinweis, daß man auch den Eltern eines emotional oder psychisch gestörten Kindes mit Empathie begegnen muß. Ich glaube, daß Dr. B. bei all seiner Brillanz so auf den kindlichen Patienten fixiert war, daß er manchmal für den Kummer der Eltern nicht genügend Verständnis aufbrachte. Heute müssen Psychotherapeuten begreifen, daß Elternschaft ein schwieriges Geschäft ist und daß den Eltern das Herz brechen kann, daß sie erschreckt, enttäuscht oder zornig reagieren können, wenn sie feststellen müssen, daß ihr Kind körperlich oder psychisch krank ist.

Bruno Bettelheim hat Degradierung und Desintegration der Persönlichkeit durch seinen Aufenthalt im Konzentrationslager am eigenen Leibe erfahren müssen. Er wußte also aus erster Hand, wie sich traumatische Erfahrungen auf die Psyche des Menschen auswirken. Er sah, was aus einem Menschen werden und wie er durch extreme Umstände deformiert werden kann. Die Erfahrung des Konzentrationslagers hat, wie er selbst sagte, eine große Rolle bei seiner Entscheidung gespielt, sich der »Rettung« schwer gestörter Kinder zu verschreiben. Die letzten fünfzig Jahre seines Lebens hat er diesem Ziel gewidmet.

Bettelheim war, wie ich, der Überzeugung, daß die Menschen sich in einer Hinsicht alle gleichen, nämlich in ihrem fundamentalen Bedürfnis nach Liebe und Zuneigung, und daß sie Achtung und Respekt verdienen. Beide waren bzw. sind wir auch der Meinung, daß Kinder verwöhnt und umhegt werden müssen. Sein Grundsatz, man müsse einen Patienten so behandeln wie einen Gast, den man zu Hause empfängt, scheint besonders relevant in einer Zeit, in der psychiatrische Patienten oft als diagnostische Probeexemplare betrachtet werden, zu deren Klassifizierung eine Art Linnésches System bereitsteht. Kliniker, die so verfahren, erkennen oft nicht, daß ihre distanzierte und detachierte Art dem Patienten Schmerz bereiten und sein Verhalten beeinflussen kann, ein Verhalten, das sie, wie sie meinen, neutral beobachten.

Respekt vor dem Individuum und die aufmerksame Beschäftigung mit den Gedanken, Gefühlen und Handlungen des Patienten sind gewissermaßen das Rückgrat des psychodynamisch orientierten therapeutischen Prozesses. Der Patient muß zu dem Schluß kommen –

und zwar von sich aus, indem er beobachtet, was sein Therapeut tut, und darauf achtet, was er sagt –, daß dieser Therapeut ein Bundesgenosse ist, der ihm helfen will, vom Leben das zu bekommen, was er haben will. Wenn der Patient immer wieder die Erfahrung macht, daß der Therapeut auf seiner Seite steht, dann wird er allmählich dessen Bemerkungen, Vorschlägen und Interventionen mehr Aufmerksamkeit zuwenden und sie ernster nehmen.

Psychotherapie ist selbst unter den bestmöglichen Bedingungen ein kompliziertes Geschäft, das dem Patienten eine Menge schwieriger und schmerzlicher Einsichten in bezug auf die eigene Person einträgt. Er muß diese neuen Einsichten in einer stützenden und von Respekt für seine Person getragenen Atmosphäre und in Gegenwart eines Menschen schöpfen können, der ihm helfen möchte, wesentliche Veränderungen an seinem Weltbild vorzunehmen, Veränderungen, von denen der Patient selbst meint, daß sie zu seinem Besten sind, und die es ihm ermöglichen, besser mit sich selbst zurechtzukommen. Nur in dieser stützenden und verständnisvollen Atmosphäre kann der Patient den dazu erforderlichen Mut aufbringen.

Uns beiden fielen bei der Arbeit an diesem Buch immer wieder erstaunliche Gemeinsamkeiten zwischen Bruno Bettelheim und Dr. Svenson auf. Hinter beiden lag eine erfolgreiche berufliche Laufbahn, aus der sie sich allerdings zurückgezogen hatten; beiden machten die emotionalen Konsequenzen dieses Rückzugs zu schaffen. Als Dr. B. die Aufforderung an Michael Simpson richtete, Dr. Svenson wieder in einen sinnvollen Kontakt mit der Außenwelt zu bringen, hatte er eindeutig auch seine eigene Situation im Sinn.

In eben diesem Geist ist das vorliegende Buch zustande gekommen. Es ist als lebendiges Testament meiner Freundschaft mit Bruno Bettelheim und der Bemühungen eines alten Mannes gedacht, Sinn in seine späten Jahre zu bringen, indem er sein Wissen an junge Psychotherapeuten weitergab. Die Bekanntschaft und enge Zusammenarbeit mit Bruno Bettelheim hat mein Leben unendlich bereichert. Mit diesem Buch hoffe ich, das lebendige Vermächtnis eines außergewöhnlichen Menschen und die Weisheit, an der er mich in seinen letzten Lebensjahren teilhaben ließ, annähernd weiterzugeben.